U0945535

本书为云南省哲学社会科学研究基地重点课题JD2010ZD10研究成果之一

本书为云南师范大学人文社会科学重大招投标项目2008XRZ01研究成果之一

基于生态文明的云南旅游产业生态化转型研究

明庆忠 等◎著

联大学术文库

中国社会科学出版社

图书在版编目（CIP）数据

基于生态文明的云南旅游产业生态化转型研究／明庆忠等著．—北京：中国社会科学出版社，2014.11

ISBN 978－7－5161－4997－3

Ⅰ．①基…　Ⅱ．①明…　Ⅲ．①地方旅游业—生态化—研究—云南省　Ⅳ．①F592.774

中国版本图书馆 CIP 数据核字(2014)第 247916 号

出 版 人　赵剑英
责任编辑　李炳青
责任校对　王佳玉
责任印制　李寡寡

出　　版　中国社会科学出版社
社　　址　北京鼓楼西大街甲 158 号（邮编 100720）
网　　址　http://www.csspw.cn
　　　　　中文域名:中国社科网　　010－64070619
发 行 部　010－84083685
门 市 部　010－84029450
经　　销　新华书店及其他书店

印　　刷　北京君升印刷有限公司
装　　订　廊坊市广阳区广增装订厂
版　　次　2014 年 11 月第 1 版
印　　次　2014 年 11 月第 1 次印刷

开　　本　710×1000　1/16
印　　张　15.75
插　　页　2
字　　数　264 千字
定　　价　48.00 元

本书主要撰稿人： 陈　颖　刘宏芳　王　峰　高大帅　鲁　芬
幸　岭　苏章全　邓小威　余晓兰　段　超
曹　宁　李　凡　刘安乐　宋　友　李美婷
袁　花　刘丽华

目　录

前言 ……………………………………………………………… (1)

第一章　基于生态文明的云南旅游产业生态化基础理论 …………… (8)
第一节　生态文明建设的国内外发展 ………………………………… (8)
第二节　旅游循环经济起源及进展 …………………………………… (11)
一　循环经济思想的起源与发展 ……………………………………… (12)
二　旅游循环经济的发展背景 ………………………………………… (16)
三　旅游循环经济的正式提出 ………………………………………… (19)
第三节　旅游循环经济发展成效及深入发展问题 …………………… (20)
一　旅游循环经济发展成效 …………………………………………… (20)
二　深入发展问题 ……………………………………………………… (25)
第四节　旅游产业生态学的提出及价值 ……………………………… (27)
一　旅游产业生态学的提出 …………………………………………… (27)
二　旅游产业生态学的价值 …………………………………………… (36)
第五节　旅游产业生态化的发展轨迹与科学内涵 …………………… (38)
一　旅游产业生态化的发展轨迹 ……………………………………… (38)
二　旅游产业生态化的科学内涵 ……………………………………… (42)
第六节　旅游产业生态化的理论基础与基本框架 …………………… (43)
一　旅游产业生态化的理论基础 ……………………………………… (43)
二　旅游产业生态化的基本框架 ……………………………………… (47)
第七节　旅游产业生态化的研究方法与分析技术 …………………… (50)
一　旅游产业生态化的研究方法 ……………………………………… (50)
二　旅游产业生态化的分析技术 ……………………………………… (52)

第二章　云南旅游产业非生态化现象及其问题剖析 ……………………（56）
第一节　云南旅游产业发展历程分析 ………………………………（56）
一　第一阶段:初始阶段(1956—1978 年) ……………………（56）
二　第二阶段:发展阶段(1978—2000 年) ……………………（56）
三　第三阶段:徘徊中的缓慢发展阶段(2001—2004 年) ………（57）
四　第四阶段:蓬勃发展,创建旅游强省阶段(2005 年至今) …（58）
第二节　云南旅游产业发展效应 ……………………………………（61）
一　云南旅游产业发展的经济效应 ………………………………（61）
二　云南旅游产业发展的社会文化效应 …………………………（69）
三　云南旅游产业发展的环境效应 ………………………………（70）
第三节　云南旅游产业非生态化现象及其表征 ……………………（72）
一　旅游交通运输业发展中的“非生态化”现象 …………………（73）
二　旅游住宿业、餐饮业发展的“非生态化”现象 ………………（74）
三　旅游景区(点)的“非生态化”现象 …………………………（77）
四　云南旅游产业非生态化现象的表征 …………………………（79）
第四节　云南旅游产业非生态化问题剖析 …………………………（79）
一　生态旅游意识薄弱,存在思想观念障碍 ………………………（79）
二　旅游企业开发战略中未充分重视生态建设 …………………（80）
三　制度保障不健全 ………………………………………………（82）

第三章　云南旅游产业生态化建设的战略和思路 …………………（83）
第一节　云南旅游产业生态化建设的现实及长远意义 ……………（83）
一　生态文明建设的迫切需要 ……………………………………（83）
二　美丽云南——美丽中国建设的重要窗口 ……………………（84）
三　保护好美好家园 ………………………………………………（84）
四　旅游可持续发展 ………………………………………………（85）
五　云南建设旅游支柱产业推进和“二次创业”的迫切需求 ……（85）
六　云南旅游产业综合改革发展的迫切需求 ……………………（86）
七　云南建设生态经济大省及“七彩云南保护行动”的
现实需要 …………………………………………………………（86）
第二节　云南旅游产业生态化建设的战略 …………………………（86）
一　生态可持续发展定位战略 ……………………………………（87）

二 环境伦理导向战略 …………………………………………………… (87)
三 经济旅游向生态化旅游转型核心战略 ………………………………… (88)
四 旅游产业相关者调控战略 …………………………………………… (88)
第三节 云南旅游产业生态化建设的主要思路 ………………………… (91)
一 以创新生态旅游产品开发为动力 …………………………………… (91)
二 以创新生态旅游基础设施为推手 …………………………………… (93)
三 以强化技术应用为支撑 ……………………………………………… (94)
第四节 云南旅游产业生态化建设的目标 ……………………………… (95)
一 产品目标 …………………………………………………………… (95)
二 产业目标 …………………………………………………………… (99)
三 宏观目标 …………………………………………………………… (100)

第四章 云南旅游产业生态化系统研究 ………………………………… (102)
第一节 云南旅游产业生态化建设的基础与条件 ……………………… (102)
一 政策条件 …………………………………………………………… (102)
二 基础条件 …………………………………………………………… (103)
三 优越的生态环境本底条件 …………………………………………… (106)
四 旅游产业发展水平迅猛提升 ………………………………………… (108)
第二节 云南旅游产业生态化系统的构成及其解构 …………………… (110)
一 旅游产业生态化系统研究 …………………………………………… (112)
二 旅游产业生态化系统构成 …………………………………………… (114)
三 旅游产业生态系统解构 ……………………………………………… (117)
四 案例研究 …………………………………………………………… (120)
第三节 云南旅游产业生态化系统的功能 ……………………………… (136)
一 经济服务功能 ………………………………………………………… (136)
二 社会服务功能 ………………………………………………………… (137)
三 生态服务功能 ………………………………………………………… (138)
第四节 云南旅游产业生态化评价方法和指标体系构建 ……………… (139)
一 构建评价指标体系的原则 …………………………………………… (140)
二 构建评价指标体系的主要方法——层次分析法 ……………………… (141)
三 区域旅游产业生态化系统指标体系构建 ……………………………… (146)
四 案例研究 …………………………………………………………… (148)

第五章　云南旅游产业生态化建设的重点及系统优化 ……………(160)
第一节　云南旅游产业生态化建设的重点 ……………………………(160)
一　意识先导——树立旅游生态意识 …………………………………(161)
二　产业支撑——构建健全的旅游产业生态化的产业支撑体系 ………………………………………………………(163)
三　制度保障——建立旅游生态制度 …………………………………(164)
四　健全系统——优化旅游产业结构 …………………………………(164)
五　及时补救——保护和修复已破坏的旅游环境 ……………………(165)
第二节　云南旅游产业生态化系统的运行 ……………………………(165)
一　旅游产业生态系统模型建立与结构分析 …………………………(165)
二　云南旅游产业生态系统运行中存在的问题 ………………………(167)
第三节　云南旅游产业生态化系统优化 ………………………………(170)
一　旅游企业清洁生产促进旅游企业生产生态化 ……………………(171)
二　建立旅游循环经济园区和环境友好型旅游城镇 …………………(171)
三　大力发展旅游循环经济,实现旅游产业生态化 …………………(172)
第四节　云南旅游产业生态化建设的主要模式 ………………………(173)
一　乡村生态旅游建设模式 ……………………………………………(173)
二　休闲度假旅游区建设模式 …………………………………………(175)
三　国家公园—自然保护区建设模式 …………………………………(176)
四　民族生态文化旅游区建设模式 ……………………………………(177)
第五节　云南旅游产业生态化建设的实践形态 ………………………(178)
一　乡村旅游目的地建设实践形态及其问题分析 ……………………(178)
二　休闲度假旅游目的地建设实践形态及其问题分析 ………………(180)
三　生态旅游目的地建设实践形态及其问题分析 ……………………(182)
四　民族文化旅游目的地建设实践形态及其问题分析 ………………(185)

第六章　丘北普者黑旅游产业生态化建设 ………………………………(188)
第一节　普者黑概述 ………………………………………………………(188)
一　区位条件 ……………………………………………………………(188)
二　自然环境 ……………………………………………………………(188)
三　旅游资源 ……………………………………………………………(189)

四 社会经济条件 …………………………………………………………（190）
五 政策条件 ……………………………………………………………（190）
第二节 普者黑实行旅游产业生态化SWOT分析 ……………………（191）
一 普者黑旅游产业生态化的优势 ……………………………………（191）
二 普者黑旅游产业生态化的劣势 ……………………………………（191）
三 普者黑旅游产业生态化的机遇 ……………………………………（192）
四 普者黑旅游产业生态化面临的挑战 ………………………………（193）
第三节 普者黑旅游产业生态化意义及工作重点 ……………………（193）
一 普者黑旅游产业生态化的意义 ……………………………………（193）
二 普者黑旅游产业生态化的工作重点 ………………………………（194）
第四节 普者黑旅游产业生态化建设 …………………………………（195）
一 普者黑旅游企业清洁生产生态化 …………………………………（195）
二 旅行社生态化 ………………………………………………………（199）
三 旅游饭店生态化 ……………………………………………………（200）
四 旅游餐饮生态化 ……………………………………………………（204）
五 旅游交通生态化 ……………………………………………………（206）
第五节 普者黑旅游产业集群生态化 …………………………………（206）
一 生态农业循环 ………………………………………………………（207）
二 农、工、旅产业集群生态化发展模式 ………………………………（207）
三 旅游产业园发展模式 ………………………………………………（208）
第六节 普者黑旅游产业生态化的政策体系 …………………………（211）
一 建立领导机制 ………………………………………………………（211）
二 建立法律机制 ………………………………………………………（211）
三 建立激励机制 ………………………………………………………（212）
四 建立参与机制 ………………………………………………………（212）

第七章 云南旅游产业生态化建设的对策措施 ………………………（214）
第一节 云南旅游产业生态化建设的政策措施 ………………………（214）
一 旅游产业生态化建设宏观政策 ……………………………………（214）
二 旅游产业生态化建设中观政策 ……………………………………（216）
三 旅游产业生态化建设微观政策 ……………………………………（218）
第二节 云南旅游产业生态化建设的经济激励措施 …………………（221）

一 建立旅游生态环境补偿机制 …………………………… (221)
二 实行延伸生产者责任和污染者付费原则 ………………… (222)
三 对生态型旅游企业给予奖励 …………………………… (223)
四 建立生态旅游认证体系 ………………………………… (224)
五 加快出台和实施专门面向环境保护的环境税税种 ……… (225)
第三节 云南旅游产业生态化建设的其他措施 ……………… (226)
一 推广新能源技术 ………………………………………… (226)
二 进行合理的功能分区和容量控制 ……………………… (227)
三 强化人才培训,为旅游业生态化建设提供智力支持 ……… (228)
四 加强宣传教育,建构生态环境伦理 ……………………… (229)
五 鼓励社区参与,发挥群体力量 ………………………… (230)
六 加强旅游产业信息沟通 ………………………………… (230)
七 推进旅游产业生态型基础设施建设 …………………… (231)

外文参考文献 ……………………………………………… (232)

中文参考文献 ……………………………………………… (234)

前　　言

生态文明是近年来较为热门的话题，生态文明包含较高的环保意识、可持续的经济发展模式、公正合理的社会制度三个方面内容。党的十八大报告首次提出经济建设、政治建设、文化建设、社会建设和生态文明建设“五位一体”的总体布局，并将其作为深入贯彻落实科学发展观、建设中国特色社会主义的基本内容。生态文明具有独立性、整体性、相对性、反思性和过程性的特征，即生态文明独立于物质文明、精神文明和政治文明，人们要从自然的整体性出发把握人与自然、人与人的关系。生态文明是相对于物质文明、精神文明和政治文明的一种新型文明形态，是人类面临生态危机后对人与自然关系进行反思而提出的文明形态，其建设是一个循序渐进的过程。旅游是人类的高层次需求，生态文明的价值观，在强调满足人的内在需求的同时，特别突出了“人与自然”系统的整体效益。“生态文明”应当成为指导我国生态旅游发展的根本价值取向。传统旅游开发的缺陷就在于不注重环境和资源价值的高效利用和永续利用。生态环境效益与人类的代际利益、整体利益、长远利益、持续利益是相契合的，只有坚持生态环境效益优先，才能确保整个社会经济的持续、和谐发展。云南的旅游开发，须树立科学的生态文明观和可持续的生态文明发展观，充分发挥自然资源、文化资源、遗产品牌优势和国家公园的保护、游憩、教育、扶贫的综合功能，处理好生态环境效益与人类的代际利益、整体利益、长远利益、持续利益的关系，以生态和文化为载体，控制环境容量，通过最小面积、高质量的生态旅游发展使云南丰富的生物多样性得到保护与展示，独特的民族文化得到保护和传承，促进社会经济得到全面发展，达到人与自然的协调共生和可持续发展。

旅游产业生态化得助于旅游循环产业生态系统的良性运转。旅游产业的生态循环系统实质是基于产业生态学、循环经济学、景观生态学等学科知识应用于旅游产业的系统集成。生态化是旅游产业发展的重要趋势，产业生态学对旅游业可持续发展的价值日益受到关注。

对旅游产业的运行过程进行分析、提出对各类旅游企业来说具有可操作性的对策措施是关键。因此，旅游可持续发展的研究必须从旅游产业本身入手，从旅游产业生态过程出发来探讨旅游产业生态系统的设计、培育、建设与管理。旅游产业生态化融入了一些新的理念和研究方法，对旅游可持续发展提供了明确的思路和指导方法，无论是在微观上还是在宏观上都提出了一些切实有效的方法。通过将产业生态学的思想和方法运用到具体的旅游经济活动实践中，将会对实现旅游可持续发展起到一定的推动作用。因此，旅游产业生态学是推进旅游可持续发展研究的新视角，是推进可持续旅游实践的重要“抓手”。

一　云南旅游产业生态化发展的重要现实意义及课题研究价值

云南旅游资源的集聚性与垄断性、生态的原生性与脆弱性、旅游业的先导性与辐射带动功能决定了旅游生态文明和可持续发展成为云南经济和社会发展的重大战略，也因此成为旅游生态文明研究的焦点。云南省旅游支柱产业、旅游经济强省、生态经济大省的建设，“七彩云南保护行动”，社会主义生态文明建设等均要求云南通过旅游产业生态化，走旅游可持续发展的道路。

（一）云南旅游支柱产业和二次创业的迫切需求

多年来，云南的旅游产业已经成为云南省重要的支柱产业，云南省也正在成为中国连接东南亚等国际旅游市场的重要通道和在国内外具有较强吸引力的旅游目的地。但是，云南旅游业发展中也面临着诸如旅游产品结构单一、游客滞留时间短、旅游资源利用效率不高、带动效应有限等问题。推行旅游产业生态化，对于推进旅游产业从数量扩张型向质量效益型转变，实现云南由旅游资源大省向旅游经济强省的新跨越，对推进云南省委、省政府提出并经国家批准的云南旅游产业综合改革发展试验区发展及省旅游局提出的“二次创业”和提质增效具有重要意义。

（二）云南旅游产业综合改革发展的迫切需求

《云南省旅游产业发展和改革规划纲要（2008—2015）》中强调要启

动旅游循环经济改革专项试点建设工作。选择文山州丘北县普者黑旅游度假区作为旅游循环经济的专项改革试点单位，主要任务是探索旅游开发与生态环境保护、建设的有机结合，以及旅游资源综合利用和循环利用的新途径。《云南省旅游产业发展和改革规划纲要》实施方案也指出，旅游循环经济改革专项试点之工作目标是要把丘北普者黑建设成为我省旅游循环经济改革的示范区，探索实现旅游经济发展与生态环境保护良性互动的新模式。工作内容有：整合资源，建立旅游产业与生态环境保护的互动运行机制；进一步编制完善《丘北普者黑旅游循环经济改革专项试点总体规划》，制定区域产业发展的政策；建立健全试点地区的投融资体制，加大投入，着力抓好试点地区旅游发展、基础设施、生态建设（面源污染控制、入湖河道治理、湖河流域生态恢复）等一批重点项目建设；积极探索试点社区参与旅游产业建设和合理利益分配机制，推进试点地区和谐社会的构建；科学合理确立试点地区的旅游环境容量，对生态脆弱的重要旅游景区（点）实行游客容量控制和环境监测制度，最大限度地减少和消除对生物多样性的威胁，并加大现代环保技术应用力度，建立试点地区评定旅游循环经济的有关技术指标体系，加强评估和督查；通过探索和实行管理与经营分离、特许经营等多种方式，建立旅游开发生态补偿基金和生态质量保障基金，加快旅游生态环境的恢复和建设。

（三）云南旅游可持续发展的迫切需求

《云南省旅游产业发展和改革规划纲要》实施方案提出了：加大对旅游资源及生态环境的保护、创建一批绿色酒店、探索旅游产业生态化的新途径、形成旅游产业发展与生态环境建设良性互动的格局的旅游生态环境建设的工作目标，并提出了相应的工作内容，包括建立和完善全省主要旅游资源区的保护及开发规划；研究并确立合理的旅游生态环境容量，在重点旅游景区积极推行游客容量控制制度；推广和健全旅游建设项目的环境影响评价制度，探索性建立生态建设与旅游业发展的良性互动机制；研究建立旅游区设施景观化、垃圾无害化、污水零排放、生态环境优美的有关建设标准；以旅游业替代高污染、高耗能的工业项目和对水源污染严重的传统农业种植项目，促进产业结构优化；大力开展旅游节能降耗和旅游绿色环保活动，鼓励使用清洁能源，倡导绿色建设，鼓励使用绿色建材，创建一批绿色酒店；加大旅游目的地居民和游客的绿色环保宣传教育，提高旅游可持续发展公众的参与程度。

（四）云南建设生态经济大省及“七彩云南保护行动”的现实需要

《云南省旅游产业发展和改革规划纲要（2008—2015）》曾指出：“按照国家建立‘资源节约型、环境友好型社会’的要求，全面实施‘七彩云南保护行动计划’，在重点旅游开发区域，尤其是高原湖泊和生物多样性等生态十分脆弱和敏感的地区，加大资源保护力度，加大荒山、荒坡的绿化和高原湖泊、河流的污染治理力度，扩大旅游循环经济的试点范围，加快旅游业对高耗能、高污染产业的替代发展步伐，积极开展旅游绿色环保活动，对生态脆弱的重要旅游景区实行游客容量控制和环境监测制度，旅游项目严格按照‘设施景观化、垃圾无害化、污水零排放’的原则进行开发建设，实现旅游产业与资源环境的可持续发展。”

（五）云南环境友好型和节约型社会及生态文明建设的需求

从环境友好型和节约型社会及生态文明建设的视野来看，产业的环境友好型和生态文明的特性，更加强调旅游产业生态化，使其产业生态系统能良性运行，并发挥旅游产业的关联带动效应，促进旅游产业生态化的发展。应用旅游学、产业生态学、系统学等多学科方法，以云南旅游产业系统为研究对象，系统研究云南旅游产业生态化现状、存在的问题和旅游产业生态化建设、运行及管理等科学问题，以推进云南旅游产业生态化发展与旅游可持续发展的实践，并初步构建旅游产业生态学的研究框架。

（六）有利于形成云南省旅游产业可持续发展的崭新路径，培育云南旅游的绿色竞争力，塑造世界著名的绿色旅游品牌

根据主体功能区划，云南省多数地区都被划入禁止开发区、限制开发区，因此，探索旅游产业与生态环境协调共进的道路是关乎边疆民族地区的民生与发展大计的问题，同时也关乎云南省旅游产业能否持续、快速、健康发展，以及二次创业目标的实现。结合云南旅游二次创业，探索旅游产业可持续发展的崭新路径，有助于培育云南旅游的绿色竞争力，塑造世界著名的绿色旅游品牌。

所以，本书的价值在于，坚持用科学发展观作为指导，适应环境友好型和节约型社会发展的需求，从生态文明建设的高度及视野，基于旅游循环经济学及产业生态学的理论与方法，从云南生态经济大省和云南旅游经济强省及“七彩云南保护行动”的现实需要出发，通过云南旅游产业生态化建设研究来促进云南旅游品质化发展和可持续发展进行。

本书主要基于云南省实证研究及循环经济、产业生态化的理论基础，将源于工业生产背景的产业生态化理论引入旅游产业。从理论价值来看，课题深入研究旅游产业生态化，构建了旅游产业生态学的研究框架、旅游产业生态系统，总结了旅游产业生态化的实践模式，充实并丰富了可持续发展理论、循环经济理论及产业生态化理论。

云南旅游资源的集聚性与垄断性、生态的原生性与脆弱性、旅游业的先导性与辐射带动功能决定了旅游生态文明和可持续发展成为云南经济和社会发展的重大战略，也因之成为旅游生态文明研究的焦点。课题研究紧密结合云南旅游产业生态化建设实际情况，围绕诸多典型的旅游目的地展开实地调研，因此从应用价值来看，课题的研究为云南省旅游支柱产业的建设、旅游经济强省及生态经济大省和“七彩云南保护行动”等都具有重要的指导意义，也为社会主义生态文明建设及美丽中国的建设、旅游可持续发展的道路提供了路径选择和行动方向。

二　本书主要内容

（一）基于生态文明的云南旅游产业生态化基础理论

主要使用文献分析法和比较研究法回溯了旅游循环经济及旅游产业生态化的起源及发展，理清了旅游产业生态化的科学内涵，搭建其研究框架，总结相关的分析方法与技术。

（二）云南旅游产业非生态化现象及其问题剖析

以云南为案例，在其旅游发展历程总结的基础上分析旅游发展的影响，进而从非生态化现象及其表征剖析非生态化问题根源。

（三）旅游产业生态化建设的战略和思路

阐述云南旅游产业生态化建设的现实及长远意义，提出云南省旅游产业生态化建设的战略及思路。

（四）云南旅游产业生态化系统研究

采用系统分析法分析了云南旅游产业生态化建设的基础及条件，云南旅游产业生态系统的构成、结构及其功能，构建了旅游产业生态化的评价方法和指标体系。

（五）云南旅游产业生态化建设的重点及系统优化

提炼了云南旅游产业生态化建设的重点事项，分析了云南旅游产业生态系统的运行及优化，总结了旅游产业生态化的主要模式及实践形态。

（六）云南旅游产业生态化建设的对策措施

从政策角度、经济激励角度、技术角度、人才角度、公众参与角度等方面提出了云南旅游产业生态化建设的对策措施。

三　本书主要观点

第一，旅游产业生态化是旅游产业发展转型与可持续发展的战略选择，为旅游可持续发展研究提供了新的视角，可助推生态文明建设与美丽中国建设。丰富的产业生态学研究为旅游产业生态学奠定了理论基础，旅游产业具备应用产业生态学的条件、相关研究如旅游循环经济为旅游产业生态学研究又做了良好的铺垫，这些条件为旅游产业生态学的提出奠定了基础。

第二，旅游产业生态化是以产业生态学原理、产业集群和循环经济等理念为理论指导，从旅游业的整个产业链进行整体考虑与衔接，形成各旅游产业之间以及旅游产业内部之间的“旅游资源—旅游产品—再生旅游资源”的循环产业链，从而实现旅游资源和能源的高效利用，实现经济效益、社会效益和生态环境效益的统一，构筑一个贯穿整个旅游产业系统全程的生态化过程。

第三，云南省旅游产业生态化建设的战略主要有：可持续发展定位策略；环境伦理导向策略；经济旅游向生态旅游转型核心战略；旅游产业相关者调控战略。具体思路主要有创新生态旅游产品、创新生态旅游基础设施、强化技术应用等。

第四，云南旅游产业生态化建设的目标由微观、中观、宏观三个层面构成。微观层面的目标有开发一批精品生态旅游产品、打造一批精品生态旅游线路、打造一批生态示范景区；中观目标是要在产业内部实现旅游交通生态化、旅游企业生态化的推广等；宏观目标是要实现旅游经济生态化、旅游环境生态化、旅游意识生态化、地方特色文化保护、打造“美丽云南”。

第五，旅游产业生态系统是指旅游者在一定区域空间内和共同存在的、分属不同要素的所有旅游产业组织或集群与其环境之间不断进行物质、能量和信息交换而形成的统一整体。依循内生性、外生性、共生性三大原则，课题组提出了旅游产业生态系统由内生系统、外生系统和共生系统三个系统共同组成，形成了旅游产业生态系统的有机整体。课题组还对三个系统的内在机理及相互关系做了说明。

第六，旅游产业生态化的研究方法主要有层次分析法（AHP 法）、德尔菲法（Delphi）、Maltab 数学处理手段等研究方法，依循完整性、科学性、系统性、可操作性、实用性原则可从社会经济发展水平、旅游业发展水平、生态环境质量、旅游业循环利用情况四个方面来构建区域旅游产业生态化系统演化水平测评指标体系。

第七，云南旅游产业生态化建设的重点是树立旅游生态意识、构建健全的旅游产业生态化的产业支撑体系、建立旅游生态制度、优化旅游产业结构、保护和修复已破坏的旅游环境等。

第八，针对云南旅游生态系统运行中存在的实际问题，应实施旅游企业清洁生产、建立旅游循环经济园区和环境友好型旅游城镇、大力发展旅游循环经济等。

第九，云南旅游产业生态化建设主要有四种模式：乡村生态旅游建设模式、休闲度假旅游区建设模式、国家公园—自然保护区建设模式与民族生态文化旅游区建设模式。

第十，云南旅游产业生态化建设的对策措施有政策措施（包含宏观、中观、微观三个层面）；经济激励措施（建立旅游生态环境补偿机制、实行延伸生产者责任和污染者付费原则、奖励生态型旅游企业、建立生态旅游认证体系、出台和实施专门面向环境保护的环境税税种）；其他措施（推广新能源技术、进行合理的功能分区和容量控制、强化人才培训，为旅游业生态化建设提供智力支持、加强宣传教育，建构生态环境伦理、鼓励社区参与，发挥群体力量、加强旅游产业信息沟通、推进旅游产业生态型基础设施建设）等。

《中国旅游报》发表了《旅游产业生态化：旅游可持续发展新视角》的专题文章作推介。

第一章
基于生态文明的云南旅游产业生态化基础理论

第一节　生态文明建设的国内外发展

20 世纪 20 年代，美国出现了人类生态学说，建议把自然生态的一些原理应用到城市管理当中，倡导城市生态文明。1948 年出版的《沙乡年鉴》把土地、水、植物和动物看作是一个完整的生态系统，认为人不应该是自然的主宰，提倡农业生态文明。20 世纪 30 年代至 60 年代，西方发达国家发生的一系列环境污染事件，引起了全世界的高度关注，国际环境保护运动随之开始兴起。从 20 世纪 60 年代开始，人类对自身与自然关系的反思迅速升温，可持续发展思想已经萌芽。1962 年，美国生物学家蕾切尔·卡尔逊在 4 年调查的基础上出版的《寂静的春天》一书，吹响了现代环境保护运动的号角。1972 年，罗马俱乐部第一份报告《增长的极限》出版，用动力学的方法研究得出，经济增长与地球承载力之间存在矛盾，世界将会面临严峻挑战。1972 年的联合国斯德哥尔摩人类环境会议标志着全人类对环境问题的觉醒，成为世界环境保护史上第一个路标。会议上通过的《人类环境宣言》首次宣示了对人类环境问题的共同认识和共同原则，是生态环境保护领域的一项重要文件。70 年代以后，日、美、德等一些发达国家开始发展循环经济产业，从末端治理到高效利用，一定程度上解决了社会发展与有限资源之间的矛盾。1976 年美国首次制定了《固体废弃物处置法》。1990 年美国加州通过了《综合废物管理法令》，要求通过源削减和再循环减少 50% 废弃物。1996 年德国颁布实施了《循环经济与垃圾处理法》，把垃圾处理提高到发展循环经济的高度。生态社会主义产生于20世纪70年代，是西方生态运动和社会主义思潮相结合的产物。20世纪80年代，人们对环境问题的思考超越了狭隘的生态学范畴，生态运动成为集环保、和平、持续为一体的全球性政治运动。1981年，罗马俱乐部发表了第11份报告《世界的未来——关于未来问题一百页》，强调彻底改变人的思想和立场，建立一种领先于阶级意识和民族意识的"人类意识"。1981年，美国农业学家、思想家莱斯特·R. 布朗发表了《建设一个可持续发展的社会》，论述了系统的可持续观，倡议建立一个"可持续发展的社会"。1983年，联合国教科文组织委托法国学者编撰的《新发展观》一书，指出了经济发展不只是数量上的变化，新的发展是"整体的"、"综合的"、"内生的"。1983年11月，联合国成立了世界环境与发展委员会（WECD）。1984年10月，联合国环境与发展委员会召开首次会议，提交了《从一个地球到另一个世界》的报告。1987年，又提交了《我们共同的未来》的报告，第一次赋予了可持续发展明确的内涵，标志着可持续发展观的正式形成。1992年，联合国环境与发展委员会的"地球首脑会议"在巴西里约热内卢召开，第一次将可持续发展战略由概念落实为全球行动。至此，人与自然和谐发展已经成为全球共识。2002年在南非约翰内斯堡召开的第十届可持续发展世界首脑峰会，全面审议《21世纪议程》执行情况，重振全球可持续发展伙伴关系。2005—2006年，欧盟出台全球最严格的"双绿指令"——限制使用六种有害物质指令；关于报废电子设备的指令。2007年联合国气候变化大会正式制定了应对气候变化的"巴厘岛路线图"，对全球迈向低碳经济具有里程碑的意义。2008年世界环境日的主题为"转变传统观念，推行低碳经济"，低碳经济为越来越多的人所接受，并正在成为新的可持续的经济发展模式。2009年底召开的哥本哈根联合国气候变化大会旨在就未来应对气候变化的全球行动签署新的协议，以此来遏制全球气候变暖，促进经济发展模式由高碳经济向低碳经济转型、产业向生态化转型。

自古以来，源远流长的中华文明精神是解决生态危机、超越工业文明、建设生态文明的文化基础。20世纪90年代，我国政府在《中国21世纪议程》中，指出必须转变人与自然界相对立或以人为中心的文化观念，建立健全公众参与生态文明建设机制，随后又陆续制定和实施了一系列促进环境保护和生态文明建设的计划或措施，包括《全国生态环境建设规划》、生态工业或循环经济示范园区、生态城市建设、绿色标志与环境标准认证、节能减排等。邓小平作为第二代领导集体的核心，虽然没有直接使用和阐释“可持续发展”的概念，但他关于经济社会全面协调发展的思想及人口、资源和环境协调发展的思想，都体现了可持续发展的本质内涵。1997 年，党的十五大报告根据世界发展面临的全球性问题，提出了可持续发展战略。1999 年，海南省在全国率先制定的《海南生态省建设规划纲要》，开创了区域生态文明建设的先河。江泽民“七一”讲话简要论述了要努力开创生产发展、生活富裕和生态良好的文明发展道路。党的十六大报告明确指出建设社会主义生态文明已经提到重要议程，是全面建设小康社会的奋斗目标之一。

之后，中国总结 20 多年来改革开放和现代化建设的成功经验，并汲取其他国家发展过程中的经验教训，于 2003 年召开的十六届三中全会上明确提出了“科学发展观”。2004 年，中央人口与资源环境工作座谈会上，时任中共中央总书记的胡锦涛指出应加强生态保护和建设工作，在全社会进行生态文明教育工作。随着循环经济已成为全球发展大趋势，以及发达国家循环经济的普及，我国循环经济试点工作已于 2005 年开始启动，并专门成立了工作领导小组。2006 年，《“十一五”规划纲要》提出了环境保护的主要目标。国务院召开了第六次全国环境保护大会，时任国务院总理温家宝强调要做好新形势下的环保工作，努力实现三个转变。十六届六中全会又制定了构建和谐社会、建设资源节约型和环境友好型社会的发展战略。同年 12 月，在中共中央政治局第三十七次集体学习时，胡锦涛强调要加快建设两型社会，努力提高生产活动的循环化、生态化水平。温家宝在 2007 年的政府工作报告中首次把能源消耗作为从宏观经济层面衡量经济增长的一个准绳，也标志着我国开始将环境要素纳入国民经济核算体系，这也是中国朝着“绿色 GDP”建立迈出的第一步。2007 年 7 月，环保总局与中国人民银行联合发布了《关于落实环保政策法规防范信贷风险的意见》，扩大绿色信贷，对有环境违法行为的企业拒绝发放贷款。此后，党的十七大报告正式提出“建设生态文明”，作为全面建设小康社会的一项重要目标，并对科学发展观做了深刻和详细的阐述。2008 年政府机构改革把 1998 年设立的国家环保总局升格为环境保护部。从 2008 年起，中国地方省级官员将开始向中央上交节能答卷，如果成绩单未能及格将面临问责和“一票否决”。这是中央对节能减排工作最严厉的考核，

“一票否决”，彰显国家节能减排的决心。为实现“十一五”环境保护规划目标，国家将实施9项环境保护重点工程，未来5年全国环保总投入预计将达到113万亿元。这对于全面建设生态文明有着重大意义。2009年，中国政府对世界宣布碳减排目标：到2020年，中国单位国内生产总值二氧化碳排放比2005年下降40%—45%。在12月召开的联合国气候变化大会上，温家宝就中国政府应对气候变化问题的立场、主张和举措做了全面阐述，展示了我国负责任的大国形象。党的十七届四中全会上对我国生态文明建设路径进一步明确，云南省和湖北省率先出台生态文明建设指导文件，云南省编制了《七彩云南生态文明建设规划纲要》，湖北省推出了《关于大力加强生态文明建设的意见》。2009年，广东省深圳市和山东省聊城市率先提出建设生态文明市目标，并制定相应规划，力图通过建设生态文明市，使得城市品位和内涵将得到进一步提升。

党的十八大报告首次提出经济建设、政治建设、文化建设、社会建设和生态文明建设“五位一体”的总体布局，并将其作为深入贯彻落实科学发展观、建设中国特色社会主义的基本内容。从过去的“三位一体”拓展并完善为“五位一体”，符合中国当前和今后发展的实际，同时也对旅游业发展提出了新的要求。党的十八大为旅游业的科学发展指明了方向，以推动旅游业科学发展为主题，以加快转变发展方式为主线，以改革创新的精神，推进旅游资源多样化、管理精细化、服务便利化、市场国际化，建设国际一流旅游目的地，使旅游业成为重要的支柱产业和人民群众更加满意的现代服务业，紧紧围绕“五位一体”的总布局，进一步解放思想，创新工作，通过促进旅游业科学发展，为中国特色社会主义建设作出更大贡献。

第二节　旅游循环经济起源及进展

旅游循环经济是循环经济思想在旅游行业的实际运用。循环经济思想的产生与20世纪环境问题的凸显密切相关。1962年，随着蕾切尔·卡逊（Rachel Carson）《寂静的春天》（*Silent Spring*）一书的问世，人类的发展眼光逐步转向发展与环境并重的议题上来。随着人类发展所面临的重大问题伴随着人类社会取得巨大物质财富的同时产生，人类开始了痛定思痛地反思——可持续发展战略作为全人类协同发展的途径被提上日程，循环经济正是这一背景的响应。

最初循环经济主要被应用于隶属于第一、第二产业的工农业生产，随着旅游活动如火如荼地开展以及各类负面影响的产生，学者开始注意到循环经济对第三产业之下的旅游业发展的要义，旅游循环经济由此产生。

一　循环经济思想的起源与发展

（一）循环经济思想的萌芽阶段（20世纪60—70年代）

循环经济的思想萌芽最早可追溯到20世纪60年代。以肯尼斯·鲍尔丁（Kenneth E. Boulding）1966年所提出的“宇宙飞船经济”理论为代表的生态经济思想；尤金·奥德姆（Eugene Odum）和霍华德·奥德姆（Howard Odum）兄弟创立的系统生态学理论及其生态系统演化的思想。

1966年肯尼斯·鲍尔丁在《即将到来的地球宇宙飞船经济学》（“The economics of the coming spaceship earth”）一文中引入了热力学、开放系统等自然科学理论，对于生态经济学研究范式的产生具有开创性的意义。鲍尔丁认为，对于生活于物质上封闭、能量来源上有限的地球系统中的经济系统而言，未来人类经济系统必然在物质流动、利用方式上类似于宇宙飞船的状态。也就是说，未来人类经济系统的可持续性取决于能否在自我维持的基础上成功地组织和管理地球宇宙飞船上的物质流动，并像自然生态系统那样，在外来能量——太阳能的推动下，以循环的方式实现系统内有限物质的无限利用。因此鲍尔丁明确提出，未来的人类经济系统需要采取一种与生态系统相类似的物质循环战略。

尤金·奥德姆则认为，所有的生态系统都有一个“发展战略”，这一战略的目标就是达到一个健康有序的状态，即“体内平衡”（可以将其理解为内部系统物质、能量等要素之间的平衡）。他引入“成熟生态系统”来描述生态系统演替的这一“顶极”阶段。“成熟生态系统”具备四个特征，为现代生态经济学中最有影响力的理论之一——赫尔曼·戴利（Herman. E. Daly）的“稳态经济”（steady-state economy）思想产生了重要的影响。这四个特征分别是：第一，互惠共生与协同合作。它是系统健康保持的基础，系统各有机物经过最初紧张的互相竞争后向协同共生的关系方向发展；第二，高度的生物多样性。即更多的物种在一起生存，形成复杂多样的生物群落；第三，稳定性。当生态系统达到体内稳定点时，更多的能量用来保护系统免受外界变化的冲击，而不是用于增加生产，即维持一种零增长或低增长稳定的系统现状；第四，系统内物质的充分利用。在成熟生态系统内，没有营养物质流失出系统，氮、磷、钙等各种物质要素全都在生态系统内永远循环，而不是排出系统。无论是鲍尔丁的物质循环战略还是奥德姆成熟生态系统的四个特征，均可以看出循环这一特征贯穿其中，因此同样成为循环经济思想的重要来源，产业生态学从一开始就与循环经济密不可分。

1972 年斯德哥尔摩人类环境会议的召开，标志着人类对环境问题的觉醒，从此人类走上了保护和改善生态环境的艰难而漫长的历程。

（二）循环经济思想的发展阶段（20 世纪 80—90 年代）

循环经济思想在 20 世纪八九十年代得到了大发展，此阶段的研究主要以罗伯特·艾尔斯（Robert. U. Ayres）的“产业代谢”理论、罗伯特·弗罗什（R. A. Frosch）和尼古拉斯·盖洛普（N. Gallopoulos）的“产业生态系统”理论以及格里戴尔（T. E. Graedel）和阿伦比（Braden R. Allenby）于 1993 年提出的“产业系统演化阶段论”为代表。也可看出，在循环经济思想的大发展背景之下，产业生态学初见端倪。

1989 年，罗伯特·艾尔斯（Robert. U. Ayres）提出了“产业代谢”理论。他指出，“产业代谢”是在一个基本稳定的状态下，原料和能量通过劳动转化为最终产品和废物的一系列物质过程。通过对产业系统的代谢过程与自然生态系统代谢过程的对比分析，艾尔斯发现自然生态系统与产业生态系统的重大差异——自然生态系统的代谢过程是封闭的，而产业代谢是开放的。他进一步指出，产业系统总体上没有对进入该系统内的营养物质进行循环利用，而是一个以开采来自地球的高质量的物质（化石燃料、矿石）为开端，最后以退化了的形式把这些物质返回到自然界的线性过程，所以产业系统从长远看是不可持续的，这也成为产业系统发展必须向生态化方向转型的重要依据之一。产业代谢理论还带来了产业系统研究方法上的革新。产业代谢研究的方法通过建立物质结算表、估算物质流动与储存的数量、描绘其行进的路线和复杂的动力学机制，指出它们的物理的和化学的状态来分析和描述不同层次的产业系统与其所在的自然生态系统之间的物质流动的规模和数量关系，而且最重要的是构建了经济系统与环境系统之间，以及经济系统内部产业之间存在的物质和能量流动网络，这为后来的产业生态学提出的通过构建不同产业流程之间的物质和能量梯次利用网络，来减少废物排放和提高资源利用率提供了一个十分有效的分析工具。作为一个非常有用的物质流分析工具，产业代谢理论受到各个层面上的物质流分析的广泛运用。

同年，罗伯特·弗罗什（R. A. Frosch）和尼古拉斯·盖洛普（N. Gallopoulos）在发表的《制造业的战略》（“Strategies for manufacturing”）一文中首次提出“产业生态系统”（the industrial ecosystem）概念。他们认为，可以通过产业一体化的生产方式来代替传统的简化的“原料—产品—废弃物”线性生产模式，即产业生态系统。在产业生态系统当中，能源和材料的消费是最优的，废物产生达到了最小化。任何一个简单线性生产过程的排放物都可以作为另一个过程的原材料。可以看出，佛罗什和盖洛普在艾尔斯比对自然生态系统与产业生态系统的差异后，将生态系统理念引入产业生态系统，明确提出了产业生态系统这一在理想状态下可以解决工业发展与生态环境矛盾的新的产业模式，受到广泛认可，因而被认为是以产业生态学为代表的产业生态化理论的开端。但可以看出，产业生态系统的理念与鲍尔丁的物质循环战略和奥德姆的成熟生态系统是一脉相承的，而且，艾尔斯的产业代谢理论也是其不可或缺的先决条件。

格里戴尔（T. E. Graedel）和阿伦比（Braden R. Allenby）于 1993 年提出了产业系统演化发展的三个阶段的设想。即在自然生态系统中，物质和能量的流动与转化大致经历了从线性流动、不完全循环和完全循环三个阶段的进化历程，才成为今天比较完善和稳定的自然生态系统。而产业系统的出现相对较晚，它既是自然生态系演化的产物，又与自然生态系统在性质上和对物质、能量的利用方式上具有本质的不同，总体而言处于线性流动阶段。而要实现理想状态的完全循环，未来的产业系统也要像自然生态系统那样，建立起包括生产者、加工者、消费者以及分解者在内的四个基本功能单元这样一个思路和途径。艾尔斯的产业代谢理论已经意识到产业系统与自然系统的差异，并总结出现阶段的产业代谢是线性的流动过程，是不可持续的，却未提出理想的产业发展模式。格里戴尔和阿伦比的产业系统发展理论以艾尔斯的产业代谢理论为基础，是对其的进一步深化和补充。

（三）循环经济思想的传播与应用阶段（20 世纪末至今）

20 世纪 90 年代，随着循环经济思想的传播与可持续理念的深入人心，人类环境意识进一步强化，人们在不断探索和总结的基础上，以资源利用最大化和污染排放最小化为主线，逐渐将清洁生产、生态工业和可持续发展消费等融为一套系统的循环经济战略。1992 年里约热内卢环境与发展大会使可持续发展的理念为全世界所接受，通过了《21 世纪议程》。2002 年 8 月，约翰内斯堡可持续发展世界首脑会议再次深化了人类对可持续发展的认识。人类对污染控制和资源最优利用的认识日益加深，循环经济日益为各国各地政府、企业和有识之士所重视。在日本、德国、美国等发达国家，循环经济的发展取得了可喜的成就。德国和日本等发达国家还立有《循环经济法》，要求工商业者应该从"摇篮到坟墓"照管其生产的产品，在新产品开发研制等源头环节就考虑废物的清除问题，而且生产者的废物担保必须在经济上可行、在技术上可操作。

20 世纪 90 年代后期，循环经济发展的浪潮传到了中国，立即引起了学术界和政府界的关注。中国政府逐步采取措施，积极推进循环经济的发展。成为世界上循环经济发展走在前列的几个国家之一。1999 年以来，国家环保总局将发展循环经济、建设生态工业园作为提高区域环境质量、促进区域可持续发展、促进区域经济和环境"双赢"的重要举措，积极试点，稳步推广，在宣传、技术研究、理论探索、政府引导和试点等方面做了大量的工作。循环经济理念得到党中央、国务院领导的高度重视。江泽民同志在 2002 年 10 月 16 日全球环境基金会第二届成员大会讲话中明确指出："合理利用资源、保护环境，是实现可持续发展的必然要求。以浪费资源和牺牲环境为代价，发展就不可能持续进行。自然资源并非取之不尽、用之不竭，而人类社会发展的需求却不断增长，如果这两方面的关系处理不当，必然导致生态环境的恶化，严重威胁人类的生存和发展。只有走最有效利用资源和保护环境为基础的循环经济之路，可持续发展才能得到实现。"胡锦涛同志在 2003 年中央人口资源环境座谈会上明确指出："要加快转变经济增长方式，将循环经济的发展理念贯穿到区域经济发展、城乡建设和产品生产中，使资源得到最有效的利用。最大限度地减少废弃物排放，逐步使生态步入良性循环。"朱镕基同志在 2002 年 11 月 25 日会见第三届中国环境与发展国际合作委员会第一次会议的中外委员时说："中国将把发展循环经济放在突出位置，使环境保护与经济建设相互促进"；2003 年 3 月 5 日在第十届全国人民代表大会第一次会议所作的《政府工作报告》中指出："支持发展环保产业和循环经济。加强自然保护区、风景名胜区和旅游景区的资源和环境保护。开展环境警示教育，增强了全民参与环境保护的自觉性。"温家宝同志 2004 年 3 月 5 日在第十届全国人民代表大会第二次会议上所作的《政府工作报告》中指出："积极实施可持续发展战略，按照统筹人与自然和谐发展的要求，做好人口、资源、环境工作”；“大力发展循环经济，推行清洁生产，依法保护和合理利用国土资源”。曾培炎同志2003年7月2日在全国重点流域区域污染防治会议上说：“在发展经济的同时，降低资源消耗，提高环境经济效益，是减少污染排放、减轻生态破坏、促进可持续发展的治本之策。要坚定不移地走新型工业化道路，积极发展循环经济和环保产业。”

二 旅游循环经济的发展背景

（一）国际背景

旅游循环经济发展的国际背景体现为对旅游可持续发展的广泛重视。随着环境问题的凸显与人类可持续发展的诉求，20世纪60年代以来，几乎与循环经济思想提出的同期，人们就很关注旅游发展所带来的社会、经济、生态的影响，逐步形成了旅游研究的一个较为独立的研究领域——旅游影响研究。随着旅游研究的深入和对可持续发展战略的响应，人们日益重视旅游发展、资源环境保护、民族文化遗产保护等的关系。1995年在西班牙加那利群岛的兰沙罗特岛召开了“可持续旅游发展世界会议”，通过了《可持续旅游发展宪章》和《可持续旅游发展行动计划》。1996年5月世界旅游理事会（WTTC）、世界旅游组织、地球理事会（Earth Council）联合制定并公布了《关于旅游业的21世纪议程》，在第三章的优先领域中专门论述了“废弃物的最小化、能源的保护与管理、净水资源的管理以及为可持续性而设计”等，其中也部分体现了旅游循环经济的思想。1998年亚太议员环境发展会议第六届年会发表了《桂林宣言》、1999年5月世界自然基金会发表了《关于旅游政策主张的声明》、世界旅游组织第十三届大会发表了《全球旅游伦理规范》、2002年世界生态旅游峰会发表了《魁北克声明》等，使旅游业可持续发展更加为旅游业界和业界外的有识人士所重视，旅游循环经济的一些理念也渐渐浮出水面。

（二）国内背景

1. 我国旅游业的迅猛发展

我国旅游业在改革开放以来迅猛发展，已经成为世界上的旅游大国之一。1998年，中央经济工作会议把旅游业列为国民经济新的增长点。2004年，温家宝同志在世界旅游组织（WTO）北京会议上明确提出要将旅游业建设成为中国的重要经济产业。在国家旅游局编制的“十五”、

"十一五"旅游发展规划纲要中明确地提出了建设世界旅游强国的目标。2009年的《国务院关于加快发展旅游业的意见》明确提出要把我国旅游业培育成国民经济的战略性支柱产业和人民群众更加满意的现代服务业的总体要求。随着21世纪的来临，我国国内旅游人次与旅游收入均在不断攀升（详见图1—1和图1—2），旅游业发展势头可见一斑。据世界旅游组织预测，到2020年中国将成为世界第一大旅游接待国、第四大客源输出国。我国旅游业无论是从政府发展战略还是从客观实践来看，均呈现出良好的发展势头。旅游行业发展的现实背景亟须科学的理论导向。

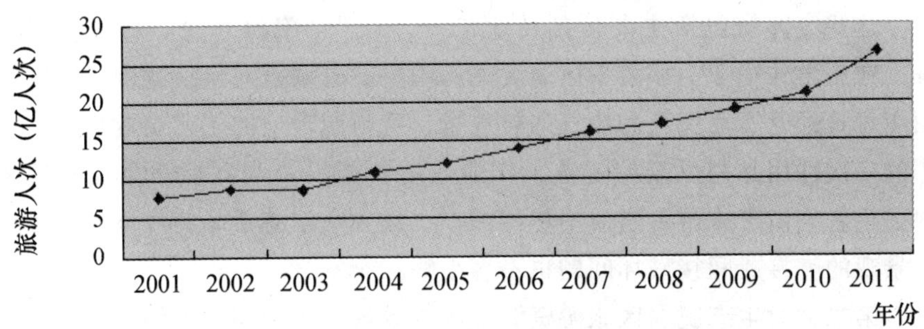

图1—1　近年来我国国内旅游人次①

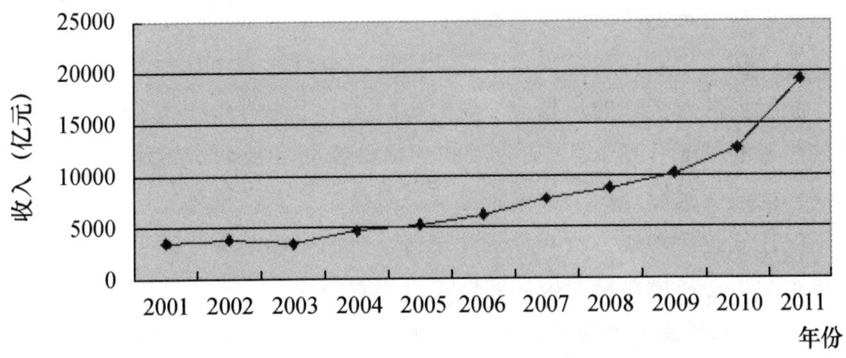

图1—2　近年来我国年国内旅游收入②

---

① 资料来源：据国家统计局《中国统计年鉴》数据整理绘制。

② 同上。

2. 旅游负面影响尤其是相关生态环境问题的逐步凸显

旅游已成为人们日常生活的重要组成部分，随着旅游业规模日渐扩大，这一产业对旅游资源与环境的压力也日益加强。旅游的负面影响也逐步凸显。无论是行业内部问题还是旅游依托的环境问题不断显现。很早以前，就有专家呼吁："无烟工业"冒烟了，以引起人们对旅游资源和环境保护的重视。

旅游行业的生态环境问题主要表现在以下两个方面：

第一，传统的资源—利用—废弃物的线性生产模式产生大量的旅游废弃物污染。

这些废弃物包括主要包括传统的"三废"：旅游垃圾、污水、废气等，在旅游住宿业、旅游景区表现尤为明显。有调查显示，我国一家中型酒店每日经营所需能耗和废气的排放量，竟与同规模的工矿企业相当。酒店的一次性用品与反复的清洗工作造成的资源浪费与环境污染也不容忽视。再者，由于旅游者素质不尽相同，以致大众旅游带来的垃圾随意丢弃与景观的直接或间接破坏问题也不容小觑。

第二，对生态脆弱区旅游资源或旅游景观造成不同程度的损害。

西部旅游开发在西部大开发的战略背景下也在经历旅游者与开发商不断的"探索"与"发现"。一些景区为了改善交通状况开山修路，在生态脆弱区更易招致山体滑坡或泥石流；为强化旅游者体验或增强旅游者感受的舒适性而不惜砍树凿石兴建索道，索道甚至可达雪山草甸，有专家曾指出，旅游者进入带去的热量会加速雪山融化，玉龙雪山积雪越来越少；随着旅游者的"无孔不入"，野生动物的活动空间被被动挤压或压缩，还会不同程度地受到惊吓……可见旅游活动对整个生态环境影响的广泛性。虽然不应让旅游活动成为所有经济开发活动负面影响的替罪羔羊，但旅游行业导致的生态环境污染与破坏的问题也不容忽视。

（三）旅游业健康协调持续发展的时代诉求与循环经济理念不谋而合

早在20世纪六七十年代，国外就有学者关注旅游经济、文化、环境等方方面面的负面影响。我国经过改革开放30多年的发展，旅游业已经成为中国国民经济体系中发展最快、最具活力的新兴产业和新的经济增长点。同时，旅游业是资源—环境依托型产业，旅游业的快速发展一方面对资源环境的可持续发展带来了潜在的威胁，另一方面对环境也提出了更高的要求，要求采取更切实的措施保护自身赖以存在的旅游资源与环境，这与循环经济的内涵不谋而合。且旅游业涉及人数多，关联带动效应明显，在旅游业中发展循环经济有助于推进社会公众环境伦理道德、旅游者绿色消费理念的树立，有助于促进其他产业循环经济的发展，全面推进循环经济的深入发展。在各地发展循环经济的过程中，旅游业就成为重要一环。同时，基于旅游业负面影响的减轻或消除和长远发展的考虑，在寻求可持续发展的大背景之下旅游界内的学者也在反思及寻求旅游业健康协调持续发展的路径与渠道，循环经济作为一种环境友好的、健康生态的发展模式成为实现旅游业可持续发展的路径选择之一。

三　旅游循环经济的正式提出

虽然循环经济思想起源于西方，旅游循环经济的正式提出却是在我国。国内旅游循环经济的研究和实践始于20世纪90年代末，2004年，首届中国循环经济发展论坛的举办，推动了国内学者对旅游循环经济的深入研究。来自大学、研究机构和旅游管理部门的专家学者采用了概念性、描述性、建构模式等方法对循环经济进行研究。张琼霓（2005）注意到循环经济是顺应时代潮流，协调旅游发展与生态环境保护的有效途径，指出循环经济是我国旅游业可持续发展的必然选择；杨美霞（2006）从开发前期注重循环经济体系的构建到开发后期绿色消费的主张构建了旅游循环经济的体系。但并未说明旅游循环经济的内涵与要义。同年，云南师范大学的专家学者亦在关注旅游循环经济，对旅游循环经济的发展战略进行了探讨，并以丽江旅游区为例，基于循环经济理念对旅游区的管理体系构建进行了实证研究。研究指出，旅游循环经济是涵盖旅游的开发活动、旅游活动六大要素和旅游区的工业、农业等各类社会活动，并应用各种新型的技术作为支持，用法律法规作保障，实现再思考、减量化、再利用、资源化和再修复五原则的旅游发展模式。他们进一步指出，旅游循环经济要求按循环经济理念进行开发和开展，通过资源循环持续利用、清洁生产、旅游重在体验、生态旅游和绿色消费、绿色认证、发展循环经济等方式以保护旅游资源和减少废弃物的排放，然后对废弃物进行无害化处理，返回大自然环境，以达到“合理开采、高效利用、最低污染”的目的。自此，旅游循环经济从循环经济的简单套用转为旅游业的实际运用。

2007年，明庆忠、舒小林在《人文地理》上发表了题为《旅游循环经济的发展理念与运行体系》的文章，进一步指出发展旅游循环经济应树立系统观、新经济观、新价值观、新生产观和新消费观，构建起发展旅游循环经济的动力系统、支持保障系统、参与层面系统等，促进旅游循环经济的模式系统良性发展，达到旅游循环经济的目标系统。同年，明庆忠、李庆雷出版了《旅游循环经济发展研究》、《旅游循环经济学》、《发展旅游循环经济的科技支撑研究》等专著，将旅游循环经济推向了新的系统化的高度。谢朝武认为，旅游业循环经济是一种发展观、伦理观与产业范式，此后，不断有学者投入到旅游循环经济的理论与应用研究中来。

第三节　旅游循环经济发展成效及深入发展问题

旅游循环经济虽是旅游研究中的一个新兴领域，从循环经济在旅游实践中的应用到旅游循环经济的正式提出，经过近七年的发展，已从理念探讨走向实践，旅游循环经济发展已初显成效，并在界内引起了更为广泛深入的探讨。在中国知网上以“旅游循环经济”为主题词在核心期刊展开检索，检索到的文章已有221篇。这些文章覆盖了理论与实践层面，既有宏观理论探讨，也有微观实证研究。

一　旅游循环经济发展成效

（一）搭建了旅游循环经济的研究框架

明庆忠、李庆雷在《旅游循环经济学》一书中追溯了循环经济与旅游循环经济的起源，提出了发展旅游循环经济的理论与方法、发展理念与战略思路，构建了旅游循环经济的发展指标与指标体系、旅游循环经济系统及运行框架，并落实了旅游循环经济发展区的规划及运行、发展策略与措施等，较为系统地搭建了旅游循环经济的研究框架。

（二）基础理论研究取得一定成果，实证研究与应用研究丰富

旅游循环经济提出后引发了学界对旅游循环经济的激烈讨论，宏观的理论基础研究取得了一定成果，微观层面的实证研究与应用研究也较为丰富，有学者将国内旅游循环经济的研究内容总结为以下几个方面（详见表1—1）：旅游循环经济基础性研究、旅游循环经济构成体系及运行模式研究、专项旅游与循环经济结合研究、旅游循环经济实证研究、旅游循环经济支撑和保障体系研究。研究选取了中国知网以“旅游循环经济”为主题的部分核心期刊，将旅游循环经济按理论研究与实证研究在内容上进

一步做了细分，如表1—1所示。

表1—1　　　　旅游循环经济研究内容与学者

<table>
<tr><td rowspan="5">基础理论研究</td><td colspan="2">旅游循环经济战略（舒小林，明庆忠，李庆雷，2006）</td></tr>
<tr><td colspan="2">旅游循环经济体系（杨美霞，2006；周彬，2010）</td></tr>
<tr><td colspan="2">旅游循环经济发展模式（王华，2006）</td></tr>
<tr><td colspan="2">旅游循环经济的发展理念与运行体系（明庆忠，舒小林，2007）</td></tr>
<tr><td colspan="2">旅游循环经济支撑体系（胡东林，2011）</td></tr>
<tr><td rowspan="10">实证应用研究</td><td rowspan="5">地区研究</td><td>四川旅游业循环经济体系的构建（邓学芬，2007）</td></tr>
<tr><td>长株潭旅游循环经济发展思路（龚艳，杨华峰，陈灿，2010）</td></tr>
<tr><td>海南国际旅游岛建设循环经济特区思考（黄振达，2011）</td></tr>
<tr><td>民族地区旅游循环经济支撑体系的建立（达哇吉，2012）</td></tr>
<tr><td>中原经济区旅游循环经济体系构建研究（王迎涛，2012）</td></tr>
<tr><td rowspan="2">类型研究</td><td>基于循环经济理念丽江古城旅游区管理体系的构建（李庆雷，廖春花，明庆忠，2006）</td></tr>
<tr><td>循环经济引导下的生态旅游区建设（林高瑞，鱼晓惠，2011）</td></tr>
<tr><td rowspan="3">景区研究</td><td>洞庭湖湿地循环旅游经济发展模式（张晴，2011）</td></tr>
<tr><td>抚仙湖滨湖旅游区生态旅游循环经济发展模式（郑燕，2011）</td></tr>
<tr><td>乡村旅游循环经济运行模式（王迎涛，2011）</td></tr>
</table>

当前旅游循环经济的研究还处于起步阶段，虽然已处于发展阶段，但仍然还存在很多不足，最主要的问题包括：①基础理论研究进展缓慢；②研究方法不够成熟，实证研究还不够充分。研究方法多数还处在探索阶段，虽有洞庭湖、抚仙湖、丽江等实证研究，但微观层面的研究类型还不够多样，总体还略微不足；③研究运用的理论较为单一，基本是对循环经济原有思想及相关理论的引介与应用，这也是引入旅游产业生态化的另一初衷，希望借此延续与丰富旅游循环经济理论；④交叉研究内容缺乏，应用研究还有待拓宽。对旅游循环经济的探讨主要集中在宏观理念层面，具体关涉本质性的应用研究还有待深入，相关的地理学、生态学、生物学、管理学等学科的交叉研究还不足。

（三）旅游循环经济实践取得积极进展

我国历来较为重视发展中环境的保护。旅游循环经济提出以后，政府也采取了积极的政策进行探索与推进。从国家近几年的政策、循环经济示范区、循环经济示范园到循环经济示范城市的打造到国家生态旅游示范区、低碳旅游示范区的评选与创建，均可看出政府对旅游循环经济思想的积极响应。

2008 年，国家旅游局和环境保护部共同编制了《全国生态旅游发展纲要（2008—2015）》，明确提出："坚持节约资源、保护环境的基本原则，促进人与自然和谐发展。塑造生态友好产业形象，推动全国生态旅游持续健康发展。尽快成为全球有重要影响力的生态旅游目的地，进入生态旅游先进国家行列，实现世界旅游强国的宏伟目标。"节约资源、保护环境是旅游循环经济的重要思想，同时也符合旅游产业生态化的要求。

2009 年，《国务院关于进一步加快旅游业发展的意见》中提出："推进节能环保，实施旅游节能节水减排工程。支持宾馆饭店、景区景点、乡村旅游经营户和其他旅游经营单位积极利用新能源新材料，广泛运用节能节水减排技术，实行合同能源管理，实施高效照明改造，减少温室气体排放，积极发展循环经济，创建绿色环保企业。五年内将星级饭店、A 级景区用水用电量降低 20%。合理确定景区游客容量，严格执行旅游项目环境影响评价制度，加强水资源保护和水土保持。倡导低碳旅游方式。"其中，发展循环经济、创建绿色环保企业被明确提出，推进节能环保、节水减排等是循环经济"减量化"原则的体现。

2010 年，《中国旅游业"十二五"发展规划纲要》强调："坚持节能环保，推进低碳旅游方式。发展循环经济，合理利用资源，强化旅游业发展科技支撑，丰富文化内涵，实现旅游业可持续发展。"循环经济再次被明确提出，且旅游业发展的科技支撑紧随其后，可见对发展循环经济技术层面的重视。

2010 年 6 月 19 日，经国家旅游局跟环境保护部批准的"生态景区中国行——共建全国低碳旅游实验（示范）区"公益活动启动后共评选出 50 家景区入选首批"全国低碳旅游实验区"，在此基础上，经过更为严格的创建评审程序，19 家在低碳旅游建设和发展方面成绩突出的单位成功创建首批"全国低碳旅游示范区"。低碳旅游与旅游循环经济思想有着相通之处，都追求节能减排，都倡导环境友好与持续发展，19 家全国低碳旅游示范区名单见表 1—2。

表 1—2　　全国低碳旅游示范区

安徽 · 黄山风景区	四川 · 九寨沟风景区
陕西 · 华山风景区	四川峨眉山 · 乐山大佛风景区
陕西曲江大雁塔 · 大唐芙蓉园	山西 · 平遥古城
江苏水乡 · 周庄景区	山东威海 · 刘公岛风景区
江苏南京 · 夫子庙秦淮风光带	广东深圳 · 观澜湖度假村
江苏古淮河文化生态景区	河南 · 港中旅嵩山少林寺风景区
江苏常州 · 春秋淹城景区	吉林 · 通榆向海景区
江苏无锡太湖鼋头渚风景区	黑龙江伊春 · 梅花河山庄度假村
上海野生动物园	宁夏 · 沙湖旅游区
四川青城山 · 都江堰风景区	

2012 年，国家旅游局发布的《国家生态旅游示范区建设与运营规范》对废弃物管理与垃圾管理都提出了明确要求：①废弃物处理要求——垃圾分类收集，清扫及时，污水排放得当；遵循废弃物最小化原则，对废弃物采取减量排放，可重复使用和回收利用；接待服务设施集中区域生活垃圾无害化处理率达到 100%；可使用环保技术进行垃圾处理，实现垃圾的综合利用和污染最小化，小型社区接待点推广有机废弃物的堆肥技术。②垃圾处理——垃圾应及时收集、清理，实现垃圾的分类回收，防止视觉污染；垃圾收集箱布局合理，标志统一，外观整洁，与环境相互协调，及时清理和消毒；废弃电池、污油等危险废物专门回收。废弃物最小化原则与减量排放、重复使用与回收利用、垃圾综合利用、有机废弃物堆肥技术等分别体现了循环经济的“减量化”、“重复化”、“资源化”原则。

具体到景区与企业层面，也涌现出一些旅游循环经济应用的典范。

●北京蟹岛度假村

总占地 2.2 平方公里的北京蟹岛度假村形成了特有的基于生态链的休闲农业发展模式，它集种植、养殖、旅游、度假、休闲、生态农业观光为一体，以产销“绿色食品”为最大特色，以餐饮、娱乐、健身为载体，让客人享受清新自然、远离污染的高品质生活，是北京市朝阳区推动农业产业化结构调整的重点示范单位，也是中国环境科学学会指定的北京绿色生态园基地。

●云南文山普者黑旅游区

普者黑位于云南省文山壮族苗族自治州丘北县城西北，距县城13公里。普者黑是典型的喀斯特地貌。中心景区主要有普者黑湖、荷花湖、灯笼湖、仙人洞湖、落水洞湖、摆龙湖等大小湖泊16个，总面积近13.33平方公里，平均水深4米，最深处达30米，165平方公里的景区里有250多个景点，300多座孤峰，80多个溶洞，80多个湖泊，20公里野生巨荷荷路，13.33平方公里水面，形成20公里的水上旅游航线。水质常年清澈见底，平均水深3米，最深30米，乘人工小木船观光游览，犹在画中行，仿佛置身于“真、幻、诗、画”的境界里。

特殊的地质特征也决定了生态的敏感性与脆弱性，景区也积极展开了旅游循环经济的探索。先后编制了《丘北普者黑旅游循环经济示范区规划》、《云南省普者黑循环经济型旅游业景观生态规划》，2005年以来，先后投入31万元在湖泊流域村寨推广建设生态卫生旱厕，缓解了景区周边村寨农村面源污染。此外，在景区上游八道哨乡建成日处理1500头牛、5000头猪粪尿的畜禽养殖污染治理大型沼气项目，沼气供酿酒户和八道哨中学锅炉使用，沼液供附近葡萄种植户和小坡地等村发展蔬菜种植，实现了变废为宝，成为旅游循环经济从理念走向实践的典范。

●云南抚仙湖

位于云南玉溪的抚仙湖是中国最大的深水型淡水湖泊，珠江源头第一大湖，属南盘江水系，位于云南省玉溪市澄江、江川、华宁三县间，距昆明60多公里。抚仙湖是一个南北向的断层溶蚀湖泊。湖面海拔高度为1722.5米，湖面积216.6平方公里，湖容积为206.2亿立方米，湖水平均深度为95.2米，最深处有158.9米，湖容量达206.2亿立方米，相当于12个滇池的水量、6倍的洱海水量、太湖水量的4.5倍，占云南九大高原湖泊总蓄水量的72.8%，占全国淡水湖泊蓄水量的9.16%。

2005年，云南省玉溪市设立抚仙湖生态保护禁止开发控制区，规划划定四片区：江川牛魔抽水站—澄江禄充鱼山尾巴；江川路居东海边抽水站—华宁海镜小山村抽水站；澄江海口温泉度假村—陡爬坎；江川青鱼湾隔河—断头山。四片区湖岸线总长38.3公里，占抚仙湖湖岸线长的43.42%；控制面积109.8平方公里，占抚仙湖径流区陆地面积的23.71%。禁控区内将走生态产业化、产业生态化的路子，坚持生态保护与生态建设并重，坚持保护优先、预防为主、防治结合的方针，运用环境保护、生态系统和循环经济理论，统筹禁控区经济社会和生态环境的关系，突出以人为本，培育生态文化，逐步对区内水环境、大气环境和生态环境实施综合整治，对禁控区内现有产业进行结构调整和优化升级，最大限度地减少污染物的产生和排放，使得禁控区生态环境得以逐步恢复、改善和重建，实现经济社会和生态环境的协调发展，确保抚仙湖 I 类水质。在抚仙湖的保护开发建设工作中，循环经济理论再次成为有力支撑。

二 深入发展问题

（一）旅游循环经济系统的运行模式研究

虽然从旅游循环经济研究的初期就有学者关注旅游循环经济的运行模式，但多数模式的构建只停留在对策性或理想化的描述阶段。王华（2006）曾提出几种构建旅游循环经济的模式，概括起来分别是政府主导型循环经济模式；规范的旅游可持续发展的模式；“绿色旅游”模式；资源友好型、环境友好型的旅游循环经济模式；以高新技术为依托的旅游循环经济发展模式。王迎涛（2011）讨论过乡村旅游循环经济的“主体—驱动—乡村”运行模式（见图 1—3），其中第一个层次——乡村（R—Rural）是旅游活动和现象发生的基本空间。乡村旅游的物质载体在减量化、再使用、再循环的原则指导下，以资源的高效利用和循环利用为特征，在乡村旅游循环经济的闭环系统中运行。因此，该层实质上是目标层。第二个层次——驱动层（D—Drive）为核心层次。该层次通过对第一层次施加作用力，进而直接驱动乡村旅游循环经济的运行。该层次从性质上来说也是路径层，经营机制、科学技术和农旅结合的产业创新是乡村旅游循环经济可持续运转的三件重要“法宝”。第三层次是由政府主导、游客和农户—企业参与构成的主体（M—Main body）层。该层直接作用于驱动层，为“主体—驱动—乡村”模式的保障层。政府、游客和农户—企业三方主体的完备和共同参与才能激发我国乡村旅游循环经济的机制、技术和产业创新。概括起来是空间目标层、核心驱动层（路径层）、主体保障层，对旅游循环经济运行模式的构建有一定启发。

张晴（2011）总结的洞庭湖旅游循环经济发展模式在旅游产品开发上包含了湿地景观旅游、湿地休闲旅游，模式有合理利用立体空间循环发展模式、形成产业系统循环发展模式、立足废弃物循环利用发展模式。关

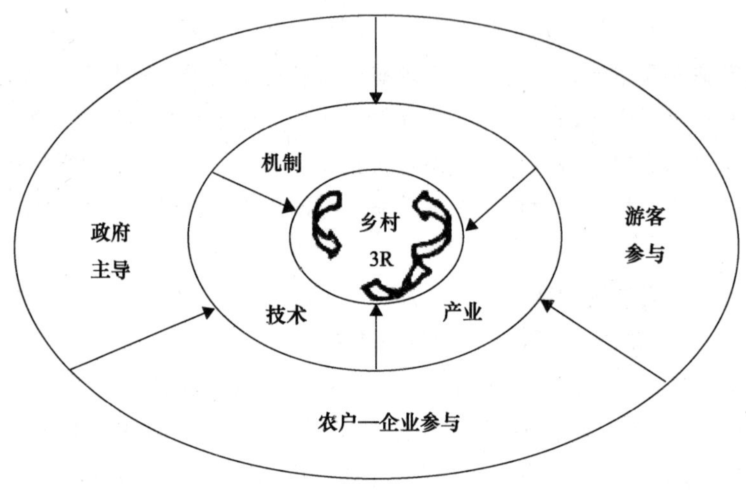

图 1—3　乡村旅游循环经济“主体—驱动—乡村”运行模式

注了空间与产业链条的问题。张瑾（2011）在明庆忠、李庆雷的推—拉系统运行模式、政策—科技—环境模式的基础上通过跨产业和旅游产业内部提出了四种产业组合模式：农业、生态整合型旅游模式；工业、旅游联结型旅游模式；旅游企业集群模式；旅游业循环型网络组织结构模式。郑燕（2011）以云南抚仙湖为例，构建了滨湖旅游区生态旅游循环经济发展模式（如图 1—4 所示）。这些模式大多依托案例实际总结或纯粹的理想构建，虽然为旅游循环经济发展模式提供了一定思路，但尚未上升到普适性的模式构建，科学的发展范式还尚未形成。这也是旅游循环经济有待进一步深入探讨的问题。

（二）旅游循环经济的实践问题

虽然旅游循环经济作为一种理想构想已搭建起研究平台，并已有相应的技术支撑，但旅游循环经济的实践却并未广泛推广。虽然有生态旅游、低碳旅游景区的打造与创建，但真正意义上构建起完整的旅游循环经济系统的景区却为数不多。这与景区的差异性、政策的导向性有一定关系。是什么原因导致旅游循环经济没有较好地充分地进行实践，有待深入探讨与论证。也只有在明确旅游循环经济实践的困难与问题之后，才能更好地让旅游循环经济走向实践。旅游产业生态化发展了旅游循环经济，让旅游循

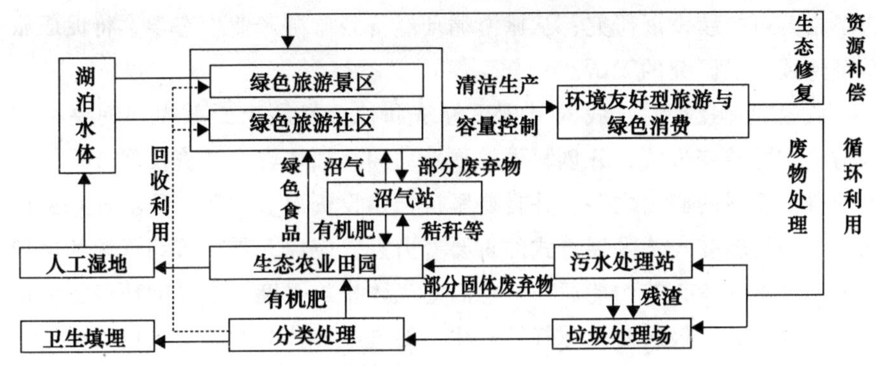

图1—4　滨湖旅游区生态旅游循环经济发展模式

环经济有了一个更明确的行动方向，同时也是旅游循环经济有待深入发展的问题之一。

此外，旅游循环经济产业效能方面的功能分区划分、产业要素配置、旅游循环经济系统的搭建以更好地实现旅游循环经济从理念走向更广泛的实际，也是有待深入发展的命题。

第四节　旅游产业生态学的提出及价值

一　旅游产业生态学的提出

（一）旅游产业生态学提出的缘由

1. 旅游产业生态化是旅游产业发展转型与可持续发展的战略选择

从研究层面来看，生态化是旅游产业发展的重要趋势，产业生态学对旅游业可持续发展的价值日益受到关注，学者主要从产业集群、管理系统、生态过程、学科建设等方面进行了探讨。在国内外旅游研究中发现，发展旅游循环经济和旅游产业生态化是旅游业可持续的最佳途径，是旅游可持续发展的必由之路。可持续发展作为跨世纪发展战略得到了广泛认同，随着可持续发展思想的深化，理应由其思想发展为可持续性科学、注重科学技术应用和环境经济方法等。在此种趋势推动下，循环经济学、产业生态学等应运而生。在旅游学研究中，旅游循环经济及相关研究方兴未艾，旅游产业生态化研究与应用呼声日高，悄然催生着旅游产业生态学，以更好地使旅游可持续发展从观念走向实际行动。生态旅游概念的引进，为当时旅游可持续发展研究指明了道路；从生态旅游到旅游循环经济，推进了旅游可持续发展研究；从旅游循环经济到旅游产业生态学，将促成旅游可持续发展研究的飞跃。

从宏观背景来看，我国《国民经济和社会发展十二五规划纲要》明确指出，要转变方式，开创科学发展新局面。加快转变经济发展方式，是推动科学发展的必由之路。并且要坚持把建设资源节约型、环境友好型社会作为加快转变经济发展方式的重要着力点。应深入贯彻节约资源和保护环境的基本国策，节约能源，降低温室气体排放强度，发展循环经济，推广低碳技术，积极应对全球气候变化，促进经济社会发展与人口资源环境相协调，走可持续发展之路。从行业发展角度来看，对大多数地区来说，良好的生态环境都是旅游产业赖以发展的基础。随着旅游产业非生态性的逐渐凸显，旅游产业生态化因科学的理念和良好的实践基础成为旅游产业发展转型的和旅游产业可持续发展目标的战略选择。它符合资源节约、环境友好、低耗高效的科学发展要求，以实现产业内部结构优化平衡与外部社会系统和自然生态系统的和谐与融合为目标，但具有重大的战略发展意义。

2. 产业生态学为旅游可持续发展研究提供了新的视角

产业生态学是一门研究产业可持续发展能力的科学，已被列为美国21世纪环境研究的五大优先学科之一。它强调系统观、整体观、未来观、全球观，坚持闭路循环性、多层次的开放性、因地制宜的本土性和生态经济复合系统的经济性原则，运用系统分析、工业代谢分析和生命周期评价等方法研究产业系统与生态自然系统的关系、产业生态系统结构分析与功能模拟、产业生态系统的低物质化、工业代谢过程的模拟与改进、产品生态评价与生态设计等。作为解决经济发展与环境恶化这一矛盾的尝试，产业生态学研究为人类社会解决生产系统的高能耗、高污染问题提供了一种新的思路，并为今后努力的方向指明了道路，敦促人类通过主观能动性的发挥为追求理想的实现不懈奋斗与努力。

将产业生态学作为旅游可持续发展研究的新视角，主要基于以下三点：第一，旅游系统的复杂性和问题的多重性要求旅游可持续发展采用相关学科的理论和方法；第二，产业生态学是从“产业运行过程”这一层面研究“可持续能力”的学科，与旅游可持续发展有本质联系；第三，旅游产业自身的集群属性（如图1—5所示）与生态特征为引入产业生态学方法奠定了基础。旅游产业的生态特征体现为重要的环境依托性。旅游活动的休闲性与审美性也要求优质良好的旅游环境，因此，良好的生态环境是最基本的依托条件之一。

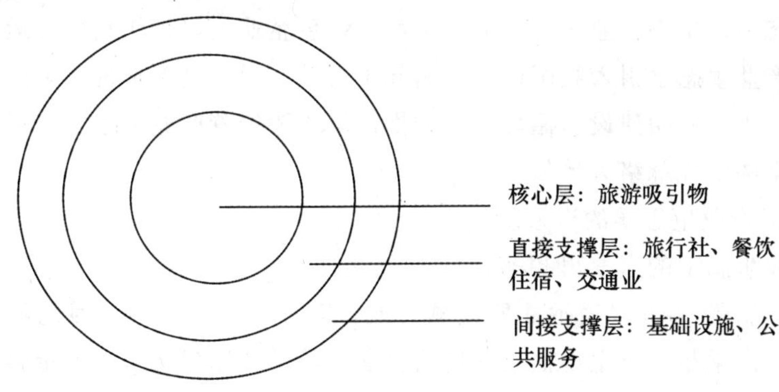

图 1—5　旅游产业集群构成示意图

3. 旅游产业生态学可助推我国生态文明建设与美丽中国建设

生态文明是近年来较为热门的话题，生态文明包含较高的环保意识、可持续的经济发展模式、公正合理的社会制度三个方面内容。生态文明具有独立性、整体性、相对性、反思性和过程性的特征，即生态文明是独立于物质文明、精神文明和政治文明的，人们要从自然的整体性出发把握人与自然、人与人的关系；生态文明是相对于物质文明、精神文明和政治文明的一种新型的文明形态，是人类面临生态危机后对人与自然关系进行反思而提出的文明形态，其建设是一个循序渐进的过程。旅游产业生态学的生态理念与关注系统全局的理念、与生态文明特别突出了“人与自然”系统的整体效益价值观相吻合。

2012 年党的十八大报告首次提出“面对资源约束趋紧、环境污染严重、生态系统退化的严峻形势，必须树立尊重自然、顺应自然、保护自然的生态文明理念，把生态文明建设放在突出地位，融入经济建设、政治建设、文化建设、社会建设各方面和全过程，努力建设美丽中国，实现中华民族永续发展”的目标。旅游本身是一项发现美、创造美、体验美的过程，旅游产业生态学站在产业系统的高度寻求旅游发展的长久健康模式，有助于更好地创造美好，构建美好，留住美好，是对“美丽中国”建设的积极支持。

（二）旅游产业生态学提出的条件

1. 丰富的产业生态学研究为旅游产业生态学奠定了理论基础

产业生态学的最初研究起点是自然生态学。生态学是一门古老的学科，生态学的正式提出已有近150年的历史。其后被引入工业生产催生了产业生态学，生态工业园区、清洁生产、绿色企业可以视作其理念运用的产物。产业生态学引入我国以后，引起了有关方面的高度重视，生产方式的转型、生态文明建设、循环经济的推进等均渗透着产业生态学思想。产业生态学的研究脉络大致如下：

（1）产业生态学的启蒙阶段

产业生态学的启蒙思想来源于自然生态学。生态学“ecology”一词来源于希腊语，eco_ 表示住所或栖息地，logos_ 表示学问。因此就字面而言，生态学是研究生物栖息环境的科学。其主要思想来源于古希腊的亚里士多德以及18世纪达尔文的进化论等。著名生态学家（Haeckel，1866）提出了生态学的经典定义：生态学是研究生物与其周围环境相互关系的科学。生物与环境的关系是生态学研究的中心问题。苏联学者（格拉西莫夫，1956）提出应重视揭示和研究某一科学研究对象和环境之间存在的关系，这一观点阐述了生态学方法的基本特征，即生态学方法着重审视主体与环境之间的“生态关系”。产业生态化理论正是从“生态关系”这一概念出发，把经济系统视为生态系统的一个特殊子系统，并运用生态学的观点，研究产业生态系统内部成员之间的协作和共生关系及其进化；借鉴自然生态系统物质与能量流动的规律与方式，研究如何在经济运行系统内实现物质的封闭循环，提高物质和能源利用效率，实现废物最小化，使经济发展与环境和谐发展。在理论上产业生态化体现了生态学与产业经济学的融合；而在现实中，产业生态化则表现为一系列生态化的产业发展模式和相关产业政策。

（2）产业生态学理论的提出和发展

最初完整使用“产业生态学”概念的是前通用汽车公司副总裁、研究部的Robert Frisch和Nicolas Gallipolis（1989）在《科学美国人》上发表的《加工业的战略》一文中提出了“产业生态系统”的概念，随后不仅仅是工业部门，与之相关的各种产业都被纳入这一概念的范畴，因而成为更广泛意义上的“产业生态学”。产业生态学理论通过对生态系统和工业系统进行类比分析，认为经济系统是一些公司（企业）管理制度、工人、消费者以及货币和政策等的集合。该理论分析了原材料和能源以及劳动在一种稳定条件下转化为最终产品和废物的所有物理过程。

Korhonen J.（1990）指出工业生态系统与自然生态系统一样，具有四个基本生态系统特征：①物质和能量的循环传输；②行为者多样性；③地域性；④系统的渐变性。在此基础上工业生态学理论的主要探索者之一Braden R. Allenby 提出了一套工业体系三级生态系统的理论，该理论认为三级生态系统的物质来源于系统本身，又消化于系统本身，被充分利用而没有废物产生，是真正可持续的生态系统；理想的工业系统包括四类主要行为者：资源开采者、处理者（制造商）、消费者和废料处理者。N. E. Gallipolis 等（1994）又从生态系统的角度提出了“生态产业系统”和“产业生态学”的概念。在“比利时生态系统研究计划”的基础之上，Francine Toussaint 等（1983）在布鲁塞尔发表了名为《比利时生态系统产业生态学研究》的专著，对产业生态学的基本观点进行了清晰和简明的概括。他们深信“生态学的观念与方法是可以运用到现代工业社会的运行机制的研究中去的，并据以指明新时代的某些方面”，他们认为应该把工业社会定义为一个生态系统，并主张用生态学的分析方法来观察工业活动以及企业和消费者的行为，在工业生产统计中，应采取以物质、能量流的形式，而不是以传统的抽象的货币单位的形式（Judy L. Meyer，1996）。在美国生态学会第 81 届年会上将产业生态学列为未来生态学发展的五个前沿领域之一。1997 年，由耶鲁大学和麻省理工学院联合出版了全球第一本关于产业生态学的学术期刊——《产业生态学》，标志着产业生态学作为一门真正意义上的学科为学术界所接受。该刊主编 Reidlifset（1997）在发刊词中进一步明确了产业生态学的性质、研究对象和内容，认为：产业生态是一门迅速发展的系统科学分支，它从局部、地区和全球三个层次上系统地研究产品、工艺、产业部门和经济部门中的能源和物流。

（3）产业生态化理论的深化和实践

20 世纪 90 年代以来，在可持续发展思想日益普及的背景下，产业界、环境学界、生态学界纷纷开展产业生态化理论、方法的研究和实践探索。其中研究的重点主要集中在：宏观尺度的循环经济研究；中观尺度的生态化研究，主要是生态产业园区的研究；微观尺度深入企业内部的研究，也主要集中于企业的清洁产业的研究。例如，B. R. Allenby（1999）提出了产业生态理论的基本知识框架，如图 1—6 所示：其中最高层次为可持续发展，这是产业生态学研究的目标；第二层是产业生态学，这是对产业系统及微观主体的产业行为以及与其紧密相关的基本自然环境系统的跨学科的综合研究，它为调整和改进人类的产业行为以及指导人类的产业实践提供理论依据；第三层是产业生态学的基石，是宏观层面的政府部门要促进微观层面的企业和消费者用环境友好的方式来从事产业活动时所应采取的具体措施，这些措施包括法律、经济以及其他政策性的有关激励措施，以及开发和实施能判定并支持环境友好行为的技术方法、工具、数据和信息等。在此基础上，2001 年，有学者根据生态系统原理和产业系统分析，提出了产业生态发展的四个原则，即再循环、多样性、本地资源化和渐变。

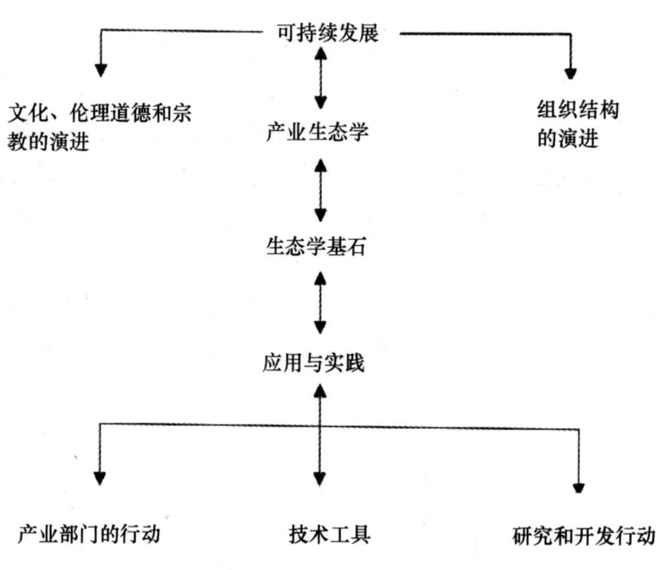

图 1—6　产业生态理论的基本知识框架

随着研究的深入，不少国家和企业已从理论研究转入了实践探索。1999 年 4 月 1 日，英国成立了区域发展局，专门研究经济发展与改造，负责促进地区可持续发展，包括经济、社会和环境的整体协调和长期的全面规划。2002 年日本政府制定的一系列的定量化的评价指标，对日本全国物质实物流量进行了核算（Material Flow Accounting），编制了资源实物流量表，并在此基础上建立了一组定量化的评价指标，包括资源投入量、资源生产率（GDP/资源投入量比率）、资源有效利用率（最终产品净增加存量/资源投入量比率）、废弃物产生量、资源循环利用率（回收利用资源与资源投入量比率）等；从国家层面上，日本设定了3个反映物质流量的宏观指标："资源生产率"、"循环利用率"、"最终填埋量"。通过这些手段对日本在经济活动中，对资源利用效率和环境影响效果进行评估，同时反映出经济活动中资源的投入。

同时，产业生态的理念逐渐渗透到工业设计和生态工业园中，较为著名的有索尼——Vide co生态设计项目，新设计方案中概念产品的环境影响改善了61%。生态工业园（EIP）的实践：印度学者（Shaken、Signal等，2002）提出了印度工业园的综合规划办法，包括绿色产业带的形成、环境影响评价开发和环境管理系统的完成；丹麦的卜伦堡生态工业园区模式是其中较为成功的典范。

我国的产业生态学研究发端于本阶段。国内生态学研究的先驱马世骏（1984）就提出了运用生态系统物种共生与物质循环再生的原理，结合系统工程的最优化方法，设计分层次、多级物质的生产工艺系统的生态工程思想。这种思想充分体现了生态学、经济学、地理学和社会文化学的耦合，体现了社会、经济和生态系统一、大协调的设计理念。随后我国学者王如松（1994）、厉无畏（1996）、郭守前（1998）等均论述过产业生态学的内涵。

结合国外产业生态学的理论与实践，经过十多年的学习探索，我国产业界、环境学界、生态学界等对产业生态学理论、方法的研究和实践探索等方面也取得不少成果，主要有产业生态学的概念及内涵、内容与方法、产业生态系统的理论框架、产业共生模式和机理、实现产业生态化的途径和方法、生态工业园区的理论与实践等方面的研究。就我国的实践情况来看，宏观层面的《环境保护法》、《循环经济法》、《清洁生产促进法》以及各地生态工业园区、循环经济示范区、低碳经济示范区的积极推进与打造积极响应了产业生态学的思想内涵。

丰富的产业生态学理论研究和实践为旅游产业生态学的研究提供了良好的理论基础和方法思路指引。这是旅游产业生态学构建的重要基础条件之一。

2. 旅游产业具备应用产业生态学应用的条件

产业生态学对生态学的迁移应用是基于社会经济系统与自然生态系统的相似性。作为全球最大产业的旅游产业的生态经济系统与自然生态系统也有着较高的相似性（见表 1—3）。这些相似性为旅游业应用产业生态学提供了基础。

表 1—3　　旅游产业系统与自然生态系统的比较

自然生态系统	相似点	旅游生态经济系统
（生物）个体	具有完整功能的有机体	旅游企业组织
种群	具有相似形态与特征	旅游企业种群
群落	同种个体/企业的组合	旅游产业集群
生态系统	与环境相互作用的统一体	旅游产业生态系统
生产者	利用资源制造产品	集群主体
消费者	未满足自身需要而消耗产品	旅游消费者
食物链	遵循特定规则的传递关系	价值链
生态位	资源利用和环境适应性的总和	旅游企业生态位
物质流动	物质的流转	物质流动
能量流动	能量的流动	能量流动
信息传递	信息的传递	信息流
协同共进	相互作用、共同发展	协调发展

3. 相关研究为旅游产业生态学研究做了良好的铺垫

可持续旅游、旅游循环经济、生态旅游、低碳旅游等相关研究历时较长，与产业生态学有着密切的内在关联。他们的丰富的研究内容与成熟的研究方法为旅游产业生态学提供了良好的铺垫。

钟真宜等认为，产业生态化是实现可持续发展的重要助推力。张宏武等则将产业生态化视作实施可持续发展战略以及可持续发展环境政策制定的关键。虞震认为，产业生态化是以实现产业可持续发展为目标的新型的产业发展模式。可持续发展具有更广泛的内涵与外延，作为一种理想的发展道路，它是产业生态化的最高目标；同时，可持续发展这一完美合意的理念需要具体的实践形式支撑，产业生态化则是其具体的实践形式与支点。

张天柱认为，循环经济建设重在产业生态化，产业结构的生态化重组转型是推进循环经济的基本内容。他还指出，产业生态化建设是转变传统经济增长方式、走新型工业化道路、建立循环经济的主体，也是支持可持续消费、发展循环社会的有力依托。王婧等通过分析循环经济与产业生态化的内在联系，认为循环经济是产业生态化的充分条件，产业生态化则是发展循环经济的必然结果。陈祖海认为，产业生态化重组是发展循环经济的重要内容。明庆忠曾指出，循环经济是一种新型的经济形态，它是集经济、技术和社会于一体的系统工程经济，其发展的脉络是以生态工业链为主线，以生态工业园为载体，以清洁生产为手段，要求物质资源的减量化，最终达到经济与生态的协调发展的根本目标。

产业生态化与循环经济有着共同的思想渊源，因此在理论基础，指导思想上都有着相通之处，但二者又不能完全等同。例如循环经济的 3R（reduce，reuse，recycle）原则符合生态化的内在要求。从本质上来看，产业生态化是一个产业系统仿造生态系统，并通过构建以后的不断优化升级从而最终实现平衡的过程。循环经济则是一种生态的经济形态，这种生态的经济形态是对产业生态化的积极响应，因而有助于实现产业生态化。产业生态化是循环经济的目标之一，循环经济则是产业生态化的有力支撑。

生态旅游、低碳旅游作为旅游产业生态化的实践形态在理论研究层面已有较成熟的研究，生态旅游在西方早已有之，引入我国以后，国内已开发设计诸多生态旅游产品，国家还推出了生态旅游示范区的评选活动。低碳旅游虽是近几年才兴起的热潮，也有旅游企业开始着手打造低碳旅游景区。乐活旅游崇尚简朴、持续的理念也在逐步地被践行，丰富的生态型旅游实践为旅游产业生态学研究提供了良好的基础铺垫。

（三）旅游产业生态学的正式提出

李庆雷、明庆忠 2008 年在《学术探索》上发表了《产业生态学发凡》一文，构建了旅游产业生态学的研究框架，正式提出旅游产业生态学。他们认为，旅游产业的集群属性、旅游产业具备的生态特征，以及旅游产业生态系统的存在与提出使得旅游产业生态学的提出具备可能。旅游产业生态学的研究框架包括基础理论、研究方法、旅游产业生态系统、旅游产业生态过程、旅游产业生态模拟、旅游产业生态规划、旅游产业生态工程，以及旅游产业生态管理八个方面的内容。其中最后三个部分内容是实施产业生态化的具体落脚点。明确产业生态学的研究框架有助于明确产业生态化的任务与目标。

此后，以明庆忠为代表的云南师范大学团队对旅游产业生态化继续推进研究，先后对旅游产业生态系统、旅游产业生态化系统演化测评的指标体系构建、旅游产业生态化的路径、旅游产业生态化的实践模式、旅游产业的“非生态化”现象与生态文明视野下的旅游产业生态化研究等内容展开了深入研究，大力发展了旅游产业生态学。

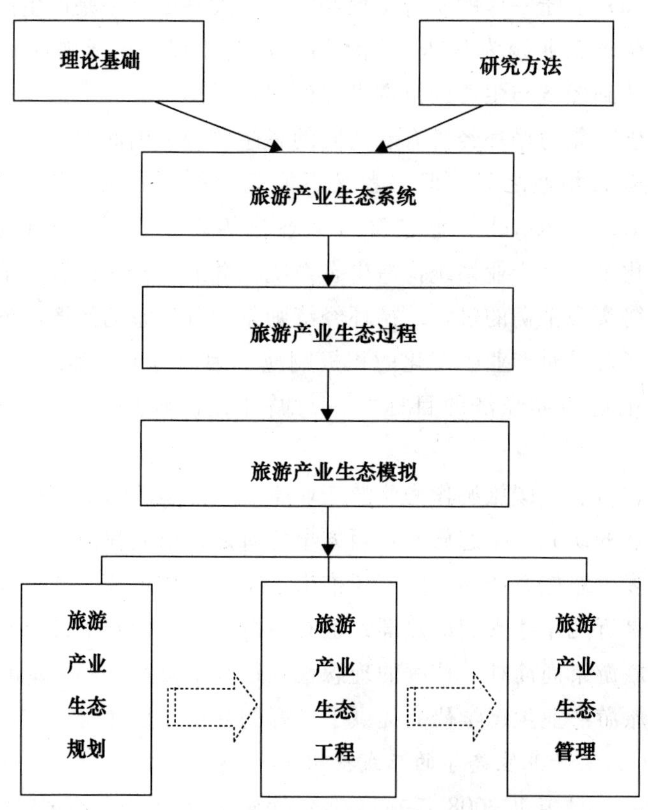

图 1—7　旅游产业生态学研究内容之间的逻辑关系

二　旅游产业生态学的价值

（一）理论价值

1. 揭示旅游产业生态化的科学内涵与实现路径

虽然产业生态化研究已层出不穷，生态旅游、旅游循环经济的研究方兴未艾，低碳旅游也作为热点研究问题进入专家与公众视野，这些都可看作是旅游产业生态化的实践形态，但国内外真正对旅游产业生态学的专业系统研究还处在起步阶段。旅游产业生态学与旅游产业生态化都还是一个新生的概念，需要明确它的科学内涵、理论基础、基本框架，揭示其实现路径、运行体系、基本模式。提出旅游产业生态学，是为了推进旅游科学理论创新和更好地指导旅游产业生态化实践，以助推旅游业的持续健康发展。

2. 推进旅游产业集群、旅游循环经济研究的关键问题

旅游产业集群与旅游循环经济是近年来出现的新生事物和研究热点。随着对产业集群研究的不断深入，人们发现大多数集群内几乎都是传统工业的资源、产品、废物的单向线性发展模式，企业之间分散发展，关联性不强，忽视了集群内部各企业之间的有机联系和共生关系，忽视了社会经济系统和自然生态系统间的物质、能源和信息的传递、迁移、循环等规律，致使资源枯竭和生态恶化，因此提出了产业集群生态化问题。这一思想也反映在旅游产业集群中，有学者提出了“旅游产业生态集群”的概念。但是，这一领域研究的推进亟须新的理论基础和方法指导。前文已经论及旅游产业集群与自然生态系统的相关性，旅游产业生态学因此成为推进旅游产业集群研究的唯一选择，提供了一种新的理解产业系统对于环境影响的概念框架。在旅游循环经济研究方面，近年来的研究成果集中于旅游循环经济的价值与理念、战略与对策、体系与模式、区域与企业应用等方面。总体而言，研究还不够深入，表象化特征较为明显，关于旅游循环经济运行的内在机理等方面的成果很少。这固然与旅游循环经济学作为一个新生事物的研究积累有关，但是，这种现象的形成更多地是受理论基础不明确、缺乏自身的研究方法等因素的影响。而产业生态学是循环经济的学科基础，它为循环经济提供了实践上可以利用的工具，旅游产业生态学也因此成为推进旅游循环经济研究的重要武器。

（二）实践价值

1. 为解决旅游产业中的“非生态化”现象提供思路

旅游产业生态学的研究要求搭建旅游产业生态化系统并分析旅游产业中的种种“非生态化”现象及成因，并提出应对的策略及思路，有助于发现从现象到本质的旅游产业中导致“非生态化”现象的种种问题和原因，并从政府层面、企业层面、文化层面、制度层面等角度入手，着力解

决旅游产业中的“非生态化”问题与现象。

2. 旅游产业生态学是推进旅游可持续发展的研究与实践的重要“抓手”

1987 年，挪威首相布伦特兰夫人在世界环发委员会（WCED）上作了题为《我们共同的未来》的报告，明确指出了可持续发展的定义。进入 90 年代，随着人类社会对“可持续发展”这一主题的日益关注，各界开始重新审视旅游业的发展历程及其产生的环境影响，提出了可持续旅游思想和旅游可持续发展战略。旅游可持续发展战略提出后，各级政府、企业界、理论界开始积极寻求旅游可持续发展的实施路径，为之付出了很多努力，也取得了一些进步。但是，时至今日，旅游可持续发展更多地还是作为一种思想、一种战略、一种框架存在，可持续发展有必要从思想走向可持续性科学。反思以前的研究历程，我们不难发现：原来的研究单纯从“环境保护”或“资源保护”的角度去寻求旅游可持续发展的实施路径，而忽视了旅游产业自身的“产业”属性，没有系统地从旅游产业的运行过程进行分析，提出对各类旅游企业来说具有可操作性的措施。因此，旅游可持续发展的研究必须从旅游产业本身入手，从旅游产业生态过程出发，来探讨旅游产业生态系统的设计、培育、建设与管理。旅游产业生态化融入了许多新的理念和研究方法，对可持续发展提供了明确的思路和指导方法，它无论是在微观上还是在宏观上都提出了一些切实有效的方法，通过将产业生态学的思想和方法运用到具体的经济活动实践中，将会对实现可持续发展起到根本性的推动作用。因此，旅游产业生态学是推进旅游可持续发展的研究的新视角，是推进可持续旅游实践的重要“抓手”。

第五节 旅游产业生态化的发展轨迹与科学内涵

一 旅游产业生态化的发展轨迹

旅游产业生态化在国内外的研究中都处于初级阶段，理论基础和基本框架等还未完全形成。国内外学者对这一课题的研究也是相当缺乏，是一个全新的研究课题。旅游产业生态化是对近年来可持续发展内涵的深入化、专业化的必然结果，也是旅游业发展的必然之路。

（一）孕育阶段

旅游产业生态化是随着旅游业的兴起而逐渐孕育发展的，也是人类社会向前发展而逐步反思的结果。多方面因素的促使，包括环境破坏与生态恶化问题、可持续发展观的深入发展、产业生态学理论的成熟运用、旅游业发展的现实需要、国家政策的引导、国内外学者的关注与研究等因素都促进了旅游产业生态化研究与实践。

1. 环境破坏与生态恶化问题

随着人类进入工业社会，环境破坏与生态环境恶化的趋势愈演愈烈。特别是近几十年来，全球各地为追求经济利益，以牺牲环境为代价，人类的生存环境遭到严重破坏。随着旅游业的兴起与繁荣，人们单纯追求旅游经济利益，旅游景区及周边地区相应出现了环境破坏与生态环境恶化的问题。

2. 旅游业发展需要

旅游业属于资源消耗相对较低、环境破坏相对较小的产业。然而，随着旅游业的持续快速发展和旅游开发规模与程度的不断强化与深入，旅游外部的不经济性日趋凸显，以获取单纯经济利益为目的的旅游增长范式和对旅游区及周边地区的环境破坏等问题引起行业的关注。旅游产业中的“非生态化”现象越来越凸显，运用产业生态化的基本原理研究旅游产业生态化建设的相关热点问题，构建发展模式，从根本上转变陈旧的“非生态化”旅游方式，在实现旅游资源合理、有效利用的同时，逐渐促进旅游产业生态化的发展，是旅游业持续健康发展的迫切需要。国内外旅游市场竞争日趋激烈的态势，旅游产业逐渐由观光型旅游方式向观光型和休闲度假型、康体健身型等复合型旅游发展方向转变，因此实现旅游产业生态化是市场竞争的需求。

3. 产业生态学理论的应用

自 20 世纪 50 年代，人们就从生态学的基本理念出发，产生了模拟自然生态系统并按照其物质循环和能量流动规律重构产业系统的想法。1966 年，肯尼斯·博尔丁（Kenneth E. Bounding）所提出的“宇宙飞船经济”理论为代表的生态经济思想以及尤金·奥德姆（Eugene Odom）和霍华德·奥德姆（Howard Odom）兄弟所创立的系统生态学理论及其生态系统演化的思想是产业生态学和产业生态化理论最早的两个思想来源。1969 年，美国学者罗伯特·艾尔斯（Robert. U. Ayres）在研究物质材料流动时首次提出“产业代谢”的概念，在此基础上 R. U. Ayres 提出了更具划时代意义的“产业生态”的概念，这也是“产业生态”第一次出现在人们的视野中。至 20 世纪 80 年代，产业生态逐渐得到各国专家学者的重视，并开始进行深入的研究。1989 年罗伯特·弗罗什（Robert Frosch）和尼古拉斯·盖洛普（Nicolas Gallipolis）在《科学美国》上发表的《制造业的战略》一文中提出“产业生态系统”的概念，并把其看作是以产业生态学为代表的产业生态化理论的开端。产业生态研究发展至今，作为研究人类产业系统与自然生态系统相互作用协调发展的科学，已经取得了一定成果。并且许多学者把这一理论成果引进到旅游业，为旅游产业生态化提供了相关的理论支持，促使了旅游产业生态化的出现。

（二）诞生阶段

随着旅游业发展出现的一系列问题，许多学者将产业生态学理论、可持续发展观、循环经济、低碳经济原理等一系列理论引入旅游产业研究中，促使了旅游产业生态化研究的出现。但由于旅游产业生态化研究处于起步阶段，对旅游产业生态化研究的系统理论较为缺乏，研究也多为定性研究，定量研究较少，对实际应用的研究也未能深入。目前，旅游产业生态化研究仍取得了一定的研究进展。

1. 国外学者的相关研究

国外学者对旅游产业生态化的研究主要从旅游资源开发保护、旅游产业生态化管理等方面进行研究。Filion 认为提高全社会的资源价值意识，营造保护自然资源的氛围，可以达到保护野生动物群和栖息地，最终实现旅游开发对自然环境保护的目的。McNeely 和 Thorsell 则特别强调了对敏感度较强的生态系统和保护区实施管理时需要注意的事项。他们认为必须解决旅游对环境影响（诸如游客承载力、游客量）等问题，形成一种有效的管理方式，而这种管理方式又有利于自然资源的保护和旅游地吸引力的增强，扩大游客数量，从而形成一种“良性循环”。这一思想的核心就是改变单纯地保护脆弱生态系统不切实际的目标，将人类对生态系统的有效利用变为目标，即开发旅游的生态化产业，将旅游收入中的一部分用于生态保护，满足栖息地和生物种群的需要。

2. 国内学者的相关研究

国内学者对旅游产业的生态化的研究是较多的。许多学者主要是从旅游产业生态化演进与模式、旅游生态化管理模式研究、旅游生态位概念与共生竞争、旅游产业生态集群、旅游产业生态系统等方面进行研究。徐辉、蔡溶最早关注生态学理论在旅游产业发展中的应用，基于生态过程视角指出：旅游生态过程是按照生态原理和知识经济规律组织起来的，是基于旅游目的地的承载能力、以生态功能为目标的旅游产业运作体系。高大帅、明庆忠、李庆雷在《旅游产业生态化研究》中第一次将“旅游产业生态化”作为关键词加以研究，提出旅游产业生态化需要在不同的层面上将生产的消费纳入旅游产业系统中，从微观、中观、宏观三个层次对旅游产业生态化加以推进。随着环境问题的日益严重，学者们对旅游产业的发展观不断反思和探讨。关注旅游环境问题的吴必虎认为，对旅游目的地的生态管理，应理顺行政管理、行业管理与生态管理的关系，在体制建设、规划制定、环境质量检测和控制、立法保证诸方面，研究出一套行之有效的办法和措施。

（三）成长阶段

随着对旅游产业生态化研究的深入，人们对于旅游产业的生态化关注愈加重视。旅游区的开发时也愈加注重产业的生态过程。旅游产业生态化理论也更多地应用于实践。不过目前人们偏重于对旅游产业生态化的理论研究，旅游产业生态化的实践研究还有所欠缺。

1. 国外相关研究

H. R. 首先讨论了由于人们的探索、冒险精神，一些地方总会经历荒无人烟、开拓者的首次到访、最终大众纷至沓来的过程，产生因游览而导致处于环境受威胁状态。旅游开发的环境影响虽仍处于潜在状态，但现在采取一些措施以防止不良影响的发生却是十分必要的。Muller 曾经预测过在交通工具不同的情况下，观光旅游每人公里的能源消耗量。他指出，在观光旅游中，95%的能源需求用于交通运输，剩下的5%用于交流、活动等。Frandberg 根据 1994 年对瑞典国民旅游偏好的调查，在诸多假设的基础上，通过计算旅游能源消耗量及与若干空气污染物排放量有关联的能源消耗，得出 1994 年瑞典国民长距离旅行总能源消耗量为 20TWh，占瑞典所有交通能源消耗量的 1/3，其中，国际航班虽然仅占长距离旅行的 8%，但却消耗了 35%的能源。旅游对于能源的消耗量是如此巨大，因而研究以减量化为原则的旅游产业生态化是十分必要的。

2. 国内相关研究

王文瑞通过应用产业生态学理论，并且在分析旅游业对环境的潜在威胁的基础上，对自然保护区实现旅游产业生态方法进行了探讨，提出实现自然保护区旅游产业生态的措施。祁新华等在研究生态位概念范式变迁的基础上，分析当前一些旅游不可持续发展的现象，提出了错位开发、生态位分离、整合基础生态位等生态位策略。贾秀梅认为，旅游产业生态系统是基于旅游行为实现过程中涉及人类的环境行为而论的，这种环境行为包括社会生产消费行为和自然生态行为两个方面。国内学者对旅游产业生态化的研究取得了一定的成果，研究视角多元化，范围不断扩大，但是缺乏系统的理论研究，对旅游产业生态的研究还不够成熟，缺乏对实际应用的研究。

二　旅游产业生态化的科学内涵

随着对旅游产业生态化的研究的深入，众多学者对于旅游产业生态化的内涵也存在各自见解。通过对关于旅游产业生态化内涵的已有研究，大致可以得出目前的研究主要是从以下几个角度，对其科学内涵进行界定：

（一）人、自然与社会协调发展

旅游产业生态化追求人、自然与社会的协调发展，是可持续发展观在旅游业的深入化、专业化发展。吕逸新、黄细嘉（2005）提出旅游生态化标志着旅游由传统旅游的经济开发与发展模式向复合生态开发模式的转变，人与环境的和谐为根本价值取向，以生态文明为标志，尊重和保护生态与环境，谋求人、自然与社会的协调发展。

（二）旅游产业生态化管理

旅游产业生态化要通过生态化的管理方式来实现。对旅游资源的生态化管理，可以使旅游资源发挥最大的效益目标，这种效益目标包括了经济效益、社会效益和环境效益。李春明（2006）提出旅游业生态化概念，是指引导旅游业逐步实现在生态环境承载容量允许的条件下，按照保护环境的要求规划、设计、管理与发展旅游业，使自然环境资源得以合理开发与永续利用，使旅游业得以可持续发展的过程。

（三）共生原理

旅游产业通过与其他产业、社会部门等协调发展，共同谋得产业发展的方式，实现旅游产业的生态化。胡芬（2009）指出旅游产业生态化的本质是运用“共生原理”，通过旅游企业集群内的企业与企业之间，旅游产业与其他产业之间组成的“资源—产品—再生资源”的产业链，形成各企业之间和各产业之间的物质、能源输入输出相和谐的“循环经济网络”，达到整个产业系统的物质和能量平衡，实现产业价值的全程生态化。

（四）产业生态化过程

旅游产业生态化是一个完整的生态过程，是一个整体、循环过程。旅游产业生态化要使整体过程内的每一个环节得到最有效地进行，并且以最佳方式与过程内的其他环节衔接，促使整体过程发挥出最大的效益。高大帅、明庆忠等（2009）指出旅游产业生态化是依据产业经济学、产业生态学原理，运用产业、生态、经济规律和系统工程的方法来经营和管理旅游产业系统，使旅游产业生态系统内和各组分达到合理优化耦合，以实现旅游产业经济效益最大化、资源能源高效利用、生态环境损害最小和废弃物多层利用的产业生态体系过程。

通过以上几个方面的分析，可以发现旅游产业生态化的内涵包含着人、自然与社会的协调发展，而这种协调发展是通过以共生的方式，进行生态化管理的，并且以产业生态学原理为指导的旅游产业生态体系过程。因此，旅游产业生态化是以产业生态学原理、产业集群和循环经济等理念为理论指导，从旅游业的整个产业链进行整体考虑与衔接，形成各旅游产业之间以及旅游产业内部之间的“旅游资源—旅游产品—再生旅游资源”的循环产业链，从而实现旅游资源和能源的高效利用，实现经济效益、社会效益和生态环境效益的统一，这样一个贯穿整个旅游产业系统全程的生态化过程。

第六节　旅游产业生态化的理论基础与基本框架

一　旅游产业生态化的理论基础

（一）产业生态学理论

20 世纪 90 年代以来，学术界和工业界的众多研究人员对自然生态和生活环境的关注，使产业生态学得到高度重视，逐渐形成了一门研究各种产业活动及其产品与环境之间关系的综合性、跨学科的应用科学。产业生态学是人类在经济、文化和技术不断发展的前提下，有目的、合理地去探索和维护可持续发展的方法。

作为一门新兴的边缘交叉学科，产业生态学目前还没有完全统一的定义，根据国际电力与电子工程研究所（IEEE）在“可持续发展与产业生态学白皮书”报告：产业生态学是一门探讨产业系统与经济系统以及它们同自然系统的相互关系的跨学科研究，是研究可持续能力的科学。产业生态学研究的基本内容是人与自然的和谐关系，其中最主要的是产业系统与自然系统的相互关系。产业生态研究依据自然生态有机循环机理，在自然系统承载力内，对特定地域空间内产业系统、自然系统与社会系统之间进行耦合优化，达到充分利用资源，消除环境破坏，协调自然、社会和经济的可持续发展的目的。

近年来，产业生态学在工业和农业方面受到越来越多的学者的关注，并且在实践应用中取得了显著的效果。作为关注“各种产业活动及其产品与环境之间相互关系”、“研究可持续能力”的科学，产业生态学思想已逐渐渗透到旅游产业的研究中，为其提供了新的思想和方法，使旅游产业和自然双双受益，保障了生态系统、人与自然、经济与环境的协调，促进了旅游产业生态化的发展。

（二）循环经济理论

循环经济是在人、自然资源和科学技术的大系统内，在资源投入、企业生产、产品消费及其废弃的全过程中，将传统的“资源—产品—污染排放”的线形增长经济，转变为依靠生态型资源循环来发展的经济。循环经济本质上是一种生态经济，它运用生态学规律来指导人类的经济活动。循环经济在资源利用方面表现为资源的高效利用、反复利用和循环利用，在环境方面表现为污染物低排放甚至零排放，遵循生态规律，实行减量化、资源化和再利用原则，通过资源循环利用和综合利用，实现物质生命周期的闭合循环。

旅游业是资源—环境型产业，不仅依托资源环境实现快速发展，同时对环境也提出了更高的要求，采取更切实的措施保护自身赖以存在的旅游资源与环境，从而实现旅游的可持续发展，这与循环经济的内涵不谋而合。将循环经济理论引入旅游学的研究中，促进旅游循环经济的发展，从而实现旅游产业生态化。

旅游循环经济是以循环经济理念为指导，坚持循环经济发展原则，结合旅游业的特殊性，来探讨如何实现旅游业的可持续发展，将旅游循环经济应用到旅游业中，最大效用地开发、利用旅游资源，协调旅游发展与环境的关系，减少旅游中“非生态化”现象倾向，实现旅游产业和生态环境的调谐，最终实现旅游业的可持续发展。因此，循环经济应该而且能够为我国旅游产业向生态化跃升和可持续发展提供充足的动力。

(三) 生态经济理论

生态经济作为一种科学的发展观，一种全新的经济发展模式，主要是运用生态学规律来指导社会经济活动，以大自然为依托，强调发展替代产业缓解对生态环境的压力，把“天人合一”的开发理念和资源的永续利用放在第一位，建设社会—经济—自然复合生态系统。它的技术经济特征之一是提高资源利用效率，减少生产过程的资源和能源消耗，这是提高经济效益的重要基础，也是污染排放减量化的前提。因此，生态经济的集经济、技术和社会于一体的系统工程理念意义重大。

生态经济与旅游业的紧密结合，表现在旅游生态经济系统是人们创造的一个自然—经济—社会复合系统，它的组成结构既包括了生态系统所具有的生命系统和非生物环境系统，同样也包括旅游经济系统所具有的生产、流通、分配、消费 4 个子系统。在这个系统中，旅游供给与旅游需求既要符合经济规律，又要遵循生态平衡要求，旅游的供给不能超越生态阈值，旅游需求应加以有效引导，旅游生态经济系统的供求双方都依赖生态环境，从而优化旅游产业生态系统的结构，促进旅游产业生态化的健康发展。

(四) 低碳经济理论

低碳经济（Low-carbon economy）是指在可持续发展理念指导下，通过理念创新、技术创新、制度创新、产业结构创新、经营创新、新能源开发利用等多种手段，提高能源生产和使用的效率以及增加低碳或非碳燃料的生产和利用的比例，尽可能地减少对于煤炭石油等高碳能源的消耗，同时积极探索碳封存技术的研发和利用途径，减少温室气体排放，最终达到经济社会发展与生态环境保护双赢局面的一种经济发展模式。将低碳经济理念与旅游业发展相融合，摒弃先污染后治理、先粗放后集约的发展模式，从而实现旅游业的可持续发展与资源环境保护的双赢。

低碳经济理论应用到旅游业的发展中，发展低碳旅游，追求旅游产业生态系统的良性循环，通过合理开发利用旅游资源，从而实现与旅游资源的承载力和生态环境的支持能力相协调、相适应，提高旅游资源利用率和旅游承载力。同时，注重旅游资源的再生能力和生态环境的保护，而低碳旅游也正是实现旅游产业生态化的一个有效的途径。

旅游业需要以发展的眼光调整旅游产业结构，转变旅游经济增长方式，推行节约发展、清洁生产、科学和可持续发展，最终实现产业生态化。低碳经济以其“立足于对旅游发展中碳排放的控制”而成为旅游产业生态化的一种有效的路径选择。因此，将低碳经济运用到旅游业的发展过程中，开展低碳旅游对旅游业应对气候变化和实现旅游产业生态化及可持续发展具有重要意义。

（五）可持续发展理论

可持续发展是指既满足当代人的需要，又不对后代人满足其自身需求能力构成危害的发展，是以保护自然资源环境为基础，以激励经济发展为条件，以改善和提高人类生活质量为目标的发展理论和战略。它是一种新的发展观、道德观和文明观。

旅游产业生态化以生态学原理为指导，运用生态经济学重建生态旅游系统，是适应可持续发展要求的新的经济发展模式。旅游产业生态化的理念是可持续发展的必然产物，为了当代社会的良性运转和我们的后代的福祉，必须改变传统的短视型、资源环境透支型旅游产业发展模式，利用生态化模式改造旅游产业，实现可持续发展。

旅游产业生态化促使基础设施建设、景观开发建设、旅游产品开发、宣传促销、管理机构设立、工作岗位设置等均进行生态设计、规划，合理地布局，资源优化配置，保护环境，降低成本，提高效益，促进旅游供给的优化重组，保证区域旅游业的可持续发展。因此，实现旅游产业生态化，是旅游可持续发展的一条有效途径，是实现经济、社会、环境相互协调的必然选择。

（六）系统理论

系统论是研究系统的一般模式、结构和规律的学问，它研究各种系统的共同特征，用数学方法定量地描述其功能，寻求并确立适用于一切系统的原理、原则和数学模型，是具有逻辑和数学性质的一门新兴的科学。系统论的核心思想是系统的整体观念。贝塔朗菲强调，任何系统都是一个有机的整体，它不是各个部分的机械组合或简单相加，系统的整体功能是各要素在孤立状态下所没有的新质。同时认为，系统中各要素不是孤立地存在着，每个要素在系统中都处于一定的位置，起着特定的作用。要素之间相互关联，构成了一个不可分割的整体。要素是整体中的要素，如果将要素从系统整体中割离出来，它将失去要素的作用。系统论的基本思想方法，就是把所研究和处理的对象，当作一个系统，世界上任何事物都可以看成一个系统，系统是普遍存在的。用优化系统观点看问题，分析系统的结构和功能，研究系统、要素、环境三者的相互关系和变动的规律性。

旅游产业作为一个难以定量的复杂系统，其生态化系统是以旅游产业集群为主体，通过价值链接、耦合共生和内外交换等作用机制而形成的生态—经济复合系统。应从系统的整体观念角度出发，将旅游产业生态化这一复合系统看作一个独立的整体，是整个社会经济大系统中的一个子系统，它与这个大系统中的社会、经济、政治和资源系统等是相互联系、相互作用的，不是简单的输入和输出关系，而是不断调整的，进而研究其构成和整体功能。旅游者、旅游目的地和旅游企事业作为这个整体中的构成要素，是旅游产业生态化系统中相互关联、不可分割的一部分，各要素之间相互作用、相互影响，共同构成旅游产业生态化这一复杂的系统。

（七）生态环境学理论

生态环境学是生态学、环境学、地理学等科学交叉的一门边缘学科。它以“生命体与其周边环境的相互关系”为研究对象，研究社会经济活动与生态环境问题的关系及其演变规律和调控机理等。现代生态学已普及社会生活和科学技术的各个领域，形成了各门具体学科和领域的生态环境学理论体系。其基本理论包括：生态系统理论、生态系统平衡理论和生态旅游理论，为当今旅游业的发展提供了新的思路——生态旅游。

旅游活动的开展、旅游产业的发展与生态环境息息相关。旅游经济系统、旅游环境系统和社区人文系统共同构成旅游产业生态化的系统，因此，旅游过程中产生的社会经济活动，作为整体系统中的一部分，无不与生态环境有着密切的联系，生态环境学的理论，有助于研究它们之间的演变规律和功能作用，保证旅游产业生态化的健康发展。

二　旅游产业生态化的基本框架

从目前的情况看，旅游产业生态化应该包括以下内容：旅游产业系统的生态化、产业空间布局生态化集群、旅游产业过程的生态化、旅游产业规划生态化、旅游产品的生态化、旅游企业的生态化、旅游市场的生态化、旅游管理的生态化（见图1—8）。

（一）旅游产业系统的生态化

旅游产业生态化的核心是实现旅游产业系统的生态化。模仿自然生态

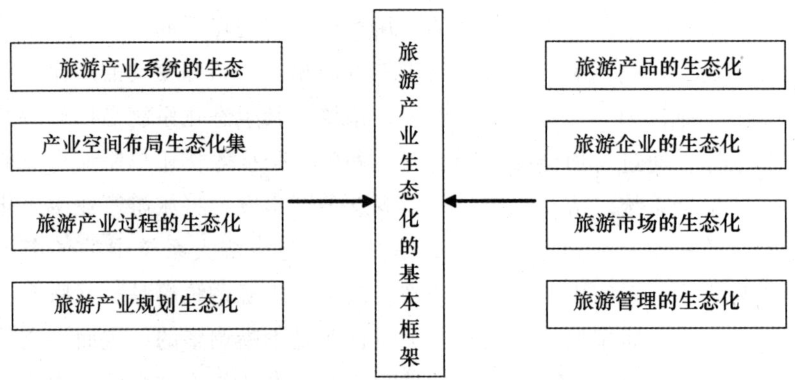

图1—8　旅游产业生态化的基本框架

系统来构造旅游产业生态系统，构造包括生产者、消费者和分解者有机构成部分。在人工干预下，旅游产业以市场为导向，以生态环境恢复与保护为出发点，以旅游企业或合作经济组织为依托，以旅游资源为基础，以科技创新为手段，实行地域化布局、生态化生产经营、社会化服务、企业化管理的生产经营体系。

旅游产业生态化是要将旅游产业生态系统这一人造系统纳入自然生态系统的运行模式中，实现经济、社会、自然自成一体、整体协调。旅游产业系统不仅要形成自身的物质循环机制，更要尽可能地纳入生态系统的物质循环中，使旅游产业与生态环境达到最优化的耦合，实现效益最大化、资源高效化、生态损害最小和废弃物多层利用的产业生态体系。

（二）产业空间布局的生态化集群

旅游产业发展到今天已呈现出集群化和生态化相融合的发展趋势。随着可持续发展战略在世界范围内的推行和普遍实施，生态革命促成了生态与产业之间的新型互动关系。一方面表现为产业绿色化含量不断提高，另一方面形成了广泛的产业生态化现象，使生态环境和产业领域产生了全方位的渗透与融合。旅游产业所具有的环境友好性、旅游资源的依赖性和旅游景观的可重复利用性以及对当地经济的推动作用等产业特征，使其更适应生态化的发展要求。

集群化是产业在横向空间上呈现聚集形态的组织形式，作为一种为创造竞争优势而形成的产业空间组织形式，产业集群具有整体竞争又适合集聚发展的规模效益，能够产生强大的溢出效应。旅游产业在发展过程中，表现出了诸多集群化的特征：旅游产业是一个涵盖第一产业、第二产业和第三产业的经济复合体，具有较强的产业关联性，产业化扩张导致了旅游业与传统产业的日益融合；应对旅游者多样化的需求，旅游产业涉及面逐步扩大，产业链进一步延伸；资源的不可移动性决定了以旅游资源为基础的旅游产业具有地方根植性，促使那些为旅游者提供服务的相关行业、部门在同一地理区域内以相同的服务对象（旅游者）而聚集。

（三）旅游产业过程的生态化

旅游产业生态过程是按照生态原理和知识经济规律组织起来的，基于旅游目的地的承载能力，以生态功能为目标的旅游产业运作体系，相对于旅游产业生态过程的是旅游产业生态结构，此二者构成了作为系统的旅游产业的生态价值链。旅游产业生态过程分解为旅游生态消费观念、生态旅游地、旅游产业生态群三个互动的步骤。生态消费观念是整个产业生态系统的核心，其行为指导生态旅游地的选择和生态产业群的建设；生态旅游地作为产业生态过程的载体，一方面具有承载作用，另一方面起到生态反馈及协调作用。

在旅游过程中，倡导游客进行绿色消费，注重对环境的维护，具备很强道德意识，将绿色原则贯穿在旅游的餐饮、住宿、交通、娱乐、购物、休闲等过程中。特别是在旅游景区内，游客更应具备这种意识，按照景区当局的要求行事，减少对景区资源的破坏性行为。通过绿色消费，旅游者获得了旅游体验，提高了生态意识，减小了旅游活动对环境的负面影响。可见，绿色消费属于过程控制，强调的是旅游产品消费过程的生态化。

（四）旅游产业规划的生态化

旅游产业生态规划是旅游产业生态模拟从理论走向实践的设想与谋划，按照层次可以分为区域旅游产业生态规划、旅游生态产业园（旅游循环经济示范区）规划、旅游企业生态设计等。对旅游产业进行规划设计时，要严格遵守生态学的相关理论，尽量减少旅游产业的发展对周边环境造成的不良影响，以保证旅游产业的规划尽快向生态化的方向发展。

（五）旅游产品的生态化

旅游产品主要是指围绕游客的旅游需求而提供给旅游者的食、住、行、游、购、娱等方面的无形服务和有形产品。从旅游企业的三大主体——饭店、旅行社和旅游交通来看，生态化的旅游产品主要有：绿色客房、绿色餐饮、绿色服务、生态旅游、背包旅游、探险旅游等“选择性旅游”形式。

（六）旅游企业的生态化

旅游企业是推动旅游经济发展，实现旅游产业生态化的基本单位，是循环经济良好运行的基础。旅游企业主要包括旅游景区（点）、旅行社、旅游饭店、旅游交通等。在循环经济理念的指导下，通过实现各企业内部的生态化、企业与企业间的生态化，以及旅游产业与其他产业系统的生态化，保障旅游产业的可持续发展，推进旅游产业的生态化。

（七）旅游市场的生态化

旅游市场的生态化，既包括旅游供给的生态化、旅游消费的生态化，又包括供求关系的生态化。旅游市场的生态化首先要有完善的市场机制来实现市场供求关系的自我调节，通过竞争与合作形成旅游产业的价值链。对于旅游资源的“公域品”属性应适当地借助于政府的干预力量，来保持旅游市场有序竞争与发展。通过对旅游产品供给者的生态准入制度的建立来保障旅游产品的生态化，通过绿色营销对消费者进行绿色消费行为的引导。

（八）旅游管理的生态化

经营管理生态化包括三个方面：一是经营工具、用品的生态化，如使用无污染的电瓶车、游船，垃圾箱的设置，垃圾的处理等；二是对景区环境的动态管理，主要是对游客的引导和管理；三是对当地居民的管理。

旅游产业的生态化是以人与环境的和谐为根本价值取向，以生态文明为标志，尊重和保护生态与环境，谋求人、文化与自然的协调发展。作为一种新的旅游发展理念、旅游产业的生态化不仅涉及价值观念、生态伦理和旅游理念等方面的内容，还涉及旅游的生态建设、环境保护、生态恢复和政策法规等方面的根本性转变。

第七节　旅游产业生态化的研究方法与分析技术

一　旅游产业生态化的研究方法

独特的方法是一个学科成熟的标志，旅游产业生态学也应有属于自己的研究方法。在对旅游产业生态化的研究过程中，其主要研究方法包括：

（一）多学科综合分析法

在研究过程中，将不同学科的研究方法，如生态学、产业学、环境学、经济学等学科中的研究方法运用到旅游产业生态化的研究中，可以从不同角度对旅游产业生态化的相关问题进行分析与评价，对不同视角下旅游产业生态化发展中的问题进行综合分析，进而从整体的角度把握旅游产业生态化的研究趋势。

（二）实地调查法

实地调查是应用客观的态度和科学的方法，对某种社会现象，在确定的范围内进行实地考察，并搜集大量资料以统计分析，从而探讨社会现象。实地调查的目的不仅在于发现事实，还在于将调查经过系统设计和理论探讨，并形成假设，再利用科学方法到实地验证，并形成新的推论或假说。实地调查法有两种：现场观察法和询问法。研究旅游产业生态化的过程中，就是要通过对旅游环境和旅游市场的行为进行直接观察和间接观察，对其旅游发展的基本情况、旅游产业、产业生态化的现状和背景等进行实际调研，以便获取相关的信息和资料。

（三）实证研究和规范分析相结合的方法

实证研究方法，要求事先对现实提出一些前提或假定，然后通过经验及实际证据来证明，进而用数据去修订有关的具体原则、准则和程序。实证研究过程对假定的验证可以被重复，是一种严格的定量分析与定性分析相结合的方法，同时，实证研究方法更注重在研究过程中联系实际运用，要求理论研究要面向具体实践进行现实问题研究。规范性分析方法，主要是一种运用演绎和归纳的方法，这一研究方法更注重从逻辑性方面概括指明“应该怎样，应当怎样，或应该怎样解决”的方法。其主要特点是在进行分析以前，要先确定相应的准则，然后再依据这些准则来分析判断研究对象目前所处的状态是否符合这些准则。运用实证研究和规范分析相结合的方法，充分考虑当地的旅游资源、环境因素等，构建旅游产业生态化建设的主要模式，以指导旅游业的可持续的发展。

（四）定性分析与定量分析相结合的方法

定量分析是依据统计数据，建立数学模型，并用数学模型计算出分析对象的各项指标及其数值的一种方法。定性分析则是主要凭分析者的直觉、经验，凭分析对象过去和现在的延续状况及最新的信息资料，对分析对象的性质、特点、发展变化规律做出判断的一种方法。定性分析与定量分析是统一的，两者相互补充。在对旅游产业进行实际研究的过程中，应将定性分析与定量分析结合起来，对产业发展与资源环境问题进行分析与研究。

（五）比较分析的方法

比较分析法是把客观事物加以比较，以达到认识事物的本质和规律并做出正确的评价。对比分析法通常是把两个相互联系的指标数据进行比较，从数量上展示和说明研究对象规模的大小、水平的高低、速度的快慢，以及各种关系是否协调。在对比分析中，选择合适的对比标准是十分关键的步骤，选择得合适，才能做出客观的评价，选择不合适，评价可能得出错误的结论。通过对国内外旅游产业生态化基本理论、研究方法、建设模式、管理方式、系统研究等方面的分析归纳与比较研究，寻找符合旅游产业生态化之路。

二　旅游产业生态化的分析技术

在研究旅游产业生态化的过程中，除了产业生态学中公认的生命周期评价、产业代谢分析外，还应该包括系统分析、面向环境的 DFE 设计、延伸生产者责任政策、物质减量化、生态足迹分析等方法。

（一）生命周期评价（Life Cycle Assessment，LCA）

生命周期评价是一种面向产品系统的环境管理工具，也是实现产业生态化的重要途径和方法之一。这一概念是 1990 年由国际环境毒理学与化学学会（SETAC）主持的会议上首次提出的。目前，关于“生命周期评价”有多种提法，邓南圣等（2002）将各种定义归纳起来，将生命周期表述为：“对在一个产品及包装物、生产工艺、原材料、能源或其它某种人类活动行为的全过程，包括原材料的采集、加工、生产、包装、运输、消费和回用以及处理等，进行资源和环境影响的分析与评价。”其主要特点为：全过程评价、系统性与量化、注重产品的环境影响；美国环保局认为它就是对最初从地球中获得原材料开始，到最终所有的残留物质返归地球结束的任何一种产品或人类活动所带来的污染物排放及其环境影响进行估测的方法；环境毒理学与化学学会则认为生命周期评价就是用来全面审视一种工艺或产品“从摇篮到坟墓”的整个生命周期有关的环境后果的方法。通过此方法，可以对旅游产业中的相关旅游产品的生命周期对环境的影响进行分析与评价，促进旅游产业生态化的发展。

（二）产业代谢分析

产业代谢分析是模拟生物和自然生态系统代谢功能的一种系统分析方法。与自然生态系统相似，产业生态系统同样包括四个基本组成，即生产者、消费者、再生者和外部环境，通过分析系统结构的变化，进行功能模拟和分析产业流来研究产业生态系统的代谢机能和控制方法。在本质上，产业代谢是把原材料和能源以及劳动在一种（或多或少）稳态条件下转化为最终产品和废物的所有物理过程完整集合。其研究目的是分析我们社会的物质基础、产业系统内部以及与环境之间的物质和能量交换。旅游产业生态系统的代谢机能的研究，需要以产业代谢分析法为基础，分析旅游产业生态系统内部与环境之间的物质和能量交换。

（三）系统分析

系统分析是在对系统问题现状及目标充分挖掘的基础上，运用建模及预测、优化、仿真、评价等方法，对系统的有关方面进行定性与定量相结合的分析，为决策者选择满意的系统方案提供决策依据的分析研究过程。

旅游产业活动是在许多方面难以定量的复杂系统，需要采用系统分析方法来研究旅游产业系统内部以及其与外部系统之间的关系。旅游产业的生态化与旅游产业生态系统密切相关。因此，在旅游产业生态化研究的过程中运用系统分析的方法，研究分析旅游产业系统与自然生态系统的相互作用与关系，研究如何在特定区域空间内促进产业生态系统的进化，使其与自然生态系统协调发展。

（四）面向环境而设计（Design for Environment，DFE）

DEF 是一种产品设计的新理念，也是实现产业生态化的重要方法。美国环保局（EPA）20 世纪 90 年代首先提出为环境而设计计划，其目的是帮助企业尤其是小企业在设计和重新设计产品和工艺时更多考虑环境，使产品的经济效益与环境效益达到最佳的结合。为环境而设计项目通过利益相关人之间的合作，使人们自觉地改善和保护环境。为环境而设计产品减少了与该产品生产、使用、回收、处置有关的健康、安全、环境方面的危害，从而使产品的经济效益与环境效益达到最佳的结合。

（五）延伸生产者责任政策

延伸生产者责任政策开始于 1991 年的“德国包装材料条例”，要求包装材料生产者负责处理包装废弃物。Lindquist 在 1992 年提出了延伸生产者责任的定义：为了实现降低产品的总体环境影响这一目标，要求产品的生产制造者对产品的整个生命周期，特别是产品使用寿命终结后产品的回收、循环利用和最终处理承担责任（邓南圣等，2002）。延伸生产者责任是产业生态化的一种方法，是一种环境保护原则，它促使生产者在产品设计和材料选择时考虑更多的环境因素，降低产品生命周期各个阶段的资源消耗和对环境的排放，从而达到降低产品总体环境影响的目标。延伸生产者责任政策的最终目的是通过开发环境友好产品和产品的回收利用达到可持续发展。因此，在旅游产品开发的过程中，旅游企事业单位要通过延伸生产者责任政策的实施，促进旅游产业生态系统得到调控和优化。

（六）物质减量化（dematerialization）

物质减量化又被称为“非物质化”，指降低产业生产过程中的物料消耗和能源强度。物质减量化是为解决经济发展与环境之间矛盾关系而提出的一种研究思路，即，如果人类在世界人口增长迅速的情况下，既想享有高水平的生活，又想把环境的影响降低到最小限度，那么只有在同样多的，甚至更少的物质基础上获得更多的产品与服务。其基本思想是以最小的资源投入产出最大量的产品，同时产生的最小量的废品，即在消耗同样多的，甚至更少的物质的基础上获得更多的产品和服务。

物质减量化作为实现可持续发展的重要途径之一，是产业生态学的重要组成部分。产业生态学的一个重要理念就是把人类所产生的物质流量作为整个自然系统物质循环的一部分，并将它限制到一个合理的比例。而旅游产业生态化的最终目的是物质循环利用，消除环境破坏，将旅游活动中可能产生的废物转换为自然系统中物质循环的一部分，尽量减少其对环境的破坏。

（七）生态足迹分析

生态足迹（ecological footprint）最早是由加拿大生态经济学家 William Rees 等在 1992 年提出，并在 1996 年由 Wackemagel 完善的一种衡量人类对自然资源利用程度以及自然界为人类提供的生命支持服务功能的方法。其定义是：任何已知人口（某个人、一个城市或国家）的生态足迹是生产这些人口所消费的所有资源和吸纳这些人口所产生的所有废弃物所需要的生物生产面积。生态足迹分析法是一种定量度量可持续发展状况的方法，主要用于旅游、规划等设计可持续发展方面的定量研究。其借助分析消费总量（总负荷量 = 人口数 × 每人每单位消费量）并将其转换成相关的土地面积，计算出特定人群对自然产生的冲击。生态足迹分析法是一种持续性规划工具，使我们能够以相应的生态生产力土地来估算某特定人口或经济体的资源消费与废弃物吸收。生态足迹的计算模型为：

$$EF = N[ef = \sum(aai) = \sum(ci/pi)]$$

其中，EF 为区域总生态足迹；N 为人口数；ef 为人均生态足迹；a 为均衡因子；ai 为人均 i 种消费项目折算的生态生产性面积；i 为消费项目类型；pi 为 i 种消费品的平均生产能力；ci 为 i 种消费品的人均年消费量。

运用生态足迹的概念和计算方法，通过分析旅游生态旅游区的生态足迹的供给与需求，建立基于生态足迹的旅游环境承载力评估模型，衡量地区旅游环境承载力，以促进旅游地的可持续发展。

第二章
云南旅游产业非生态化现象及其问题剖析

第一节　云南旅游产业发展历程分析

云南省位于中国西南边陲，是我国面向南亚、东南亚的桥头堡。独特的地理区位孕育了云南神奇迷人的自然生态环境和人文生态环境，为云南旅游发展奠定了坚实的基础。绚丽多姿的自然生态环境与丰富多彩的人文生态环境交相辉映，构成了云南旅游发展的核心吸引力。近些年来，云南省旅游业蓬勃发展，取得了引人注目的成就，呈现出持续发展的势头，旅游业已成为云南省新的经济增长点和支柱产业。回溯云南省旅游产业的发展历程，按照不同时段的特点可划分为四大阶段：

一　第一阶段：初始阶段（1956—1978年）

1956年组建“中国国际旅行社昆明分社”，并建立云南第一家涉外旅游饭店——昆明饭店，由此拉开了云南现代旅游业的序幕。1958年10月1日，昆明饭店正式营业，中国国际旅行社昆明分社也开始了旅游接待工作。同年成立了云南华侨旅行社（云南省中国旅行社前身），自此，云南旅游业发展进入了初始发展阶段。

二　第二阶段：发展阶段（1978—2000年）

1978年云南省旅游业迎来发展的“春天”。本阶段先后经历了起步、初步发展和稳步发展三个阶段。

（一）1978—1988 年：云南旅游业的起步阶段

这一时期，旅游业作为一个产业才刚刚起步。1978 年，云南省政府组建了云南省旅游局，并成立了云南省旅游领导小组。各州市、县也借机纷纷成立了旅游局，如保山、曲靖等。为进一步宣传云南旅游，让更多的人了解云南，国务院批准昆明、路南县（时属曲靖地区）和大理等地为对外开放地区。在这一时期，云南省的游客主要以海外游客居多。1988 年共接待海外游客 12 万人次，外汇收入达 1300 万美元。此时期，旅游业作为国民经济和社会发展的一个有机组成部分，被纳入云南省的“七五”发展规划中。自此，云南旅游业告别了“接待型”时代，走上了注重经济效益的“经济型”发展之路。

（二）1989—1995 年：云南旅游业初步发展阶段

在这一时期，云南省委、省政府加大了对旅游业的投入，并出台了一系列针对旅游业的政策，使云南旅游业在前一段发展的基础上，完成了从事业接待向经济产业的根本转变。“八五”期间，云南省旅游业有了长足发展，成为全省国民经济中增长速度最快的行业之一。1989—1995 年的 7 年间，海外游客年均增长 25.8%，排名跃居全国省区的第 7 位；旅游外汇收入年均增长 43.8%，排名居全国省区第 8 位。

（三）1996—2000 年：云南旅游业的稳步发展阶段

这一时期，云南省委、省政府正式把旅游业确定为云南的四大支柱产业之一，并采取了许多调整和稳步发展的措施，巩固了前一段发展的成果。随着云南省旅游总收入在国内生产总值 GDP 中比重的增加，旅游业已经成为云南新的经济增长点。昆明世界园艺博览会的成功举办，大大提升了云南旅游的名气。

三　第三阶段：徘徊中的缓慢发展阶段（2001—2004 年）

这一时期由于遭受“非典”、“禽流感”等不可控因素的影响，云南旅游业先后经历了缓慢发展和徘徊发展两个阶段。

（一）2001—2002 年：云南旅游业缓慢发展阶段

在这一时期，云南旅游业处于缓慢发展阶段，其增长速度减缓。2002 年的个别旅游指标甚至有所下降，未能继续保持 1999 年的高速发展势头。2001 年，为了改变云南旅游发展困境，云南省政府、旅游局邀请世界旅游组织，国家旅游局联合制定了《云南省旅游发展总体规划》。

（二）2003—2004 年：云南旅游业的徘徊发展阶段

2003 年的“非典”和 2004 年的“禽流感”对云南省的旅游业造成了巨大的冲击。因此呈现出“国内游客量增长而国外游客量下降”的局面。2003 年，受“非典”疫情的严重影响，全省接待海外游客的数量仍然超过了 100 万人次，接待国内游客突破 5000 万人次大关，旅游总收入突破了 300 亿元，增加值占全省 GDP 的 5.3%，税收占地方财政收入的 6.5%，直接吸纳和间接带动就业 165.4 万人。“非典”和“禽流感”的负面影响结束后，云南旅游业虽出现了高涨的局面，显示出旅游业高度的敏感性，旅游业的迅速回温，也显现出云南旅游发展的强劲势头。

总之，“十五”期间云南旅游业虽遭受了一定的困难，但旅游经济指标仍有所增长，旅游经济总体大幅上涨（见表 2—1）。

表 2—1　云南省“九五”期间和“十五”期间旅游主要经济指标比较

	海外旅游者（万次）	旅游外汇收入（亿元）	国内旅游者（亿次）	国内旅游收入（亿元）	旅游总收入（亿元）
“九五”时期	435.86	14.5	1.47	626.15	744.78
“十五”时期	603.59	20.69	2.76	1463.39	1632.84
增长率	38.48%	42.69%	87.76%	133.71%	119.24%

四　第四阶段：蓬勃发展，创建旅游强省阶段（2005 年至今）

2005 年，云南省委、省政府在综合考察及调研全国旅游进展情况的基础上，结合云南省旅游发展的实际情况，做出了云南旅游“二次创业”的战略决策，借此推动云南旅游再创辉煌。此外，省政府连续五年召开云南省旅游产业大会，采取有力措施，进一步推动了旅游产业的发展。并在滇西北、滇西、西双版纳等地开展了一系列省政府旅游的现场办公会，明确表示：发展旅游业最重要的是要有大旅游观念，用大产业、大文化、大服务、大市场、大环境等理念来谋划、指导和组织旅游业又好又快地发展。对此，省政府要求进一步开拓发展思路，采取有力措施，扎实推进云南旅游“二次创业”，努力开创云南旅游产业发展的新局面。2011 年，云南旅游业不仅具有较好的国际和国内发展环境，而且也具有良好的省内发展环境。尤其是云南建设面向西南开放的“桥头堡”战略的实施，以及积极推进旅游综合改革试验区建设等政策的落实，不仅为加快云南旅游发展创造了良好的外部环境，也为加快云南旅游发展增加了内部动力。实现了云南旅游"十一五"规划取得可喜成绩、"二次创业"和"十二五"发展出现良好开局（见表2—2）。

表2—2　　云南入境旅游市场增长与发展状况

旅游年份	入境游客		海外旅游者（过夜）		旅游外汇收入	
	人数（万人次）	增长率（%）	人数（万人次）	增长率（%）	金额（亿美元）	增长率（%）
2004	326.17	—	110.10	—	4.22	—
2005	347.5965	150.28	36.5	5.28	25.0	
2006	394.44	13.5	181.01	20.4	6.58	24.7
2007	458.36	16.2	221.90	22.6	8.60	30.7
2008	510.70	11.42	250.22	12.76	10.08	15.60
2009	577.8	13.1	284.50	13.7	11.72	16.9
2010	662.81	14.7	329.15	15.7	13.24	12.92
2011	763.72	15.22	395.38	20.12	16.08	21.53

资料来源：《云南旅游产业发展年度报告》（2011—2012），云南大学出版社2012年版。

旅行社是旅游产业的牵引产业。近年来，云南省旅行社规模不断壮大，发展势头稳健。到2012年5月底，云南省共有648家旅行社。2011年全省旅行社营业收入总额达89.29亿元，其中，国内旅游业务收入占80%，入境旅游业务收入占8%，出境旅游业务收入占12%。截至2011年12月31日，云南省旅行社接待入境游客73.3万人次，接待国内游客1057.6万人次。旅行社从业人员1.34万人，大专以上学历有0.717万人，占全部旅行社从业人数的53.5%。

旅游饭店业是旅游产业中的又一生力军和重要支撑要素。截至2011年，云南省共有各类旅游星级饭店792家，客房总数65411间，其中五星级饭店15家，比2010年增加了3家；四星级65家，同比增加了2家；三星级229家，同比增加了26家；二星级440家，减少了3家；一星级43家，与2010年数量没有变化。2011年，云南省旅游星级饭店营业收入额达到37.67697亿元，同比增长1.1%。总体来看，全省旅游饭店业服务质量和经济效益都在逐步提高。

旅游交通业，包括服务于旅游者的公路、民航、铁路、水运等相应的运输部门，以及专门从事旅游运输的公司等。云南地处高原山区，交通运输一直是制约其发展的瓶颈因素，也是云南省发展旅游所必需的条件。近年来，云南省努力改善旅游交通条件，使旅游通达性不断提高，交通标识系统更加合理，旅游交通标准化体系不断完善，自驾游等旅游形式得到蓬勃发展。同时，全省在交通方面的投入也不断增大。截至 2011 年底，全省完成交通基础设施建设投资 473.4 亿元，比上一年增长 74.36%。

旅游景观业：2012 年，云南省基本形成滇中“大昆明国际旅游区”、滇西北香格里拉生态旅游区、滇西南澜沧口—湄公河国际旅游区、滇西“腾冲火山热海边境旅游区”、“滇东南喀斯特山水文化旅游区”和滇东北“红土高原旅游区”中六大旅游区划格局。截至 2012 年底，云南省国家 AAAAA 级景区达 6 处。

旅游餐饮业：2011 年，云南省餐饮行业营业额达 514.7 亿元，同比增长 25.5%。全省旅游总收入的 13.62% 来自餐饮业，限额以上（主营业务收入 200 万元以上）餐饮单位 464 家，从业人员 43307 人。总体来看，旅游餐饮业综合收益明显。

旅游康体娱乐业：云南省自提出“二次创业”以来，不断提升和完善旅游业的硬件和软件设施。实现了以康体娱乐为中心的旅游形式多样化发展，集观光、娱乐、休闲、温泉疗养、康体美容、度假于一体。较具特色的有温泉旅游和体育健身旅游。云南有 1240 处天然露泉，目前已经开发的温泉有 100 多处，已开发的温泉旅游项目如西部大峡谷、腾冲热海、柏联 SPA、红河弥勒湖泉生态园、安宁温泉、洱源地热国等都发展良好；高尔夫运动旅游在云南旅游中发展很快，目前省内有 20 多个高尔夫球场投入运营；同时，汽车越野、自行车、游泳、徒步、野营等自助旅游项目正在逐步兴起。

旅游购物业：云南省旅游购物产品具有特色鲜明、品质多样、规模巨大的特点，成为推动全省旅游经济发展必不可少的一环。云烟、云茶、云药、云酒、珠宝玉石等都促进着全省旅游购物产业的快速发展。2011 年，云南省旅游总收入中的 25.19% 为旅游购物业所带动。

第二节　云南旅游产业发展效应

云南省旅游产业发展有着多元的积极效应，如促进经济增收、带动相关产业、增加就业岗位、提高外汇收入、促进少数民族文化的繁荣发展与传承保护、提高民众的环保意识、改善部分地区的生态生活环境等；同时，也有一些负面效应相伴而生，如物价上涨、民族文化的异化、部分旅游地因过度开发导致生态环境的破坏与衰退等。

一　云南旅游产业发展的经济效应

（一）积极的经济效应

目前，旅游产业发展迅速，对国民经济的贡献日益明显。就云南省而言，旅游产业已经成为云南经济新的增长点和支柱型产业。旅游产业的发展对促进云南经济的增长，起着巨大的推动作用。主要表现在以下几个方面：

1. 增加云南省经济收入

旅游收入是国民收入的重要来源。云南省旅游产业的发展，使为旅游服务的企业和个人获得更多的经济收入，促进了全省的经济发展。从表2—3可以看出，云南省的旅游总收入呈不断上升趋势。到2011年，国内旅游收入、旅游外汇收入、旅游总收入三项旅游经济指标都保持着逐年增长的趋势，为云南省财政带来了相当可观的经济收入。

表2—3　　　　2000—2012年云南省旅游收入统计

年份	国内旅游收入（亿元）	旅游外汇收入（万美元）	旅游业总收入（亿元）
2000	183.20	33902.00	211.40
2001	226.00	36700.00	257.00
2002	255.00	41930.13	289.93
2003	278.31	34014.12	306.64
2004	334.08	42245.12	369.27
2005	386.15	52801.46	430.14
2006	447.10	65843.66	499.78

续表

年份	国内旅游收入（亿元）	旅游外汇收入（万美元）	旅游业总收入（亿元）
2007	494.74	85958.03	559.21
2008	594.76	100755.44	663.28
2009	730.66	117221.09	810.73
2010	916.82	132400.00	1006.83
2011	1195.73	160861.49	1300.29
2012	1579.49	194708.00	1702.54

资料来源：云南省旅游局和云南省统计年鉴。

从表2—4可见，2011年，云南省旅游产业增加值为550亿元，是2000年的5倍多，占云南省第三产业增加值比重的16.41%，占云南省GDP比重的6.29%。2000—2011年，旅游产业增加值占第三产业增加值比重在12%—17%，波动不大，除某些年份比重有略微下降外，总体上呈缓慢增长趋势；旅游产业增加值占云南省国内生产总值的比重在5%—6.5%，波动甚小，整体上涨。进入21世纪以来，云南省逐步加大了对旅游业的投入，使其得到快速发展。旅游产业增加值占国内生产总值的比重一直处于5%以上，满足了支柱产业增加值占国内生产总值5%以上的定量化要求，同时也可以看到，旅游产业对云南省国民经济的贡献日益突出。在云南省的经济发展中，旅游业起到了举足轻重的作用。

表2—4　　2000—2011年云南省旅游产业增加值及相关增加值

年份	旅游业增加值（亿元）	第三产业增加值（亿元）	云南省国内生产总值（亿元）	旅游业增加值/第三产业增加值（%）	旅游业增加值/云南省国内生产总值（%）
2000	100.85	746.14	2011.19	13.52	5.01
2001	111.62	825.83	2138.31	13.52	5.22
2002	123.90	914.50	2312.82	13.55	5.50
2003	130.00	1013.76	2556.02	12.82	5.30
2004	183.46	1206.69	3081.91	15.20	5.95
2005	203.10	1374.62	3461.73	14.77	5.87
2006	236.28	1557.91	3988.14	15.17	5.92

续表

年份	旅游业增加值（亿元）	第三产业增加值（亿元）	云南省国内生产总值（亿元）	旅游业增加值/第三产业增加值（%）	旅游业增加值/云南省国内生产总值（%）
2007	285.40	1896.78	4772.52	15.05	5.98
2008	345.12	2218.81	5692.12	15.55	6.06
2009	380.80	2519.62	6169.75	15.11	6.17
2010	450.00	2892.31	7220.14	15.57	6.23
2011	550.00	3352.17	8750.95	16.41	6.29

资料来源：2005—2011 年旅游增加值数据来源于《云南旅游产业发展年度报告（2010—2012)》；2002—2003 年旅游增加值数据来源于《2004 年云南旅游年鉴》；2004 年旅游增加值根据 2005—2010 年旅游增加值所占第三产业产值比率的平均值作为 2004 年的比率值计算所得；2000 年和 2001 年旅游增加值根据第三产业增加值的增长率作为该年的旅游业增加值增长率计算所得。

上文分析了旅游产业对云南省经济的直接拉动效应。下文采用回归模型，借助 Excel 统计软件来分析云南省旅游总收入对经济的间接拉动效应。

采用 $y = kx + b$ 一次线性回归模型，将 2000—2012 年云南省 GDP 对旅游总收入进行回归分析，横轴 x 表示云南省旅游总收入，纵轴 y 表示云南省 GDP，k 为一次回归直线的斜率。在统计软件中对 GDP 和旅游总收入进行回归，结果显示：斜率 k 的近似值为 5.87，常数项的近似值为 1009，可以得出如下的一次直线解析式：

$$y = 5.87x + 1009,\ (R^2 = 0.9763)$$

R^2表示拟合优度，即所得回归线与实际点数据的拟合程度，拟合优度越高，说明该回归线越接近实际情况。该回归线的拟合优度为 0.9763，说明该回归线与实际数据拟合较好。

通过回归方程 $y = 5.87x + 1009$ 可知，云南省每增加一个单位的旅游总收入，就会带动 5.87 单位的云南省国民生产总值的增长，间接效应显著。根据这一数据，我们可以计算近 10 年旅游总收入的增加对 GDP 的贡献程度。如表 2—5 所示，可以看到，云南省旅游收入的增加所引起的云南省 GDP 年增加值占 GDP 比重较高，2003 年、2007 年部分年代略有偏移，但自 2008 年以来，拉动比率一路攀升，总体上呈日益

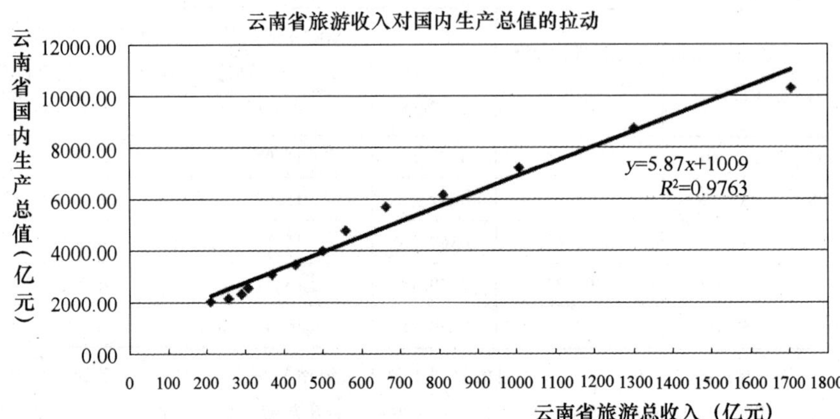

图 2—1　云南省国内生产总值与云南省旅游总收入年际线性回归图

增长态势。

表 2—5　　云南省旅游总收入对云南省国内生产总值的贡献

年份	旅游业总收入（亿元）	旅游总收入年增加值（亿元）	旅游总收入每年的增加值对 GDP 的拉动（亿元）	云南省国内生产总值（亿元）	拉动比率（%）
2000	211. 40	—	—	2011. 19	—
2001	257. 00	45. 60	267. 67	2138. 31	12. 52
2002	289. 93	32. 93	193. 30	2312. 82	8. 36
2003	306. 64	16. 71	98. 09	2556. 02	3. 84
2004	369. 27	62. 63	367. 64	3081. 91	11. 93
2005	430. 14	60. 87	357. 31	3461. 73	10. 32
2006	499. 78	69. 64	408. 79	3988. 14	10. 25
2007	559. 21	59. 43	348. 85	4772. 52	7. 31
2008	663. 28	104. 07	610. 89	5692. 12	10. 73
2009	810. 73	147. 45	865. 53	6169. 75	14. 03
2010	1006. 80	196. 07	1150. 93	7220. 18	15. 94
2011	1300. 29	293. 49	1722. 79	8750. 95	19. 69
2012	1702. 54	402. 25	2361. 21	10309. 80	22. 90

综合上面的分析可以看到，云南旅游产业直接收入效应和间接收入效应明显呈逐年增长趋势，包括2003年“非典”和2008年金融危机期间旅游收入效应也是增长的，只是增长率略有偏低。总体上，云南省旅游产业对国民经济的贡献率日益增加。

2. 带动相关产业的发展

旅游业作为第三产业中的龙头产业，作为能向第一产业和第二产业辐射的产业，对相关产业有很强的先导带动功能。旅游业是综合性的产业，整个产业体系中除了覆盖了食、住、行、游、购、娱等方面的现代服务业外，还涉及金融、通信、医疗、地产等行业。云南旅游产业的发展不仅优化了全省的产业结构，带动了其他行业的发展，而且给全省带来了直接的经济收入和间接财政收入，可谓“一业兴，百业旺”。随着云南旅游的“二次创业”的积极推进、游客数量逐年增长，加上云南国际入境旅游的持续增长和国内旅游快速发展，云南旅游住宿业呈现蓬勃发展态势。截至2010年，云南省共有各类星级饭店769家。从相关行业的情况来看，就农业而言，旅游促进了周边地区观光农业、生态农业的发展。以昆明为例，继团结乡发展农家乐以来，寻甸、富民、禄劝等周边地区纷纷打出生态农业体验牌，瓜果采摘、养生农庄、都市农庄等以农业为依托的项目层出不穷。与工业融合的情况来看，弥勒红酒厂在逐步推出“红酒+旅游”的工旅发展模式。除此以外，旅游业的发展还带来了文化产业的繁荣与发展，出现了多个文化演艺的精品，如“云南印象”、“印象丽江”、“梦幻腾冲”等，这些文化演艺精品实现了与旅游的互动。

3. 扩大云南劳动就业机会

旅游业是一项劳动密集型的产业，其服务业属性能吸纳大量的剩余劳动力。云南旅游产业的发展，在很大程度上缓解了就业压力，为社会闲余劳动力提供了就业机会。旅游餐饮业在吸纳劳动力就业方面发挥的带动作用尤为明显。2011年，全省限额以上（主营业务收入200万元以上）餐饮业单位有464家，从业人员43307人，其中64%的从业人员为女性，人均实现营业额达9.7万元，按照此推算全省22万余家餐饮经营户直接和间接就业人数达350万左右。可见，旅游产业的发展增加了云南省服务业的就业机会。

表 2—6　　云南省三次产业及旅游业直接就业人数　　（单位：万人）

年份	云南省就业总人数	第一产业就业人数	第二产业就业人数	第三产业就业人数	旅游业直接就业人数
2000	2295. 5	1695. 9	210. 4	389. 2	3. 8
2001	2322. 5	1710. 4	207. 9	404. 2	3. 7
2002	2341. 3	1715. 8	206. 5	419. 0	5. 4
2003	2353. 3	1709. 3	209. 9	434. 1	6. 5
2004	2401. 4	1711. 9	218. 4	471. 1	8. 1
2005	2461. 3	1709. 2	245. 1	507. 0	7. 7
2006	2517. 7	1697. 0	262. 5	558. 2	10. 5
2007	2573. 8	1684. 7	279. 8	609. 3	10. 8
2008	2638. 4	1678. 4	298. 6	661. 4	9. 8
2009	2684. 8	1672. 5	321. 3	691. 0	9. 7
2010	2765. 9	1671. 3	348. 6	746. 0	10. 0

资料来源：2000—2008 年的云南省旅游业直接就业人数来源于相关年份的《云南统计年鉴》；2009 年云南省旅游业直接就业人数来源于云南省旅游局；2010 年云南省旅游直接就业人数通过《云南统计年鉴 2011》和《云南省旅游产业发展年度报告》中旅行社业、旅游餐饮住宿业汇总所得。

表 2—7　　云南省旅游业直接就业人数占第三产业就业人数和云南省就业总人数比重　　（单位：%）

年份	云南省旅游业直接就业人数/第三产业就业人数	云南省旅游业直接就业人数/云南省就业总人数
2000	0. 9764	0. 1655
2001	0. 9154	0. 1593
2002	1. 2888	0. 2306
2003	1. 4974	0. 2762
2004	1. 7194	0. 3373
2005	1. 5187	0. 3128
2006	1. 8810	0. 4170
2007	1. 7725	0. 4196
2008	1. 4817	0. 3714
2009	1. 4038	0. 3613
2010	1. 3405	0. 3615

从表2—7中可以看到，2000—2006年，云南省旅游业直接就业人数占第三产业就业人数的比率呈增长趋势，从2007年开始比值开始呈下降趋势；2000—2007年云南省旅游产业直接就业人数占云南省就业总人数的比值逐年增长，从2008年开始放缓。2008年以来，云南省旅游直接就业人数的下降，说明云南省旅游产业吸纳就业的能力或暂且饱和。

另外，我们还可以用就业容量来反映产业对所在区域就业的贡献，一般可选用就业弹性这一指标来衡量，

就业弹性：$E=\frac{\Delta L/L}{\Delta Y/Y}$，其中$\Delta L/L$表示该产业就业变化；$\Delta Y/Y$表示该产业产值变化。

就业弹性表示每单位的经济变化所带来的就业变化，就业弹性越大，表示这一产业在该区域的就业容量越大，即该产业的发展对该区域就业效应越大。

表2—8　　云南省三大产业与旅游业就业弹性　（单位：万人/亿元）

年份	第一产业就业弹性	第二产业就业弹性	第三产业就业弹性	旅游业就业弹性
2001	1.1490	-0.0718	0.1882	-0.0093
2002	0.2839	-0.0210	0.1669	0.1384
2003	-0.2086	0.0301	0.1521	0.1803
2004	0.0263	0.0363	0.1918	0.0299
2005	-0.0396	0.1844	0.2138	-0.0204
2006	-0.1945	0.0623	0.2793	0.0844
2007	0.1089	0.0520	0.1508	0.0061
2008	-0.0344	0.0454	0.1618	-0.0167
2009	-0.1254	0.1749	0.0984	-0.0028
2010	-0.0294	0.0426	0.1476	0.0030

4. 扩大了与东南亚国家的国际合作

旅游业是一种具有特殊优势的外向型经济。云南所处的地理区位为其发展国际旅游合作提供了良好的条件。随着国际旅游的迅速发展，云南省深化了与东南亚、GMS国家的旅游合作，从各口岸积极开拓昆明到泰国、

昆明至老挝、昆明到缅甸等国际旅游线路，促使国际的旅游合作迈上了新的台阶，同时扩大了云南与周边国家地区的经济交流与合作。

5. 促进贫困地区脱贫致富

云南省是一个少数民族的聚居地，经济发展不平衡。但是，一些经济贫困地区，反而是旅游资源比较丰富的地区。旅游产业的发展使云南众多拥有丰富旅游资源，而经济贫困的地区走上了靠旅游脱贫致富的新道路。如云南省迪庆藏族自治州德钦县梅里雪山深处的藏族村寨——雨崩村，20世纪 90 年代，该村的人均年收入为 250—350 元。虽然该村经济贫困，交通不便，但是由于该村风光秀丽、环境优美，且拥有丰富的旅游资源，如雨崩神瀑、石篆天书等景观。此外，该村还是一处佛教圣地。因此，当地社区居民、地方政府及旅游投资公司利用当地丰富的旅游资源，开发旅游景点和鲜明特色的旅游产品，积极发展旅游业，使得该村走上了脱贫致富的道路。到 2008 年底，雨崩村旅游收入达 308 万元，人均年收入翻了好几倍，大大改善了该村居民的生活状况。

（二）旅游产业发展对云南旅游经济效应的负面效应

云南旅游产业的发展固然对云南经济增长起到了很大的促进作用，但是，也带来了很多的负面效应。

1. 引起云南当地物价上涨

随着云南旅游业的发展，到云南旅游的人数越来越多。外来旅游者的经济支付能力要高于当地居民，再加上受旅游消费心理的影响，旅游者往往愿意高价购买各种产品和服务，由此导致当地的物价、地价上涨，大量游客的涌入，增加了对云南当地商品和服务的需求量，导致云南当地居民的生活成本提高。据 2006 年云南省国民经济统计公报显示，到 2006 年 12 月底，云南省居民消费价格比上年上涨 1.9%，其中，服务价格上涨 4.9%；商品零售价格上涨 0.8%；工业品出厂价格上涨 4.6%；原材料、燃料、动力购进价格上涨 7.6%；固定资产投资价格上涨 1.8%；农业生产资料价格上涨 2.8%。

2. 容易导致季节性失业

旅游产业具有很强的季节性，多数旅游景区都有淡旺季之分。云南已经把旅游产业作为支柱性产业和新的经济增长点，在这种情况下，旅游淡季时不可避免地会出现劳动力和生产资料闲置或严重的失业问题。如旅游热点香格里拉，在每年 11 月份至次年 2、3 月份，当地旅游进入淡季，多数酒店处于闲置状态，相关旅游经营活动也难以开展，从业人员处在闲散状态。

二　云南旅游产业发展的社会文化效应

（一）旅游产业发展对云南社会文化的积极效应

1. 促进云南传统文化的复兴

随着云南旅游产业的发展，众多的传统文化成为文化旅游的重要载体。在云南旅游发展过程中，由于游客有了解云南当地传统文化的需求，一方面促使云南众多濒临失传的精神文化和物质文化得以复兴，如丽江东巴文化和纳西古乐得到了积极的开发与保护；东巴的造纸技术被恢复；云南各地的少数民族打铜、打银等传统手工业获得新生等。另一方面，增强了当地居民的文化自豪感，促进了当地居民的文化自觉。当地文化得到外界的青睐与认可，当地居民会更加珍惜特有的文化遗产和文化资本。

2. 增强了人们对民族文化和文化遗产的保护意识

云南旅游业的迅速发展使得越来越多的云南民族文化成为云南文化旅游的主要吸引物之一，增强了人们自觉保护民族文化的意识，也使得人们开始关注对文化遗产的保护。如：丽江古城的旅游发展，致力于丽江民族文化的保护，并进一步实现了丽江被列为世界文化遗产，东巴文化和纳西古乐列为非物质文化遗产。诺邓千年白族村，随着旅游产业的发展，更多的人开始关注该村落里白族人民的文化遗迹，呼吁保护好该村的白族文化，使其中的传统民族文化得以传承与发扬。

3. 促进了汉族与少数民族的族际交流互动

云南是一个拥有26种民族的省份，随着旅游产业的发展，大量游客进入云南，在旅游活动开展过程中，游客选择旅游目的地时通常会考虑异民族、异文化，在体验异民族文化风情的过程中，游客会与当地居民进行交流，在交流过程中提高了不同民族人们之间的相互了解。如游客到云南西双版纳、香格里拉，会通过各种方式与当地居民进行交往。到大理会接触到白族“金花”，到石林会接触彝族“阿诗玛”，既深入了解了当地的风情风貌，又在很大程度上增进了彼此之间的了解。

（二）旅游产业发展对云南社会文化的消极影响

旅游产业发展过程中，如不注重商业化与原真性的平衡，不注重开发与保护的协调，传统文化会面临消失、异化的危险。比如，原本的手工艺品被大批量的机器生产取代、民风民俗等在商业化的运作模式下发生了变异，一些习俗甚至被虚构和滥用。民族文化的原真性与商品化一直是业内研究和争论的焦点。在现代文明的冲击下，传统民族文化的传承和发展受到极大的限制。外来人口的涌入，给当地文化带来很大的冲击，如大理古城白族小孩现在不学母语，而开始学四川话和昆明话，即使在家里，往往也是祖父母说白语，孙子辈不会说，白族语言正面临着消亡的威胁。与此同时，伴随而至的色情、暴力等文化糟粕对大理社会文化，特别是对旅游业的发展带来了很大的负面影响，其冲击力不可低估。

三　云南旅游产业发展的环境效应

（一）旅游产业发展的环境正效应

1. 提高人们的环保意识

优美的自然环境是发展旅游的首要条件，也是构成目的地吸引力的重要因素。旅游业的发展不仅能够提高旅游者和目的地居民的环保意识，也有助于让人们意识到良好的环境能够吸引游客。如，随着旅游业的发展，相关部门更加关注滇池的污染治理，更多的云南人希望滇池这颗曾经的高原明珠能够再现光彩。此外，旅游发展在改善城市面貌的同时也唤醒了当地居民的环保意识。如“美丽春城，幸福昆明”在2003年省委、省政府提出现代新昆明建设战略构想以来，昆明的城市面貌发生了巨大变化。一是城市空间结构不断优化，初步形成“一湖四环”、“一湖四片”、“一主四辅”的空间格局。二是城市基础设施不断夯实，轨道交通、绕城高速内环和外环等重大项目建设加快推进，昆明长水国际机场实现转场运营。三是城市品质不断提升，荣获“国家园林城市”、“国家卫生城市”、“国家节水型城市”等称号，获得全国文明城市提名资格。既是对城市旅游的响应，也积极改善了公众的生活环境，进而引起更多民众对环境的关注。

2. 改善了云南部分旅游地的环境质量

服务于旅游业的很多活动与环境保护密切相关，如在旅游区植树造林、封山育林、养花种草，防止人为因素对环境的干扰，预防和治理自然对生态平衡的破坏。昆明西山森林景区，由于发展旅游业，当地政府坚持保护该区域的森林植被、强化风景林管理，坚持年年种树，严防森林火灾，森林覆盖率达94%，西山森林公园的空气质量及噪声质量达到国家一级标准。其他生态旅游区环境质量的改善和维持更是如此。香格里拉普达措国家公园常年空气质量和水质量都达到国家一级标准，寻甸天湖岛旅游区也坚持发展与保护并重的发展理念，坚持优美的环境是立足之本，各旅游景区不仅注重景区环境建设，还积极调整景区环境保护的措施。

（二）旅游产业发展的环境负效应

虽然旅游发展给环境带来一些积极影响，但其负面影响仍不可忽视，主要表现在以下几个方面：

1. 加剧环境污染

虽然旅游产业的发展给云南带来巨大的经济利益，但是，如果旅游开发不当，或旅游产业中某个部门环节出错，必然会造成环境污染，包括水污染、空气污染、噪声污染、废弃物污染等。如饭店、度假区或其他旅游设施没有对其产生的废水进行处理并做到达标排放，那么这些污水就会污染附近的湖泊、河流和地下水等。以丽江为例，旅游业快速发展对丽江的水资源造成了一定程度的污染。丽江古城利用淡水资源作为景观用水发展旅游业。近年来，其旅游业快速发展并保持旺盛的增长态势，这种发展情况对优质淡水资源的需求量越来越大，在此过程中，古城内的水体水质却在下降。对水质恶化的原因和所造成的影响进行详细调查，发现水质恶化主要是由于古城旅游业发展过程中的不合理因素，如商铺、餐饮店和客栈数量的急剧增加以及管理失效造成的，这对当地经济、居民生活质量和环境质量产生了负面影响。

根据丽江市环保局公布的环境状况简报，古城水系已经受到了污染，整体水质偏差，急需坚持环境与自然保护优先的原则，实现经济效益和环境效益的最大化。

表 2—9　　2012 年 5 月丽江市水环境监测公报

监测对象	水功能类别	水质类别	主要污染物	评价
玉龙桥	Ⅲ类	Ⅲ类	粪大肠菌	轻度污染
古城下游	Ⅳ类	劣Ⅴ类	粪大肠菌	严重污染
南口桥	Ⅲ类	Ⅳ类	粪大肠菌	中度污染
木家桥	Ⅳ类	Ⅴ类	氨氮、总磷	中度污染
北郊	Ⅱ类	Ⅲ类	粪大肠菌	轻度污染
新城区南郊	Ⅴ类	劣Ⅴ类	粪大肠菌、氨氮、总磷	严重污染

资料来源：丽江环境保护局。

2. 破坏生态环境

随着大批游客涌入云南旅游，使得云南游客数量达到饱和、超载，一些景区甚至出现小面积的生态系统严重受到破坏的现象。如泸沽湖摩梭人的房屋是由正房、花楼、经堂、门楼等组成的四合院，都是用木料垒筑而成，是典型的“木楞房”。随着游客的不断增加，原来的旅店和“木楞房”不能容纳过多的旅客。为了向更多旅客提供住宿条件，到1996年底，约有90%以上的农户盖了新房，所修建的新房不再是摩梭人传统的“木楞房”。据测算，盖一幢摩梭人传统的“木楞房”只需30立方米木材，现在盖一幢两层的木楞房旅店（6—8间），则要木材约80立方米。除此之外，每年的烧柴、每晚的篝火等也需要大量的木材。新中国成立初期，泸沽湖四周的树木大量减少，一些小山已成了秃顶，其自然景色受到损害。虽然游客来到泸沽湖仍能看到青山绿水，但大部分树木都是后来人工种植上去的，有些树种已灭绝。

综上所述，旅游产业的发展在很大程度上对促进云南经济增长、增强云南社会文化发展、促进多元民族文化的保护、增强人民环境保护意识等方面作出了巨大的贡献。同时，也带来了一系列不可忽视的不利的影响。

第三节　云南旅游产业非生态化现象及其表征

一位研究旅游学和生态学的专家曾指出：“旅游业是一项高经济、高文化、高科技、高艺术、高社会性、高生态性、高综合性、高启动性，同时也是高敏感性、高复杂性的康乐休闲型的和平产业和文明事业。”旅游业的这些基本特征决定了旅游环境及其保护不同于一般的环境及其保护。旅游环境保护是具有更丰富内涵的一种保护。

独特的资源优势为云南开展旅游提供了契机，全省旅游业也在蓬勃发展，但在设施建设和管理水平上还有待改进，相应的科学技术依托仍然较为薄弱。旅游开发过程中，一些旅游区、旅游饭店、宾馆酒店、旅游交通，车辆与设施由于缺乏景观保护意识和生态思想，往往不自觉地忽视了生态环境的保护和管理，以致云南旅游产业还出现了诸多与旅游可持续发展相悖的“非生态化”现象。近些年来，随着景区商业化、城市化进程加速，省内很多知名旅游景区，包括已列入“世界遗产名录”的丽江古城等地都受到不同程度的建设性破坏；抚仙湖周围乱盖乱建的众多饭店宾馆，变成了该湖的重要污染源；腾冲火山热海中因建盖宾馆过程中乱铺铁管，造成热流丧失、景观破坏，原来能喷射数米的蛤蟆泉现在只能喷0.3米。类似的案例屡见不鲜。由此可知，开展生态旅游同样会出现一系列的问题，我们将其称之为“非生态化”现象。所谓“非生态化”现象指的是生态旅游活动违背其初衷，其中包括旅游活动的目的、原则和意义等诸多方面。

一　旅游交通运输业发展中的“非生态化”现象

（一）投入环节：山体索道建设、开山辟路之痛

云南旅游景区的交通路径主要由空中、河道、公路以及游步道构成。一方面，一些空中观光游览索道的建设，不仅对森林的生态植被造成了破坏，带来了生态灾难，也在一定程度上破坏了其人文景观。记者席锋宇说：云南丽江玉龙雪山景区，为了方便游人上山修建了多条索道，其中有3条索道延伸到自然保护的核心区域。其中，长近3000米的玉龙雪山索道，延伸到海拔4506米的雪山上，每小时单向运量达426人。据统计，玉龙雪山每天接待大量游客，但他们在此逗留的天数几乎为零，极少有人在此过夜。这些索道的建设和运营，给保护区带来了生态灾难。大量游人的涌入，导致部分冰川开始融化；高山植被和野生花卉被游客践踏、破坏；野生动物的生存环境受到影响，数量急剧减少，当年规划时还存在的珍稀动物，现在已难觅踪迹。另一方面，公路交通因其便捷性得到了广泛发展，但在修路过程中存在开山辟路、过河架桥等现象。一些公路在建成以后并没有尽快恢复景区的生态环境，从而产生了一些影响旅游景区生态环境的“非生态化”行为。如虎跳峡至白水台旅游公路的开挖，成为诱发当地地质灾害的重要因素。我们认为，交通路径的选择与修建应经科学论证、科学施工、科学管理，尽管玉龙雪山部分冰川融化的原因不单是索道的问题，还有全球气候变化等因素的影响，旅游公路的修建也能惠及民生，但关注旅游发展的整体的生态环境是十分必要的。

（二）资源使用环节：机动交通工具加剧交通拥堵，衍生环境污染

随着交通运输的迅速发展，出行的游客数量在不断增加，使得旅游大巴数量激增，私家车数量不断增加，这些情况不仅导致了交通的拥挤，而

且对旅游景区的生态环境造成了一定程度的影响。私家车数量的增加使得人类对自然资源的需求和能源的消耗不断增加。同时，部分旅游景区内部交通拥挤的现象也降低了燃料的利用率，增加了污染物的排放，给旅游景区的自然环境和生物的生存环境造成了污染，影响了旅游景区的生态环境。所以，我们提倡在一些景区应使用环保车、电瓶车等节能环保观光交通工具。

（三）废弃物排出环节：加剧环境恶化

1. 产生大量废气加剧空气污染

一些机动交通工具被允许进入生态旅游景区，而我们的生态旅游景区通常是生态较为脆弱的地区，机动交通工具尾气的排放严重污染了生态景区的环境，甚至带来了严重的城市空气污染。昆明市空气质量信息发布系统的数据表明，昆明市的7个国控监测点的AQI（空气质量指数）中，金鼎山、龙泉镇、碧鸡广场和关上4个监测点出现轻度污染，空气级别为三级。而这几个区都是位于车流量比较多的地段。

2. 加剧噪声污染

一方面，一些交通工具在旅游景区游览线路过程中随意鸣笛，不仅干扰了珍稀濒危动物的正常生存环境，也破坏了旅游景区原本的静谧环境，带来一些“非生态化”影响；另一方面，给城市居民带来了严重的噪声污染。如“十一”长假第一天，昆明市民开始集中出行，由于车辆增多，火车站周边路段一度出现交通拥堵。虽然有现场交警的指挥，但过多的车辆还是导致车站周边的交通拥堵不堪，传统的古村古镇在旅游开发过程中为吸引旅游者，开始丰富的夜生活，酒吧音吧灯红酒绿，严重干扰周边居民生活。为了尽早通行赶往目的地，不少车辆违规鸣笛，产生了严重的噪声污染。

二 旅游住宿业、餐饮业发展的“非生态化”现象

（一）投入环节

1. 大量占用土地，致土地和林木资源锐减

随着入滇游客的增多，大量的饭店、酒店开始投资建设。一方面，加剧了云南城市用地紧张的问题；另一方面在景区附近建设饭店、酒店，不仅占用了景区的大片土地，打破了景区原有的生态系统，也因为旅游区原有的森林面积锐减，动植物生存空间缩减，破坏了原有的生态平衡。如抚

仙湖沿岸大面积度假村和宾馆饭店的建设，占用了大量的景区土地，造成景区土地资源缩减。同时，这也使最有旅游价值的岸线遭到破坏，严重制约了抚仙湖旅游产业的生态化发展。

在缺少必要论证与总体规划的情况下，便盲目地进行探索式、粗放式的开发，对旅游资源重开发、轻保护或只开发、不保护，造成许多不可再生珍稀林木资源的损害与浪费。在云南禄劝轿子雪山风景区中，原来拥有科研及生态价值极高的原生冷木。可是，当地为了建筑旅游宾馆和其他设施，对其进行大片砍伐，损失严重。

2. 建设时耗费大量材料，缺乏绿色产品

许多旅游饭店在建设时，对产品的包装和装潢过于求大、求精、求豪华，大大提高了产品的成本，且消耗了大量的材料，造成了资源的浪费，严重破坏了生态平衡。大多数饭店在设计建造时，缺乏利用绿色产品的理念，未考虑建材、涂料、用品等是否损害宾客的身心健康，所提供的客房日用品、餐饮、服务等也未考虑到是否有利于宾客的身心健康和生活品质的提高。

（二）使用环节

1. 大量一次性用品耗费资源

在餐饮业和住宿业中，大部分酒店向游客提供的一次性用品不仅会产生大量难以处理的垃圾，增加碳的排放量，同时，一次性用品浪费大量的资源。如一次性筷子的使用造成了成千上万的树木被砍伐，造成森林面积缩减，动物的生活圈缩小，景区周围生态环境受损，甚至还引起一些土地退化现象。

2. 为满足游客的需求，对当地特色物种不加节制的大肆掠食

为了满足游客对地方美食的需求，很多旅游饭店会推出很多招牌菜、地方菜，用当地特有的美食来吸引游客。如国内外游客到大理旅游必吃大理的砂锅鱼、酸辣鱼等。为满足广大游客的需求，周边的旅游服务企业加大了对洱海鱼类的捕捞量，部分水产品因遭受破坏而至衰竭，鱼种珍品——洱海弓鱼几乎绝迹；游客需求的增加还导致了网箱养鱼的发展，随着网箱养鱼的扩展，渔民不断从洱海中打捞水草喂鱼，导致洱海的水生植物不断减少，因此降低了洱海的自净能力；而且为了加速鱼类的生长，大部分的渔民增加了饵料的投放量和投放次数，导致洱海出现了大范围的淡水赤潮，甚至出现了水葫芦。洱海的水质正面临不断恶化的境遇。

(三) 排出环节：三废量惊人

旅游住宿业和餐饮业是排放垃圾、废水的主要污染源头。有关研究表明，一家中档饭店每日经营所需要的能源消耗和废气排放量与同规模的工矿企业相当，豪华饭店甚至要高于同规模的工矿企业。据有关调查，一家建筑面积在8000—10000平方米的星级饭店，全年会消耗1.3万—1.8万吨标煤，其能耗量不亚于一个大型的工厂；一家三星级以上的饭店平均每个客人每天的耗水量为0.5—1.1吨，而且目前很少有家庭超过每人每月3吨的定额用水量；一般饭店每平方米面积的年用电量达100千瓦—200千瓦时，这个数字是普通城市居民用电水平的10—20倍；一座饭店一年要排放污水近10万吨，这些污水中除了生活污水外，还包括含油量很高的厨房污水和含有多种有机物的洗衣房污水，这些污水都将对环境造成不同程度的污染。据统计，2010年云南省共有各类旅游星级饭店764家，2011年全省限额以上（主营业务收入200万元以上）餐饮企业有464个。数量如此之多，可以想象每天产生垃圾、废物、废水数量有多巨大。首先，对于垃圾、废物的处理，大多采取填埋和烧毁等措施，可是在处理过程中，必然会带来生态环境破坏等问题，在烧毁垃圾、废物的过程中产生的大量有毒气体，严重污染了空气；其次，对于废水的处理，很多企业排放的生活废水，几乎没有经过任何处理，直接排放到附近的地下通道、河道中，排放到河里的废水严重污染了河流，造成水生物物种灭绝；同时，也严重污染了附近的农作物，当人们食用河里来的鱼虾和附近种植的蔬菜时，有害或有毒物质就直接威胁着人们的健康。

随着云南省经济快速发展，云南九大高原湖泊的水污染状况也在不断加剧。九大湖泊中除抚仙湖、泸沽湖、洱海和阳宗海外，其余5个湖泊的水质都达不到国家3类水标准，滇池、杞麓湖、异龙湖被严重污染，水质低于5类水标准。导致一些水域的农田灌溉不安全，水体富营养化严重，蓝藻爆发频繁。即使目前水质最好的抚仙湖、泸沽湖，其岸边及旅游景点水域的水质也呈恶化趋势，部分地方水质已经降低到3类。泸沽湖流域内的旅游接待设施主要位于湖泊西北边沿的洛水、里格一带，形成旅游与农业经济协同发展的区域，用水方式逐步向城市方向靠近，游客聚集程度较高，旅游污染对化学需氧量、总氮、总磷、氨氮排放总量的贡献率分别达到54%、41%、55%、76%。此外，泸沽湖流域村落污水收集设施落后、治理工程单一、湖滨带建设滞后等因素也加剧了旅游业对该地区生态环境的破坏。

据环保部门调查，目前九大高原湖泊环境问题突出，水体污染加剧。每年排入九大高原湖泊的污水量达2.5亿吨左右，占云南全省污水排放总量的35.1%。其中仅滇池每年的入湖污水量就达2亿吨。流域内过度的砍伐和开发，使九大高原湖泊的水土流失严重，生态环境均受到严重破坏。九大高原湖泊流域区的森林覆盖率最高的只有28.6%，低于全省平均水平。如我国第二深水湖抚仙湖，在华宁县、江川县境内沿岸的山都被砍成了“光头”，对湖区环境造成严重威胁。由于流域内水土流失严重，造成湖泊湖床淤积，湖面缩小，一些湖泊出现沼泽化趋势。滇池在“文化大革命”中因围湖造田，面积缩小了20多平方公里。异龙湖的水面面积从20世纪50年代的36平方公里缩小到目前31平方公里左右，最近几年由于水位持续下降，已经形成了1.33平方公里的沼泽地。

抚仙湖被誉为“南国明珠”。近年来，由于湖周围旅游度假区宾馆饭店的生活污水、垃圾、废物的污染，其水质透明度从1991年的675米下降到现在的450米，局部区域水质甚至恶化到2—3类。不容忽视的是，抚仙湖多年来水仅12米×108米，理论换水周期长达200多年，而157米深的湖水是不可能换水的，一旦被污染，将难以治理甚至不可能治理。

三　旅游景区（点）的“非生态化”现象

（一）资源投入环节：自然景观破坏严重，文化景观功能退化和受损

旅游景区在建设旅游接待设施时，如接待中心、饭店、购物店以及一些索道、栈道等不当的建设，大片砍伐森林树木，不仅破坏了地貌景观，使得森林生态系统受到破坏，同时也给整个景区的生态环境造成严重的影响；另外，云南很多旅游景区还属于人文景观，如西山森林风景区，还具有浓郁的道、儒、佛三教文化气息。但有些旅游景区由于年久失修而破旧不堪，甚至一些旅游景区由于对名胜古迹随意修葺，人工痕迹过重，致使其文化景观的美学欣赏价值下降，同时也导致旅游景区的自然和人文景观极不协调，破坏了旅游景区中景观的整体性、统一性。

位于云南省迪庆藏族自治州境内的梅里雪山是地球上低纬度地区海拔最低的冰川，是当地藏民心中的“神山”，也是海内外游客向往的旅游胜地。近年来，梅里雪山出现冰川面积减小、雪线上升的现象，其中最长最大的明永冰川退缩明显，以前与两边植被直接相连，现在大部分已被沙土

覆盖。据当地气象部门工作人员介绍，过去 10 年，谷松雪山的冻土层几乎看不到植被，而最近 5 年来，草绿色的植被不知不觉爬上了雪山冻土层，这与梅里雪山冬天不积雪、夏秋雨水多的反常天气有着非常明显的关联。“梅里雪山明永冰川的年平均温度为 5—6 摄氏度，低于零度以下才会结冰。在 1994—2002 年间，梅里雪山明永冰川只退缩了 50 米，随后退缩的速度越来越快。尤其是 2006 年以后，经过人工测量，冰川退缩垂直距离达到 200 米，斜线距离达到 2000 多米，而且这些年梅里雪山的年积雪厚度不到 0.5 米，最容易融化。”冰川的退缩与断代，与每一年冰川积雪补给跟不上有着很大关系。特别是 2006 年以来，由于冰川退缩，大量的沙棘树疯狂生长，原先的冰川变成了沙棘林。而 2008—2012 年间，由于冰川的下雪量减少，明永冰川下段出现了大量冰面覆盖物，而中段则裸露出了黑色岩体。雪山退化已经是全世界都面临的一个问题。在欧洲，全球气候变暖已经使阿尔卑斯雪线在 50 年内退缩了 100 米。由于全球人口密度的增加、工业活动的加剧、污染排放带来的气候变暖是雪山消融加速的症结所在。即使是没有人涉足的地方，冰川也在消融，但局部地区的人类活动更是在一定程度上加剧着冰川消融。

（二）资源使用环节：游客量严重超载，生态环境受到威胁

由于片面追求旅游景区所带来的经济效益，一些自然生态旅游景区忽视对环境的保护，加之旅游景区开发之前并未进行环境容量的分析，巨大的旅游需求对旅游景区的承载能力造成了强烈的冲击，致使旅游景区旺季出现负载过重、人满为患的现象。大量游客的涌入以及游客留下的固体废弃物等对旅游景区的水体、自然环境和动植物等都产生直接的影响，从而使得生态环境受到一定的威胁。在云南，许多旅游景区尚不具备完善的旅游承载力预测标准，易导致旅游景区的生态承载量和社会承载量超载，致使旅游者的旅游审美和旅游体验下降。如云南香格里拉县的纳帕海湿地，由于游客数量严重超载，致使载客马匹数量的增加，产生了更多的粪便和旅游垃圾，使得本来就脆弱的沼泽变得极为浑浊。加之马匹和游客的过度践踏，表层土壤逐渐板结干硬，甚至龟裂，加剧了沼泽退化的速度。

（三）废弃物排出环节：游客乱扔垃圾，造成景区环境污染严重

游客在游览景区过程中产生的各种垃圾、废物，严重污染了景区环境质量，同时，也产生一系列的“非生态化”现象。如阳宗海东岸草坪上经常可以看见游客随意丢弃的矿泉水瓶、果核、包装袋、纸屑等，造成了

视觉污染。游人的随意践踏，导致部分草坪土地裸露。路南石林中的剑峰池等地也可见固体垃圾漂浮，尤以下午最多。洱海附近也经常有游客将废物随意抛入湖区。在大理洱海风景区内，旅游者留下的生活垃圾、游船排放的油污、废弃物等同样对洱海的水体生态带来了严重的污染和破坏。据统计，1995 年旅游者所产生的生活垃圾，包括 151.65 吨固体废弃物、521.32 吨生理排泄物和 52132 立方米生活污水被排入洱海。在洱海 250 平方公里水面上专门从事旅游的大小机动船 89 艘，跑、冒、滴、漏油现象严重，据统计 1995 年共产生油污 133 吨，造成了洱海水质的严重污染。使洱海特有的物种数量锐减，严重影响了洱海景区的生物资源多样性。

四　云南旅游产业非生态化现象的表征

通过上文阐述的云南旅游产业发展非生态化现象，我们认为，旅游产业非生态化的特征主要有：有的地方旅游产业的发展存在着片面、短视问题，缺乏整体、长远、全球的观念；旅游产业的发展缺乏高效的经济过程以及缺乏拥有和谐生态功能的网络化生态—经济系统；旅游产业只重视经济效益的增长，而忽视生态效益、社会效益的发展，缺乏对人类及生态环保的长远追求，即，人们在进行旅游产业活动的过程中，仅仅关注了旅游产业的经济增长值，而忽视甚至无视生态价值、社会价值的损失，使自然生态环境恶化、社会环境效益率降低，破坏了自然生态系统和社会运行的平衡关系，从而使生态价值、社会价值与旅游产业活动的经济价值出现矛盾，甚至使生态、社会货币价值损失大于旅游产业所创造的经济货币增加值。换言之，旅游产业非生态化的主要表征有：影响环境质量和生物多样性，干扰生态平衡，与可持续发展、生态文明建设相违背，阻碍了云南旅游业的可持续发展。

第四节　云南旅游产业非生态化问题剖析

一　生态旅游意识薄弱，存在思想观念障碍

生态旅游意识薄弱是造成云南旅游产业非生态化问题的主要源头之一。在云南旅游产业的发展过程中，一些旅游企业开发商缺乏绿色旅游、生态旅游的意识，几乎很少生产真正的旅游绿色产品，更缺乏旅游可持续发展意识；旅游者缺少环保生态意识；旅游从业人员生态意识不强。

思想观念方面的障碍是造成云南省旅游非生态化现象最为重要的原因，包括：旅游是无烟工业，不会导致环境污染。这种思想在主导着云南省少数地区旅游产业的建设与发展，使旅游设施极度膨胀，导致多样的废物污染了旅游的生态环境，旅游资源遭受了一定程度的破坏。旅游业是低投入、高产出的劳动密集型产业。这种意识导致了旅游资源开发的遍地开花，只要旅游开发商觉得有价值，只要有一座水库或一片山林，就想搞风景名胜区；有个湖或水库就想搞个度假区；有几个单散景点，就想开发成旅游线路产品。既没有旅游资源的市场意识，也没有旅游资源开发的保护观念，其结果是山或林开发了，没有游客前往游玩；湖或水库开发了，没有游客前往度假。如此盲目地开发，既没有带来经济效益，也没有带来社会效益，而且造成了开发性的破坏和污染，对生态环境造成了不良的影响。现在有些地方对景点的开发有些过度，在财力或者是保护条件还不具备的情况下开发景点，造成了严重的资源保护问题和环境问题。旅游资源是属于全人类的，属于子孙后代的，人文性质的旅游资源是我们宝贵的文化传承，必须防止破坏性的开发，防止旅游业对旅游资源的破坏。

二　旅游企业开发战略中未充分重视生态建设

云南省的旅游业正经历着重大的战略调整，包括旅游空间布局、旅游产品和线路等。受经济利益的驱动，不少企业和个人看中了旅游业蕴含的发展潜力，甚至有经营者打出了生态旅游的幌子。一些企业经营者缺乏应有的经营管理素质，注重短期效益。由于旅游资源的管理归属不同的部门和行业管理，产权很不明晰，而各个部门和行业对旅游资源的认识也不尽相同。旅游部门注重资源的经济效益，文物、环保部门强调对资源的保护。不同利益主体的不同需求导致了对资源的管理混乱。云南省众多的生态旅游地多分布在滇西、滇西北等少数民族地区和经济落后地区，这些地区迫切需要通过旅游资源的开发摆脱贫困，走上现代化的道路。由于各种主客观原因，导致了旅游资源及环境的建设性污染和破坏。香格里拉县的下给温泉，是热泉形成的典型地质景观，极具观赏性和科考价值，景区内的喷气（热气）孔尤为罕见。但在旅游开发过程中，在不了解喷气孔的地质构造及规律的情况下，开发者企图将喷气孔变为“桑拿浴”场所，结果严重破坏了稀有旅游地质景观。早在19世纪，美国就认识到荒野是人类社区的组成部分，是文明生活的象征之一。大自然的壮丽，要用脚去丈量，用心去体味，不能只依靠索道和过多的旅游设施。但是现在，大自然所提供的净土却正在被打造成一个个旅游休闲基地，所有的不同于主流的生活方式和文化形式都要服务于旅游的需求。不知道我们的自然在为挣钱不顾一切的开发商手中还会给后代留下什么？

（一）旅游企业管理和生态文明建设落后

因为旅游业的发展对自然资源高度的依赖，旅游企业对生态环境的保护和资源的有效利用承担着不可推卸的重要责任。但由于一些旅游企业在旅游发展过程中生态意识薄弱，对旅游饭店、旅行社、旅游景区、旅游交通等产业部门缺乏有效的管理，生态文明建设在旅游业发展建设的过程中明显滞后，致使旅游活动对生态环境所带来的负面影响越来越大，这肯定严重阻碍着旅游业的可持续发展。

（二）旅游饭店业对绿色环保问题缺少关注

近年来，云南省旅游业快速发展，旅游饭店的数量增加了很多。但与此同时，饭店业存在高档饭店利用率不足、客房出租率不高等问题，从而引起饭店之间恶性竞争，导致服务质量的下降。饭店业的营销策略仍停留在豪华形象的展示上，提高了产品的成本，造成了大量的资源浪费，也缺少对饭店业绿色环保问题的关注。同时，部分建在旅游景区中的饭店，由于缺乏环境保护意识，忽视对外部资源的有效利用和污染物的处理，一些地方在核心景区和近核心景区大量建造宾馆或增加床位，过度使用景区溪水和抽取地下水，造成溪流、泉水干涸，地下水位下降。有的地区任意占景建房、盲目修堤、填湿地造田、截弯取直河道等。造成经济再生产系统与环境之间的不协调，导致了环境成本外部化和资源的短缺。

（三）旅行社的绿色营销意识

目前，云南省许多旅行社的营销目标仍然是依靠单一的促销手段刺激旅游者购买更多旅游产品，片面追求销售量，以获得近期和微观的经济效益，对旅游者绿色需求引致的旅游市场变化、绿色营销引致旅行社之间竞争力的差异，以及环境问题所潜藏的新的市场机会等缺乏清醒的认识；另一方面，尽管有的旅行社已经意识到绿色营销可以开辟新的客源市场，但由于缺乏对绿色旅游、生态旅游的正确认识，致使旅行社更不能理解“绿色营销”的内涵。

（四）旅游开发方式欠妥，景区管理和文明建设落后

旅游景区在进行旅游资源开发时，缺乏全面科学的论证、评估和规

划，一些旅游开发者急功近利，盲目地进行探索式、粗放式的开发，对旅游资源重开发轻保护，造成了许多不可再生自然景观资源的损坏与浪费。同时，由于旅游者的生态意识薄弱，加之旅游景区内部的管理和保护措施不当，致使旅游者在许多旅游景区内留下一些不文明的印迹，如“某某到此一游”等，造成对旅游景区景观的破坏和视觉污染。

（五）缺少符合环保要求的新型交通工具和绿色交通技术

旅游交通是支撑旅游业发展的重要基础。云南省旅游交通业由于资金匮乏等原因，缺少节能、减排、高效、绿色环保的新型交通工具。旅游景区中现代化交通工具的大量使用，对旅游景区的生态环境造成了一定的影响。同时，受绿色交通技术发展的制约，如节约型交通发展规划与设计技术、材料循环再生利用技术、交通基础设施建设生态恢复技术是技术难题，也未能很好地应用到旅游交通业中，致使旅游交通业产生了一些“非生态化”现象，旅游景区环境也并未得到很好的改善。

三 制度保障不健全

制度保障不健全是云南旅游产业非生态化问题缘由之一。首先，政府对于产业生态化的技术研究重视、支持力度不够，没有把产业生态化发展作为政府投资的重点。其次，我国目前的产业政策，大部分是针对传统产业制定的，不能满足现代生态产业的需求和可持续发展的需要。在这样的大背景下，云南省应及时抓住以生态型产业替代生态破坏型产业的转变契机，对产业立法与政策加以调整。最后，执法力度不够，对破坏环境的旅游企业，没有严厉地追究相关者的责任，没能使与云南旅游产业生态化发展的有关法规落到实处。

第三章
云南旅游产业生态化建设的战略和思路

第一节　云南旅游产业生态化建设的现实及长远意义

云南旅游资源的集聚性与垄断性、生态的原生性与脆弱性、旅游业的先导性与辐射带动功能，决定了旅游生态文明和可持续发展成为云南经济和社会发展的重大战略，也因之成为旅游生态文明研究的焦点。旅游支柱产业、旅游经济强省、生态经济大省、美丽中国建设的重要窗口，以及社会主义生态文明建设等均要求云南通过旅游产业生态化，走旅游可持续发展的道路。

一　生态文明建设的迫切需要

云南省是我国典型的生态环境脆弱和敏感地区，长期以来社会经济的低水平发展导致了资源开发利用效率低下，由此造成的社会产业结构演化的低经济增长效用对自然资源的高需求和生态环境的高压力，加上短期开发行为多，更加剧了生态环境的退化。近几年云南省持续干旱，更凸显了云南省的生态矛盾。党的十七大以来，建设生态文明已被确定为全面建设小康社会的重要战略目标之一，党的十八大报告首次专章论述生态文明，而产业生态化是我国生态文明建设的重要内容。作为云南省支柱产业，旅游产业发展的生态化将对云南省生态文明建设起到举足轻重的作用。

旅游产业生态化是依据产业经济学、产业生态学原理等使旅游产业生态系统内和各组分达到合理优化耦合，以实现旅游产业经济效益最大化、资源能源高效利用、生态环境损害最小和废弃物多层利用的产业生态体系过程。旅游产业生态化不仅推进了云南省产业生态化的进程，还将大力促进生态文明建设目标的实现：基本形成节约能源、资源和保护生态环境的产业结构、增长方式、消费模式，加强能源、资源节约和生态环境保护。

二　美丽云南——美丽中国建设的重要窗口

在历次全国党代会的报告中，仅有党的十八大报告首次专章论述生态文明，首次提出“建设美丽中国”。美丽中国意味着中国的国土生态环境是美丽的。不仅山川秀丽、风光旖旎、环境优美，各种环境污染要得到根治，自然资源得到有效保护并实现可持续开发利用，生物多样性减少的趋势得到根本遏制，自然生态系统得以协同进化，生态平衡得以实现。

云南是我国西南地区的生态屏障，是“美丽中国”版图中一片绚丽的风景，“美丽云南”是“美丽中国”的一个重要窗口。对云南来说，贯彻落实美丽中国建设，就是要努力打造“美丽云南”。云南省作为一个旅游大省，旅游产业生态化必将主导在生态系统的自然运行中实现资源的可持续发展，旅游过程的生态化，不仅能满足人们不断增长的对良好自然生态和生态产品的需求，不因增加生产、发展经济而造成对自然资源、生态和环境的破坏，同时还实现生态环境的有力保护，打造出一个自然环境美丽、旅游过程环保、生活状态和谐的云南，使美丽云南成为美丽中国建设的一个绚丽窗口。

三　保护好美好家园

云南地处云贵高原，空气清新纯净，山清水秀，文化形态多元，生物资源丰富，面对目前经济增长所引发的环境危机，我们必须倍加珍惜云南良好的生态环境和资源禀赋，切实保护好、发展好云南各族人民赖以生存的美好家园。

从环境友好型和节约型社会视野来看，旅游产业生态化的环境友好性和生态文明性，更加强调了旅游产业生态化的迫切和重要。理想的旅游产业生态化不仅使旅游产业自身生态系统良性运行，实现旅游景区生态化，保护各种自然人文环境，而且还能发挥旅游产业的关联带动效应，促进相关产业生态的发展，推动云南省各个产业对环境危机的重视和有效措施。对于重重围困的环境危机问题，旅游产业生态化无疑将对环境危机的化解提供有益尝试。

四 旅游可持续发展

《云南省旅游产业发展和改革规划纲要》实施方案明确提出要加强旅游生态环境建设。工作目标有加大对旅游资源及生态环境的保护，创建一批绿色酒店，探索旅游产业生态化的新途径，形成旅游产业发展与生态环境建设良性互动的格局。大力开展旅游节能降耗和旅游绿色环保活动，鼓励使用清洁能源，倡导绿色建设，鼓励使用绿色建材，创建一批绿色酒店。加大旅游目的地居民和游客的绿色环保宣传教育，提高旅游可持续发展的公众参与程度。

旅游产业生态化倡导实现经济转型，在生态与绿色的环境中追求经济，培育云南旅游的绿色竞争力，形成云南省旅游产业可持续发展的崭新路径，塑造世界著名的绿色旅游品牌。因此，旅游产业生态化不仅是关乎云南省旅游产业能否持续、快速、健康发展的重要问题，同时还是推动云南“二次创业”、探索旅游产业可持续发展的崭新路径，培育云南旅游的绿色竞争力、塑造世界著名的绿色旅游品牌的重要方式。

五 云南建设旅游支柱产业推进和“二次创业”的迫切需求

多年来，云南的旅游产业已经成为云南省的重要支柱产业，也正在成为中国连接东南亚、南亚等国际旅游市场的重要通道和在国内外具有较强吸引力的旅游目的地。但是，云南旅游业发展过程中也面临着诸如旅游产品结构单一、游客滞留时间短、旅游体验满意度不高、旅游资源利用效率不高、带动效应有限等问题。推行旅游产业生态化，对于推进旅游产业从数量扩张型向质量效益型转变，实现云南由旅游资源大省向旅游经济强省的新跨越，对推进云南省委、省政府提出并经国家批准的云南旅游产业综合改革发展试验区发展及省旅游局提出的“二次创业”和提质增效具有重要意义。旅游产业与生态环境协调共进，推进旅游产业生态化是关乎边疆民族地区的民生与发展大计的问题，同时也是关乎云南省旅游产业能否持续、快速、健康发展，实现二次创业目标的重大战略。

六 云南旅游产业综合改革发展的迫切需求

《云南省旅游产业发展和改革规划纲要（2008—2015）》中指出要推进旅游循环经济改革专项试点。主要任务是探索旅游开发与生态环境建立试点地区，评定旅游循环经济的有关技术指标体系，加强评估和督查。

旅游产业生态化的发展是云南旅游产业综合改革发展的具体体现。转变云南旅游产业的发展方式，注重以生态环境为前提，对生态脆弱的重要旅游景区（点）实行游客容量控制和环境监测制度，最大限度地减少和消除对生物多样性的威胁，并加大现代环保技术应用力度，加快旅游生态环境的恢复和建设。因此，就云南省目前关于旅游产业综合改革发展的政策来看，旅游产业生态化势在必行。

七 云南建设生态经济大省及“七彩云南保护行动”的现实需要

《云南省旅游产业发展和改革规划纲要（2008—2015）》明确指出要按照国家建立“资源节约型、环境友好型社会”的要求，全面实施“七彩云南保护行动计划”，在重点旅游开发区域，尤其是高原湖泊和生物多样性等生态十分脆弱和敏感的地区，加大资源保护力度，加大荒山、荒坡的绿化和高原湖泊、河流的污染治理力度，扩大旅游循环经济的试点范围，加快旅游业对高耗能、高污染产业的替代发展步伐，积极开展旅游绿色环保活动，对生态脆弱的重要旅游景区实行游客容量控制和环境监测制度。云南省旅游产业生态化推进旅游经济发展向生态发展转变，引导云南旅游业的可持续发展，缓解云南旅游资源承载的过度负荷，从长远视角来保护云南的生态环境资源，让七彩云南持续光亮。

第二节 云南旅游产业生态化建设的战略

云南旅游经过 30 年的发展，已经树立起了“旅游大省”的形象。“七彩云南、旅游天堂”的品牌驰名中外，不仅成为推动云南经济社会发展的重要力量，也为中国旅游产业发展做出了积极的贡献，这必然离不开云南省各地区对于旅游产业诸多精准的战略定位——将旅游业作为战略性支柱产业、云南旅游二次创业战略、云南旅游产业标准化战略、突出云南旅游在“桥头堡”中的战略性产业地位等。党的十八大报告首次提出经济建设、政治建设、文化建设、社会建设和生态文明建设“五位一体”的总体布局，云南旅游产业必须树立科学的生态文明观和可持续的生态文明发展观，充分发挥自然资源、文化资源、遗产品牌优势和国家公园的保护、游憩、教育、扶贫的综合功能，处理好生态环境效益与人类的代际利益、整体利益、长远利益、持续利益的关系，以生态和文化为载体，控制环境容量，通过最小面积、高质量的生态旅游发展使云南丰富的生物多样性得到保护与展示，独特的民族文化得到保护和传承，促进社会经济得到全面发展，达到人与自然的协调共生和可持续发展。

一 生态可持续发展定位战略

云南是个拥有丰富旅游资源的旅游大省，其旅游发展起步较早，自20世纪80年代中期以来，依托绚丽多姿的少数民族风情和生态环境，在经典旅游线路的基础上不断推陈出新，西双版纳、大理、丽江、香格里拉、腾冲等逐步成为热点；并抓住了“99年世界园艺博览会”的契机，趁势而上，以“七彩云南，旅游天堂”为宣传口号树立起了良好的旅游形象和旅游品牌，并呈现出持续发展的势头。云南要实现旅游产业生态化，必定要继续尊重与生俱来的得天独厚的旅游资源，一如既往地坚持生态化的可持续发展战略，赋予云南这个独一无二的旅游资源大省以永续的生命力，这就要注重生态问题、保护民族文化等非物质文化遗产，使旅游产业得到持续发展。因此，云南省在满足旅游产业发展的过程中，要着眼长远，在维护好云南的生态环境稳定、资源合理利用的条件下进行旅游产业的可持续发展，从而推动旅游产业的生态化。

二 环境伦理导向战略

云南旅游产业拥有得天独厚的生态资源，多样的地质地貌造就了丰富的自然景观和不尽相同的气候带，呈现出“一山有四季，十里不同天”的立体景观和立体气候。不仅有冬无严寒、夏无酷暑的“春城”昆明，亦有风花雪月、自在悠闲的大理等其他四季皆宜的理想度假城市。多样的气候与景观让云南任何时节都不乏理想的旅游景区，如夏季香格里拉、丽江等滇西北地区是避暑好去处，冬季西双版纳、妙曼普洱及极边地热城腾冲则是理想的避寒地。构建旅游产业生态系统就是要建立人与自然和谐、环境友好型的旅游业。云南省旅游产业生态化应培养尊重自然、爱护生态、保育环境的伦理情操，在内生系统中将环境伦理自觉运用于节约资源、生态恢复、环境整治、清洁生产、减少污染、护育自然、提供绿色产品等，在外生系统中的旅游者能进行绿色消费，做到消费文明化、物质消费减量化和无害化，努力做到消费行为不破坏旅游循环经济生态系统的良性循环，使人与自然真正成为亲密的伙伴。

三　经济旅游向生态化旅游转型核心战略

云南是旅游大省，在近些年旅游带动经济发展的过程中，不免引起了一些生态问题。曾经一度以经济增长为目的的旅游开发已不再适应当今产业发展需要。推进旅游产业生态化，首先要实现云南省经济旅游向生态化旅游的转型，不论是从政策上、旅游产品营销定位上，还是公众的意识宣传中都要渗透云南特色的生态旅游形象。把生态化旅游作为云南旅游产业生态化的核心战略，以开发生态化旅游产品来打造云南旅游特色，实现云南旅游业由经济旅游向生态化旅游的转变，推动旅游产业生态化不断升级。

四　旅游产业相关者调控战略

云南省旅游产业系统庞大，涉及诸多相关领域，包括政策导向的政府、旅游产业链的企业者、旅游消费的主体游客，甚至是云南当地的社区居民。为此，对其提出一个系统的战略，这个战略一定要基于各自在旅游产业中的功能而定。

（一）政府主导战略

1. 积极发挥政府的引导和推进作用

2009年，云南省环境保护厅制定了《七彩云南生态文明建设规划纲要》，实施“七彩云南环境保护行动”，同步重视环境生态与民族文化生态；“十一五”期间各类旅游经济如旅游者人次、旅游收入指标较“十五”期间均有了大幅增长，且增长率均在100%左右[①]。同时反映出日益增长的旅游需求和强劲的旅游发展势头。政府作为引导和推进旅游产业的

① 数据根据云南旅游政务网云南旅游“二次创业”暨“十一五”成就展相关信息整理。“十一五”期间国内旅游者比“十五”期间增长88%；国内旅游收入增长108%；海外旅游者增长105%；外汇旅游收入增长104%；旅游业总收入增长107.6%。

生态化建设的重要主体，根据云南省的具体情况，首先，要在旅游产业生态化建设过程中，起到主要的引导和推动作用，将生态观念渗透到旅游产业的发展和建设过程中，营造节约资源、保护生态环境、减少旅游废弃物的适合旅游产业健康发展的良好氛围。其次，要建立政府生态规制行为的激励性机制，建立起完善规范的生态绩效评估体系，增强我国旅游企业生态保护的正激励机制，使旅游生态管理者从工作成绩和事业成就感上获得激励，并给予一定的政策支持。通过引导、刺激等手段鼓励相关的利益群体参与到旅游产业生态化建设中，从而实现旅游目的地旅游产业的可持续发展。

2. 政府对生态环境保护的约束机制

首先，云南省政府要制定相应的政策对旅游区资源的承载容量进行约束，要对云南丰富多样的自然生态环境资源、少数民族的人文景观资源，同时还包括人力资源、经济资源和社会资源等进行有效的保护。通过对云南省生态环境容量和生态经济两个指标的度量，来确定自然生态环境的承载力，监管和控制旅游目的地资源的过度开发；其次，政府还应当对旅游者的行为进行约束，部分旅游者缺乏对生态环境的保护意识，随意践踏草坪、乱扔垃圾、攀摘花木等不文明行为以及不成熟的消费观念都会影响到旅游生态经济系统的运行，因此倡议有约束的旅游行为是旅游生态经济系统良好运行的有效保障；最后，政府要通过采取法律惩罚、行政处罚等惩罚性措施来克服旅游企业采取机会主义行为给自己谋取利益的反向激励方法。建立有效的云南省生态环境保护规制行为，从源头上保证对生态环境的责任感和规制的有效性，才能建立起完善的生态环境规制体系，并促进它的有效实施。

（二）企业合作战略

1. 旅游产品生产营销生态化

云南旅游产业经过30年的发展，已形成了相对完善的基础设施和一大批较为成熟的旅游产品，这使企业的营销工作显得越发重要。各企业要始终坚持“政府主导、企业主体、市场运作”的营销战略，从以前注重低成本高利润的营销战略逐渐转向打造生态旅游品牌的战略。目前云南多数州市都在努力打造自己鲜明的旅游形象口号，如迪庆的“神秘香格里拉”、丽江的“天雨流芳、梦幻丽江”、大理的“人文大理、幸福家园”、西双版纳的“神奇美丽的西双版纳”等，对旅游形象宣传推广取得了很好的效果，云南旅游产业要通过品牌效应的转型，将云南旅游生态化推广到品牌形象的宣传营销中，树立“生态云南，美丽云南”的生态品牌；同时云南旅游企业需要转变旅游企业管理的理念和方式，将旅游产品的生产和营销管理与自然生态环境的保护相结合，在旅游企业内部建立有效的环境管理体系；另外，以实施清洁生产为主，找出旅游产品在生产和消费的各个环节中可能存在的污染问题，并有针对性地提出预防措施和解决方案；在生产和消费的全过程中有效地控制污染物的产生和排放，以达到旅游废弃物最小化、提高旅游企业的生态环境保护绩效；注重绿色旅游产品开发，注重绿色旅游、生态旅游。

2. 延伸生产者责任和导向

多年来，云南在工业领域已全面推行循环型生产方式，积极构建循环型工业体系。环保局应积极推进工业企业清洁生产审核，到 2012 年底已有诸多生产企业通过清洁生产审核，在经济、环境和社会方面取得显著成效。云南省作为旅游大省，每年接待成千上万的来自国内外的游客，旅游服务业相当发达，但也存在着激烈的竞争，我们倡议云南省环保厅和交通厅、旅发委联合举办旅游企业清洁生产培训，将清洁生产审核向旅游服务业延伸。培训对象包括各景区、宾馆酒店负责人及相关人员。将清洁生产快速从工业生产领域逐步向全社会多领域拓展，尤其是旅游产业，努力构建循环型服务业体系，充分发挥服务业在引导树立绿色低碳循环消费理念、转变消费模式方面的作用。同时，增强了旅游服务业开展清洁生产的积极性，为旅游企业提高经济效益和市场竞争力以及节能降耗、减少污染指出了新的方向。企业可以通过政府的一些导向经济政策（如征收资源使用税、推进绿色会计和绿色税务制度、鼓励设计和生产环境友好型产品等）、调整政策（如能源效率达标、废弃物处理达标、产品认证等有一定强制性的办法）、信息工具（通过发布相关信息、利用市场和消费者力量、通过对产品的环境标志、环境信息标志等）等来实现旅游产业服务的生态化，从而促使生产者承担起环保责任（必须对其产品引起的环境危害承担责任）、经济责任（承担其相应的物耗、能耗和环境治理的相应费用）、信息责任等。通过延伸生产者责任促进旅游循环经济生态系统得到调控和优化。

（三）公众参与战略

云南旅游产业的生态文明建设离不开人们的参与，对于旅游产业来说，更是如此。要实现这一目标，政府必须要对旅游者以及当地社区居民进行教育，提高他们对云南生态文明建设的参与热情。政府推进旅游产业内部以及旅游产业与其他相关产业之间的相关利益群体的积极参与，如旅游者、当地的社区居民、旅游志愿者以及旅游环境保护者等，通过旅游产业集群方式参与到旅游产业生态化的发展和建设过程中，通过创造良好的参与环境，建立相关利益群体的参与机制，树立相应的参与理念，不断提高公众参与的意识和能力，从而使他们成为旅游产业生态化建设的推动力量。

云南省各主要旅游线路，昆明、大理、丽江等可以开发出一些生态旅游纪念宣传品，宣传生态理念，培养游客的生态旅游意识；建立起一批坚持生态文明的旅游景点示范区，在获得成功之后推广经验和技术；建立旅游产业发展的利益驱动机制，明确各利益主体的权限和职责，将政府部门的人事考核结果与生态发展挂钩，以此来保障旅游产业生态文明的实现。

第三节　云南旅游产业生态化建设的主要思路

云南省旅游产业生态化进程需要前期做好周全的思路安排，要坚持以创新生态旅游产品开发为动力，以创新生态旅游基础设施为推进，以强化技术应用为支撑，以打造“Wild YunNan”（生态云南、美丽云南）为目标，为云南旅游产业生态化做出详细部署。

一　以创新生态旅游产品开发为动力

推进云南旅游产业生态化，首先要实现云南经济旅游向生态化旅游的转变，利用云南省特有的气候自然条件和特色民族文化知识，尽量减少对生态环境的不利影响，确保云南省旅游资源的可持续利用，使之成为将生态环境保护与公众教育有机结合来促进地方经济社会发展的旅游活动，这样一来，开发和创新云南生态旅游产品尤其是一些精品生态旅游就成了旅游生态化的关键。根据《云南省旅游产业发展和改革规划纲要》，国内外旅游市场的需求变化和云南省的旅游资源及区位优势，云南省将着力培育生态观光、民族文化等 8 大旅游产品。这些生态旅游产品重在加强游客的旅游休闲体验、审美体验。创新生态旅游产品的开发，需要政府与企业共同的努力。

（一）政府支持

云南省生态旅游产品的开发首先离不开政府的支持和引导。云南省目前生态旅游产品开发处于尚未成熟阶段，政府可以通过一系列的政策手段来鼓励企业对生态旅游产业的开发，监督有关企业生态旅游产品开发的合理运行。首先，政府要为生态旅游产品开发提供必要的政策支持。包括：政府要为生态旅游产品在基础研究和技术开发方面提供积极的帮助，成立云南省生态旅游产品开发技术研究中心；加大对生态旅游产品的资金扶持力度，并利用各种经济手段对产业生态化进行扶持，对生态旅游产品开发的投资企业给予优先发展权以及一定资金支持；为产业生态化发展提供有效的服务。其次，政府要研究制定适应新形势的政策体系，包括财政、税收、金融、投资、技术等促进旅游产品生态化发展的技术政策。把创新云南省生态旅游产品作为政府投资的重点领域，要对一些重大环保项目进行直接投资或提供资金补助、贷款贴息，并发挥好政府投资对社会投资的引导作用。最后，通过制定相关法律来促进旅游产品生态化进程。一方面，要健全和完善已有的法律体系，充分体现科学发展观与和谐社会的要求；另一方面，要尽快制定能源与资源循环法、清洁生产法、资源综合利用法等产业生态化相关法。

在保护和开发泸沽湖的问题上，丽江市人民政府坚持“保护第一、开发第二，先规划、后建设”的原则，根据景区资源特点和环境承载力，总共投资 1000 多万元，先后委托省内外资深规划设计单位编制完成了《泸沽湖风景区综合规划》等 7 个专项规划；委托南开大学经济与社会发展研究院等群体机构开展了《泸沽湖景区文化旅游市场发展战略》等项目的研究工作。通过对泸沽湖的保护开发进行充分的科学论证，根据总体规划和省市确定的目标任务，努力学习借鉴巴厘岛、九寨沟等国内外知名旅游地的成功经验，走保证自己的特色发展之路。重点抓好泸沽湖水体、自然景观和区域内原生态村落保护和环境整治工作。通过对环湖道路、湖滨游路、排污设施为主的基础设施的完善带动经营性招商项目的实施，使人与自然、旅游与文化更加和谐，景区建设发展步入良性轨道。根据云南省政府的要求，丽江市人民政府在 2005 年初分步启动了环境整治“八大工程”。经过 3 年的攻坚克难，2007 年底，又实施了 23.1 公里排污综合管网建设，建成处理规模为 4000 吨/日的污水处理厂 1 座、日处理固体垃圾15吨的垃圾处理场1座。建设恢复湖滨带0.555平方公里，沿湖岸治理了13.5平方公里的水土流失面积，完成栽种陆生、湿生乔灌木草被带0.233平方公里。切实加强了泸沽湖景区的保护管理和开发建设工作，先后成立了丽江泸沽湖省级旅游区管委会、泸沽湖省级自然保护区管理局等8个市县属管理机构。注册成立了丽江泸沽湖旅游开发有限公司、泸沽湖环境管理公司等景区旅游开发建设、服务管理的重点企业。初步建立起运转高效、执法规范、管理科学、保障有力的景区管理机制，确保了景区保护管理和开发建设的有序进行。

（二）企业创新

云南生态旅游产品的开发创新需要相关企业的技术应用、创新理念不断对生态环境以及市场需求做出跟进。企业要利用政府的有利政策支持加大旅游产品的开发力度，结合云南优越的自然资源和独特的民族文化，设计更多注重生态理念的旅游消费。首先，企业可以开发生态商品，向游客提供资源耗用低、环境友好健康安全，且具有一定审美价值的天然纪念商品或人工制品。在保证实现经济效益的同时，还能体现生态旅游的主题。其次，企业要秉持生态旅游“天人合一”的理念，因地制宜，利用云南省独特的旅游资源特色开发具有云南特色的生态旅游产品，展现云南少数民族特色的文化生态旅游特色、湖泊湿地等生态旅游产品的特色旅游风格等。另外，企业要创新管理制度，实现生产生态化管理，将生态投入转化为产出，以谋求生态资产与经济资产、生态基础设施与生产基础设施、生态服务功能与社会服务功能的平衡与协调发展。企业提供具体产品和工艺的生态评价、生态设计和生态工程建设的组织管理方法，包括企业的管理体制、发展战略，包括企业的“绿色核算体系”、“生态产品规格与标准”等。

二　以创新生态旅游基础设施为推手

旅游基础设施是旅游活动开展的前提条件，是旅游者开展旅游活动必须依赖的设施，应纳入云南省旅游生态规划建设的范畴。包括：供水、排污、供电、通信、绿地等一般公用设施以及景点、景区的游览道路系统，电话亭、报警亭、小憩亭、购物亭、邮筒、垃圾桶、厕所、路标牌、广告牌、景观小品、雕塑、停车场等满足现代社会生活需要的基本设施，以及供旅游者健身锻炼和文化娱乐的旅游专项游乐设施等。创新旅游基础设施的建设，尤其要在饭店、交通等基础设施方面注入生态元素，为旅游景区生态化增添生态元素。

（一）生态饭店

云南省政府和企业应大胆创新，在生态旅游示范区开设生态饭店，给其他景区做出示范。生态饭店又叫绿色饭店。绿色文化是指人们有关保护生态环境、保护生命的价值观念、行为规范和行为方式等，具体体现在对生态环境的保护和生态伦理观念上。生态饭店要求能为来云南旅游的游客提供舒适、安全、有利于人体健康的食品，并且坚持对环境负责的经营理念，合理利用资源，保护生态环境。同时饭店的建筑风格上也可注入生态理念，使其具有节地、节水、节能、改善生态环境、减少环境污染、延长建筑寿命功能，具备“舒适健康、高效清洁、和谐美观”的基本要求。旅游地具有发展生态建筑的优势，要因地制宜，充分尊重和高效利用自然资源，并注重人的健康和安全。

（二）生态交通

交通是一个景区人流、物流、信息流的主要通道，也是景区很重要的污染源和干扰源，对周边生态系统和生物多样性容易产生干扰。云南省政府和企业可在生态景区示范区内首先推行生态交通。景区生态交通的基本标准是：“以人为本”；“对生态环境友好”；“舒适、安全、无污染、便捷”。旅游景区的生态交通包括交通网络及其空间布局、道路密度选择、生态交通工具、生态化道路、交通标识等。生态交通可以在交通设施上实现生态化，例如环保电瓶车，或者在交通方式上导入生态理念。

三　以强化技术应用为支撑

在云南旅游产业生态化的过程中科学技术是第一生产力。为此，发展云南旅游产业生态化必须建立在科学技术的基础之上。要通过科技的力量使产业从微观到宏观、从技术到管理实现全面、全过程的生态化。首先，要建立科研机构和高校与产业生态化相互结合的新机制，使高新技术迅速转化为第一生产力。其次，要推广与旅游产业生态化密切相关的技术。主要包括：环境工程技术、废物资源化技术、清洁生产技术、无公害高产种植技术、林农产品加工技术、产业生态化链接技术等“绿色技术”体系。同时，还要拓宽云南省的技术供给渠道。最后，要重视人才培养和科学文化素质教育。科学技术问题从根本上讲是人才问题，要进一步引进和培养研发型、技术型、管理型人才，不断提高劳动者的科学文化素质，只有这样，才能实现技术与生产的真正结合。

通过科技手段的运用和生态工程的方法，对云南省各景区废弃物进行“减量化、再利用、资源化”。在景区开发过程中积极推进清洁能源的利用、节能设施的开发、绿色饭店的标准实施、饭店与景区污水的处理、中水回用技术的采用、生态步道的修建、无水生态厕所的建设、天然河流的保护、景区空气污染的控制、旅游区植被恢复和野生动物保护的工程技术实施等。旅游企业清洁生产能促进旅游企业生产生态化。技术进步是旅游企业实现清洁生产的重要手段，而清洁生产会使旅游企业的技术改造更具有针对性，使旅游企业获得更多的经济效益和环境效益。旅游企业通过技术改造或运用新技术和手段进行清洁生产，使旅游企业生产出低能耗、低污染、可循环利用的清洁产品，实施绿色营销、绿色管理，确保产品生产、消费、分解的过程是清洁的和可循环的，从微观上达到旅游产业生态化。

第四节　云南旅游产业生态化建设的目标

通过制定云南省旅游产业生态化的一系列战略和思路，实施生态化对策，最终将实现云南旅游产业生态化的微观目标、中观目标和宏观目标。根据这些目标，在推进云南省旅游产业生态化的进程中，及时发现偏差，并对战略对策做出相应的调整，确保云南旅游产业生态化的有效进行。

一　产品目标

（一）开发一批精品生态旅游产品

云南省拥有丰富的天然旅游资源，旅游产业生态化进程中，要从云南省的实际出发，利用其所拥有的自然旅游资源，开发出一批拥有云南旅游特色的生态旅游产品。利用云南省多样的动植物、热带雨林气候、少数民族文化等资源条件，重点推出生态观光旅游产品、生态度假旅游产品、生态体验旅游产品等，实现这一批精品生态旅游产品的成熟运行和推广。生态旅游产品按产品性质划分，可分为以下三大类：

1. 生态观光旅游产品

生态观光旅游产品是供旅游者观赏、游览和参与体验的旅游产品，是供旅游者消费的自然风光、文化内涵的展示品和民族风情体验等方面的旅游经历。

2. 生态度假旅游产品

生态度假旅游产品是以自然生态资源为背景，供游客在一定时间度假消费的旅游产品。

3. 生态专项旅游产品

生态专项旅游产品是指以自然生态旅游资源的消费为主要内容的专项旅游产品，如自然探险旅游产品、社区生态旅游产品等。

表3—1　　　　云南省重点开发生态旅游产品

		重点产品	旅游目的地/点
生态观光旅游产品	野生动植物生态旅游产品	观鸟	苍山、西双版纳、迪庆、丽江拉市海、西部高黎贡山和盈江、瑞丽高黎贡山余脉
		观亚洲象	西双版纳
		观滇金丝猴	滇西北
		珍稀野生植物考察（观兰花、山茶花、杜鹃花等）	西双版纳、高黎贡山、苍山等
	森林生态观光旅游产品	热带雨林观光、亚热带常绿阔叶林观光；高山珍稀植物、森林垂直景观观光；高山针叶林、大果红沙林、高山杜鹃林观光等大森林生态观光旅游产品	西双版纳、临沧、思茅；无量山、哀牢山；高黎贡山（包括怒江、保山、腾冲）；腾冲湿地景观；梅里雪山、白马雪山、哈巴雪山、玉龙雪山等
生态专项旅游产品	水域生态观光产品	云南省各江河湖的自然风光观光，体验原生态的风光，如滇池、洱海	丽江、洱海、滇池、泸沽湖、抚仙湖等
	科普及夏令营旅游产品	森林、热海、湿地公园等科普基地	迪庆、西双版纳、腾冲
	科考旅游产品	以气候、生物、地质、地貌等为主题的科考旅游产品	三江并流带、高黎贡山生物多样性地带、滇南热带雨林地区

续表

		重点产品	旅游目的地/点
生态体验旅游产品	原生态文化体验旅游产品	体验少数民族多彩生活，少数民族村寨游	香格里拉、西双版纳、大理、丽江、民族村、临沧、瑞丽
	森林生态探险旅游产品	穿越探险，体验森林、雪山、江河的自然风光	其宗、塔城、维西、白济汛、利沙底三江；贡山、巴坡、独龙江乡独龙江峡谷和老窝河峡谷、六库、双腊瓦底嶂谷、知子罗、马吉、丙中乐、青那桶、西藏察瓦龙怒江大峡谷探险；轿子雪山、鸡足山、苍山、梅里雪山、哈巴雪山和玉龙雪山等
	湖滨生态度假旅游产品	沿湖滨地带的度假区，体验山水相依的湖滨度假生活	滇池、洱海、抚仙湖、泸沽湖旅游度假区等
	有氧闲居生态旅游产品	森林度假区、享受休闲氧吧、绿色低碳度假	西双版纳、临沧、思茅；无量山、哀牢山；高黎贡山等

1）高原观鹤线路：寻甸清水海—会泽以礼河水库—昭通大山包—贵州威宁草海；

2）观滇金丝猴：白马雪山—萨马阁；

3）原生态文化体验产品：泸沽湖—永宁—依吉—俄牙同—各卡—俄初—日瓦—亚丁。

4）探险旅游线路：

①昆明—丽江玉龙雪山、虎跳峡徒步—德钦白马雪山登山—西藏世界屋脊探险；

②昆明—思茅澜沧江漂流探险—西双版纳热带丛林探险—缅甸或老挝登山探险；

③滇藏茶马古道探险：昆明—大理—剑川—丽江—中甸—奔子栏—德钦—盐井—芒康—昌都；

④洞穴探险线路：宜良九乡溶洞群—泸西阿庐古洞溶洞群—弥勒白龙洞溶洞群。

（二）打造一批精品生态旅游线路

充分利用云南省的旅游资源，开发一批精品的生态旅游产品，进而将生态旅游产品进行有效地综合组合，打造出九条精品生态旅游路线。云南旅游产业生态化微观短期目标就是要推出一批精品生态旅游路线，推动云南生态旅游的不断深化。

1. 香格里拉生态旅游线

可领略滇西北“三江并流”区壮观的高山峡谷、雪域冰川和森林草甸；体验藏族、纳西族、白族、傈僳族等少数民族绚丽多彩的民族文化；感受丽江、大理、巍山等古城的历史风貌和人文风情。如：朝圣梅里雪山—感悟香格里拉旅游线路；茶马古道探秘旅游线路；中国大香格里拉三江并流旅游线路；巴拉格宗雪山探奇旅游线路；香格里拉庙宇文化之旅线路；中国大香格里拉三角文化探秘旅游线路；香格里拉秘境旅游线路；香格里拉—拉萨朝圣游旅游线路；滇藏北线探险旅游线路等。

2. 热带雨林生态旅游线

可领略西双版纳神奇的热带原始雨林，澜沧江畔古老的茶林和一望无际的亚热带森林，体验傣族欢快的泼水节，佤族奔放的歌舞，以及拉祜族、基诺族等少数民族奇异的民族风情。

3. 地热火山生态旅游线

可领略绵延不绝的火山群和边寨风情，享受温泉康体休闲旅游之乐，体验景颇族、傣族风情及跨境旅游的异国风情。

4. 喀斯特地貌生态旅游线

可领略丰富多彩的岩溶奇观，欣赏地上奇景石林、沙林，地下溶洞奇观和田园风情，体验布依族、壮族奇异的民族风情。

5. 哈尼梯田生态旅游线

可领略元阳梯田的美丽风光，欣赏建水文庙、石屏异龙湖和哈尼山寨奇景，体验哈尼族、瑶族的奇风异俗。

6. 红土高原草甸瀑布生态旅游线

可领略风光独特的红土高原草甸和壮丽的瀑布群景观，欣赏集古代和现代交通为一体的石门关胜景，体验人与黑颈鹤翩翩起舞的亲身感受。

7. 哀牢山—红河谷生态旅游线

可领略哀牢山清纯的自然风光，感受花腰傣神奇独特的民族风情，体验红河谷壮美的热带河谷风光和避寒度假的乐趣。

8. 高原湖泊生态旅游线

可领略高原湖光山色胜景，欣赏世界名园——世博会的胜景，体验滇池洱海、抚仙湖休闲度假和高原湖畔高尔夫运动的乐趣，参与彝族“火把节狂欢之夜”等。

9. 澜沧江—湄公河生态旅游线

可领略澜沧江—湄公河沿岸美丽的自然风光，感受跨国之旅的多国风情，体验昆（明）—曼（谷）公路上刺激有趣的自驾车之旅等。

（三）打造一批生态示范景区

在云南省众多的主要旅游景区中，挑选出一批生态旅游产品开发成较成熟和具有代表性的旅游景区作为生态旅游示范景区，例如将玉龙雪山景区、滇西北香格里拉景区、西双版纳热带雨林景区、石林景区等生态景区设为生态旅游示范景区。在这些景区内，生态旅游产品相对成熟，基础设施的设计更能彰显生态化理念，全区的生态旅游运营为其他景区的生态旅游开发和探索做出了导向性的示范，大大推动云南全省旅游产业生态化的进程。

二　产业目标

（一）实现旅游交通普遍生态化

云南省地处高原地区，交通相对闭塞，走旅游产业生态化道路，不仅要打开道路，同时要在城市旅游交通规划、景区旅游交通规划中，注入生态理念，将生态指标纳入旅游交通规划的考核中，推崇低碳旅游交通行为，打造旅游交通生态的新模式。云南省旅游产业生态化要实现旅游交通的普遍化，在生态旅游产品、生态旅游线路、生态旅游示范景区不断生态化的进程中，达到旅游交通生态化，从全面的意义上推进云南省旅游产业的生态化。

（二）实现旅游企业生态化的推广

云南省要实现旅游产业的生态化，必须在未来实现旅游企业的生态化。云南省的旅游相关企业包括云南省很多大型的旅行社、各大餐饮企业、各地区景区管理企业等。要实现旅游企业的生态化，政府可以挑选一些大型的企业，与之合作，给予它们政策、资金等支持，大力支持它们走生态化道路；引导餐饮业大力推广绿色饭店，转变经营观念，运用健康、绿色、安全理念，倡导绿色消费；鼓励更多的旅行社实施绿色营销战略；实施旅游景区生态化管理模式，打造循环型旅游景观生态园，设计与控制旅游容量。从饭店、旅行社、景区等相关旅游企业入手，达到旅游企业的生态化。

三　宏观目标

（一）经济目标——旅游经济生态化

云南旅游产业生态化建设的主要经济目标是实现经济旅游向生态旅游的转型，在良好的生态中谋求发展。传统的旅游产业发展模式对旅游资源的消耗大，综合利用水平低，引发了旅游企业经济效益差、生态环境遭到破坏等问题。通过云南旅游产业生态化建设，基于有利于生态环境的产业形态，依托资源、能源的减量化、再使用、再循环等理念，实现旅游企业生产成本降低，企业之间资源共享，提高旅游企业的经济效益，从而增加云南旅游企业的竞争力。同时，云南旅游产业生态化的建设要依靠科学技术，提高对旅游资源和能源的有效利用，实现旅游产品的生态化、生态环境的优化等，提高旅游企业的经济效益，增强旅游企业竞争力，实现向“低投入、低消耗、低排放、高效益”的“三低一高”模式的生态转变。

（二）环境目标——旅游环境生态化

随着旅游业的发展，在追逐经济目标的同时所出现的生态环境问题同样引起了我们的关注。旅游产业是最接近生态化的产业之一，通过旅游产业生态化建设，不仅可以减轻和缓解旅游活动对旅游目的地产生的环境污染和生态破坏的程度。同时，还可通过生态补偿等手段，保护旅游资源和环境。以旅游产业生态化来实现云南旅游产业系统内部和其他各部分分别达到合理优化耦合，从而提高资源的利用率，达到资源和能源的使用效率最大化，最大限度地减少废弃物的排放，增强对旅游资源的可持续利用和缓解环境压力，保护生态环境，实现社会、经济和环境的共赢，切实改变资源的过度消耗和不断恶化环境的传统旅游发展方式，从而实现环境生态的稳定和谐。

（三）社会目标——旅游意识生态化

积极加强云南旅游产业生态化建设，让旅游目的地本身良好的生态环境促使当地社区居民积极参与到旅游开发建设过程中。云南旅游产业生态化建设，一方面使当地社区居民的生活质量得到了改善，他们将会更好地保护当地的资源和环境，增强旅游业可持续发展的能力；另一方面，云南省发展旅游产业生态化，可以节约旅游资源、保护生态环境，确保当代人和后代人都能享有优美的生活环境和旅游环境，提高了全民的生态意识。

良好的旅游环境还发挥着较好的教育功能，可提高全民环境意识和素养，不论是社区还是游客的旅游意识都将得到提升，共同推进旅游产业生态化建设，实现云南旅游业的可持续发展。

（四）文化目标——地方特色文化保护

通过加强云南旅游产业的生态化建设，使得旅游经济发展、生态环境和当地的特色传统文化协调共同发展，实现了旅游的经济效益、生态环境效益、社会文化效益相统一，推进了云南旅游业的可持续发展。旅游产业生态化有促进环境和文化保护的积极作用。环境状况如何对任何旅游目的地都格外重要，因此，云南旅游产业的生态化建设过程中，一方面，旅游循环经济理念可以明显增强旅游的教育功能，不仅个人的环境意识和环境素质会得到提高，而且全社会的环境意识和生态保护意识也将有较大的提高；另一方面，云南省少数民族较多，少数民族的特色文化作为吸引旅游者的重要组成部分至关重要，基于云南省旅游产业生态化建设，促进旅游目的地特色文化的保护，从而有利于实现旅游产业持续健康的发展。

（五）形象目标——打造“美丽云南”

云南以其独特的自然人文资源而闻名，其旅游业更是有自己的特色，七彩云南的形象品牌，让大家记住了美丽的云南。党的十八大首次提出建设美丽中国，而云南是我国西南地区的生态屏障，是“美丽中国”版图中一片绚丽的风景，推进云南省旅游产业生态化的一个重要目标就是要在生态文明建设中打造“美丽云南”，展现一个原生态的云南，即民族文化原生态，自然环境原生态，旅游特色生态化，打造美丽云南的品牌新形象，使之真正成为“美丽中国”的一个绚烂窗口。

第四章
云南旅游产业生态化系统研究

第一节　云南旅游产业生态化建设的基础与条件

一　政策条件

2009 年 12 月《国务院关于加快发展旅游业的意见》中正式提出了发展“低碳旅游”，《国民经济和社会发展十二五规划》中也明确提出：“加快旅游产业转型升级，提高旅游产业核心竞争力”。云南省委、省政府先后出台了“绿色经济强省”、“七彩云南保护行动”、争做“生态文明标兵”等一系列重大战略方针政策。为充分发挥云南旅游产业发展优势，实现云南旅游产业生态化建设提供了有利的政策保障。

（一）绿色经济强省的重大举措为云南旅游产业生态化提供有力支撑

为贯彻落实西部大开发战略，结合云南实际，充分发挥云南生物资源优势，加快云南省经济结构大调整步伐，云南省做出了建设绿色经济强省的重大举措。旅游业作为云南“绿色经济强省”重点建设产业之一，实现云南旅游产业生态化本质上就是要发展绿色经济，与建设绿色经济强省目标是一致的。因此，推进旅游经济强省战略，将有力支撑云南旅游产业生态化建设。

（二）“七彩云南保护行动”为旅游产业生态化建设拓展了空间

云南省第八次党代会确立了“生态立省、环境优先”的战略思想，全面实施“七彩云南保护行动”，加强创新型云南建设，推动旅游发展的二次创业，大力调整产业结构和转变经济发展模式，逐步增强可持续发展能力。保护行动明确要求：从源头上遏制破坏生态和污染环境行为的发生，加大环境治理力度，严格环境执法监督和加大舆论宣传力度，推进节能降耗和清洁生产，加快循环经济发展，促进全社会环保意识的增强。

进一步加强九大高原湖泊为重点的水污染综合防治，积极推进以滇西北为重点的生物多样性保护，顺利开展了一批天然林的保护和退耕还林等重大生态建设工程，进一步提高防范突发环境事件的能力。目前，全省生态环境质量继续保持良好水平，森林覆盖率不断提高，主要河流水环境功能达标断面为 64.9%，水质好于Ⅲ类的湖泊、水库比例占 68.3% 以上，城市生活环境质量有了较大改善，使云南的“水更碧、山更青、天更蓝、地更绿，资源得到更好保护，生物多样性优势更加突出”，为云南省旅游产业生态化建设拓展了空间。

（三）争做“生态文明排头兵”为云南省旅游产业生态化奠定坚实基础

按照中央关于云南“要努力争当全国生态文明建设排头兵”的殷切希望，当前云南省处在新起点、谋求新发展、实现新跨越的关键阶段，省委、省政府审时度势，做出了加强生态文明建设的重大战略决策。

良好的生态环境和自然禀赋是云南最突出的特点和优势，是最重要的资源和资本，是最珍贵的品牌和形象。通过多年的努力，云南省在加强生态文明建设方面，已奠定牢固的认识基础、扎实的行动基础和广泛的社会基础。在新的历史起点上，全面建设小康社会、加快建设富裕、民主、文明、开放、和谐的云南，就必须把良好的生态环境作为生存之本、发展之基。充分利用比较优势与后发优势，努力争当全国生态文明建设排头兵，生态创建快速推进，生态创建工作取得积极进展，在 9 个州（市）和 40 个县（市、区）全面启动了生态州（市）、县（市、区）建设，西双版纳州、红塔区、通海县、澄江县被环境保护部命名为“全国生态示范区”，10 个乡（镇）被环境保护部命名为“全云南省生态乡镇”，走出了一条生产发展、生活富裕、生态良好的文明发展道路，为构建云南省旅游产业生态化奠定了基础。

二　基础条件

（一）循环经济已取得显著成效

为认真贯彻落实科学发展观，2005 年，省政府决定在全省开展以资源节约和综合利用为重点的发展循环经济工作，并下发了《云南省人民政府关于大力推进我省循环经济工作的通知》，明确要求各地各部门要把发展循环经济作为编制“十一五”规划的重要指导原则，在用循环经济理念指导各类规划编制的同时，加强本地区、本部门对发展循环经济的专题研究，努力探寻发展途径、方式和目标，为全省提供示范和借鉴。并以节能、节水和资源综合利用为突破口，组织生态环境资源综合利用的重大项目。

省政府和各级财政建立专项资金用于发展循环经济，加大投入，向社会传递投资导向信息，引导企业和社会更加重视循环经济工作。分别在开远、洱源和普者黑，实行工业、农业和旅游业的循环经济试点，并在冶金、电力、化工 3 个行业开展循环经济的试点工作。同时，要以提高资源利用率为目标，降低单位产值污染物排放强度，优化产业结构，加快工业经济结构调整，并结合投资体制改革，调整和落实发展循环经济的投资政策；进一步深化价格改革，研究并落实促进循环经济发展的收费政策。完善财税政策，加大对循环经济的支持力度；逐步完善地方法规体系、政策支持体系、技术创新体系、咨询服务体系和有效的激励约束机制；全省全面推行循环经济，形成了新型经济发展模式，形成了比较完善的循环经济发展机制框架，初步建立节约型和环境友好型社会，使云南逐渐步入生产发展、生活富裕、生态良好的可持续发展轨道。

（二）节能减排取得重大突破

近年来，云南省省委、省政府把节能减排工作作为调整经济结构、转变发展方式的突破口，先后制定出台了《云南省节能减排综合性工作方案》、《云南省人民政府关于进一步加强节能减排工作的若干意见》等 15 个全面加强节能减排的文件，形成了强有力的节能减排政策支撑体系。

云南省各地各部门、各重点行业企业节能减排工作深入推进，节能减排取得显著成效，高耗能产品单位能耗持续下降，单位 GDP 能耗在 2008 年下降 1.52% 的基础上，2009 年下降 4% 左右，超额完成了云南省政府下达的年度单位 GDP 能耗下降 3.8% 的目标任务。

在全面推进节能减排工作中，云南省通过实施工业产业结构调整，产业集聚和产品结构调整成效显现。煤化工、光电子材料、装备制造、生物能源、生物制药等新兴产业发展速度进一步加快；通过落实国家有关调控政策，采取生产量及用电量“双控”措施，实施差别电价等一系列政策，高耗能行业和高耗能产品增速持续回落，2007 年 1—11 月，电石、黄磷、铁合金等高能耗、低附加值的产品增速回落均在10%以上；通过实施技术改造、对标管理和开展固定资产投资项目节能评估和审查，从严控制新建、扩建，改造高耗能、高污染项目，有效促进了高耗能、高污染产品单位能耗的持续下降；通过加大淘汰落后产能，全面提升高附加值产品，云南省政府与各州市政府签订了淘汰落后产能目标责任书，对重点地区和企业实行挂牌督办，下达的年度淘汰炼钢落后生产能力15万吨、淘汰电石落后生产能力10.84万吨、淘汰黄磷落后生产能力10万吨、小火电11.8万千瓦的目标都已按计划完成。

（三）生态旅游得到进一步发展

经过多年的发展，云南生态旅游业已经成为云南旅游业的重要组成部分和发展的主要源泉，目前已取得显著的成效，主要表现在以下六点。

1. 建成了一个生态旅游示范区

云南省各级政府根据滇西北的特点，进行科学规划、合理开发，已逐步将滇西北建成为云南旅游业可持续发展的示范区和中国乃至世界著名的香格里拉生态旅游示范区。

2. 开发了一批生态旅游线路

云南省根据旅游产品依托资源所在地域的特点，与省内外、国内外的相关旅游目的地联合，共同推出多条在国际、国内具有一定知名度的生态旅游线路。如香格里拉生态文化之旅、哀牢山生态之旅、热带雨林生态之旅等一大批生态旅游线路。

3. 建成了一批生态旅游景区

云南省已经建成了以三江并流世界自然遗产为代表的生态旅游区，以石林为代表的风景名胜区类型生态旅游景区，以西双版纳为代表自然保护区类型的生态旅游景区，以普达措为代表的国家公园类型生态旅游景区，以大理苍山为代表的国家地质公园类型生态旅游景区，以昭通大山包为代表的“国际重要湿地”类型生态旅游景区。

4. 形成了一批生态旅游产品

近年来，云南省已经开发出生态观光游、动植物生态游、探险生态游、科普考察游、民族风情生态游等富有特色的生态旅游产品。

5. 打造了一批生态旅游品牌

在长期的发展过程中，云南省已经培育出一批享誉国内外以“香格里拉”为代表的生态旅游知名品牌。

6. 培育了一批生态旅游者

随着生态旅游深入开展，培育了一大批生态旅游者，提高了云南本地居民生态意识，有利地带动了云南旅游业的发展，对云南各地的生态旅游发展和环保理念的推广起到了巨大的作用。

（四）旅游综合体制改革深入推进

2009 年 4 月，国家发展和改革委员会正式批准了《云南省旅游产业发展和改革规划纲要》（以下简称《规划纲要》），并将云南省作为推进改革试验工作联系点。为更好地推动这项工作，国家旅游局与云南省人民政府签订了《关于推进云南旅游产业改革发展试点省建设合作协议》，决定把云南省作为全国旅游产业改革发展的试点省份。自 2009 年国家确定云南省作为旅游综合改革发展试点省份以来，云南抓住这一旅游改革发展的新机遇，结合国家培育建设旅游战略性支柱产业的要求，一方面加快旅游综合改革发展试验进程，推进保山腾冲、玉溪抚仙湖—星云湖、大理苍洱地区和昆明世博新区等旅游综合改革试点，加大旅游专项试点改革力度，使旅游综合改革发展取得了明显成效；另一方面，在旅游综合改革发展推动下，以重大旅游项目建设为重点，继续加强旅游基础设施和配套设施建设，推动旅游城镇、旅游强县建设发展，加大旅游特色乡村开发建设，为“十二五”旅游持续快速发展奠定了良好的基础。

2010 年 7 月，省政府与国土资源部签订了《关于探索建立国土资源管理新机制促进云南省旅游产业改革发展合作协议》，确定共同探索建立旅游土地利用新机制和新方式，积极促进云南旅游产业改革发展工作。《规划纲要》批准实施和更加紧密部省合作机制的建立，标志着云南旅游产业综合改革已进入国家发展战略层面，并将得到国家有关部委的大力指导、支持和帮助，为积极争取国家政策支持，全面推动旅游管理体制创新，切实解决当前加快发展迫切需要克服的问题和矛盾，全省旅游产业综合改革的深入推进，为云南旅游产业生态化发展注入了强大动力。

三　优越的生态环境本底条件

云南处于国内外六条大江大河的上游，具有多样的气候和地理环境，是中国生物多样性的天然宝库和资源基地，是我国乃至世界生物遗传物质极为丰富的天然基因库之一，是国家重要的生态屏障。

（一）气候类型复杂多样

云南地形地貌复杂多样，各地海拔相差较大，造就了其显著的立体气候。气候类型丰富多样，拥有北热带、南亚热带、中亚热带、北亚热带、暖温带、中温带和高原气候区 7 个温度带的气候类型。同时，云南气候兼具低纬气候、季风气候、山原气候的特点，表现出云南生态环境的独特性。

（二）湿地数量众多且独特

云南拥有湖水面积大于 1 平方公里的高原湖泊湿地 37 个，其水面面积达 1164 平方公里。全省有 4 处湿地列为国际重要湿地，已建湿地类型自然保护区 17 处。2011 年新增“普洱五湖”和“普者黑喀斯特”2 个国家湿地公园，全省共有 4 处国家湿地公园。大山包国际重要湿地，获《人民日报》组织评选的“中国最美湿地”称号。

云南湿地植物多样性极为丰富，云南湿地的水生植被群落也较为复杂，组成上包含了全世界热带分布、北温带分布、东亚分布、极高山地理成分和淡水湖泊特有植物群落类型大部分成分。

（三）动植物类型丰富多样

云南生物种类及特有类群之多均居全国之首，生物多样性在全国乃至全世界均占有重要地位。

植物物种起源古老，特有种类繁多，成分复杂，分布交错。中国植物区系成分的 15 个主要地理成分在云南省内均有分布，且热带区系成分与温带区系成分的分布相互渗透、相互交错。省内约有高等植物有 426 科、2592 属、17000 多种，科、属、种分别占全国的 88.4%、68.7%、62.9%，国务院颁布的《国家重点保护野生植物名录（第一批）》中云南有 120 种（类），占总数 254 种（类）的 47.2%；高等植物 17000 种左右，约占中国的 57%，占全世界植物总数的 6%。

动物特有类群多，有许多单型种属，其中许多是生物进化系统中的孑遗类群或关键类群，不少是某一生态系统中的关键种或建群种，一些是家畜家禽的祖先和野生近缘种。全省已知脊椎动物 1737 种，占全国总数的 58.2%；哺乳类 296 种，占 49.9%；鸟类 792 种，占 66.5%；两栖类 102 种，占 44.1%；爬行类 151 种，占 39.2%；淡水鱼类 399 种，占 50.0% 左右。已知有陆生野生动物 1350 种左右，占中国陆生野生动物总数的 58.4%、世界的 5.8%。有些动物仅在云南分布，如亚洲象、绿孔雀、印度野牛等。

（四）森林生态系统多样性

云南境内的森林生态系统类型多样，分布特点既有水平（纬度）上分布，又有垂直变化，反映出与其他省区所不同的独特性，可划分为热带雨林、季雨林、季风常绿阔叶林、思茅松林、半湿润常绿阔叶林、云南松林、温带针叶林、寒温性针叶林等类型；在云南境内还有与热带草原即稀树草原外观极为相似的“稀树灌木草丛”，它是在原生森林长期不断地受到砍伐火烧后所形成的一种次生生态系统。贾楼仁按森林类型和优势树种将云南省森林生态多样性分为寒温性针叶林区、暖性阔叶林和暖性针叶林区、热带阔叶林区及暖热性阔叶林区 4 类生态区系统。

四　旅游产业发展水平迅猛提升

“十一五”期间，云南省全面实施旅游“二次创业”战略决策，认真落实旅游产业“优化结构、转型升级、提质增效”总体要求，努力建设旅游强省的开局阶段和关键时期。在省委、省政府的具体指导下，在各级、各部门的积极配合下，全省旅游行业以深入贯彻落实《云南省旅游产业发展和改革规划纲要》为契机，有效应对了诸多突发事件的挑战和考验，努力克服了严重自然灾害的冲击和影响，全面完成了各项预定的工作任务目标，旅游产业保持了平稳持续快速发展的势头，综合实力大幅提升，有效地促进了全省经济社会的全面发展，在国际国内旅游市场的地位和影响力显著提高。

（一）丰富的旅游资源助推云南旅游产业历史性飞跃

云南地处中国西南边陲，是我国旅游资源最为富集的省份之一。悠久的历史和浓郁的少数民族风情造就了绚丽多彩的民族文化，特殊的地形地貌和立体分布的气候特点形成了绚丽多姿的自然风光，与东南亚、南亚等多个国家接壤和纵贯全省的国际河流“澜沧江—湄公河”构成了良好的区位条件。在云南这片神奇美丽的土地上，北有雄伟壮丽的雪山冰川，南有广袤的热带雨林和珍稀动植物，西有蜿蜒奔腾的“三江并流”奇观，东有壮观的喀斯特岩溶地貌，中有众多的高原湖泊和四季如春的气候条件。改革开放以来，历届云南省委、省政府高度重视旅游业的发展，充分发挥得天独厚的旅游资源优势，全面实施政府主导型战略，着力发展和培育旅游产业，云南旅游业经历了从“接待事业型”到“一般产业型”，再到“支柱产业型”的转变升级过程，实现了从无到有、从小到大的历史性飞跃。

（二）旅游产业经济持续快速增长

2006—2010 年，全省接待海外旅游者从 181 万人次增加到 329 万人次，旅游外汇收入从 6.58 亿美元增加到 13.24 亿美元，年均分别增长 12.7% 和 15%；接待国内游客从 7721 万人次增加到 13837 万人次，国内旅游收入从 447.1 亿元增加到 916.82 亿元，年均分别增长 12.38% 和 15.45%；旅游总收入从 499.78 亿元增加到 1006.8 亿元，年均增长 15.04%。

表 4—1　"十一五"期间云南省旅游产业发展基本指标及其增长率

指标	游客接待人次		旅游收入		
	海外游客	国内游客	外汇收入	国内收入	总收入
"十一五"指数	1266.8 万	5.3 亿	50.2 亿美元	3184.1 亿元	3539.8 亿元
增长率	109.8%	90%	141.8%	115.2%	141.1%

资料来源：依据《云南省旅游统计年鉴（2006—2010）》统计数据整理。

（三）旅游产业体系逐渐完善

经过"十一五"期间的快速发展，旅游产业体系更加完善，产业转型升级加快推进，区域结构和市场结构更趋合理，竞争力和吸引力不断增强，产出效益明显提升。全省旅游产业拥有固定资产和总资产规模超过 600 亿元，共有 2 万余户旅游基本单位，形成了包括食、住、行、游、购、娱在内的比较完整的旅游产业体系。

（四）旅游产业综合带动作用明显增强

旅游产业在拉动就业增长、增加城乡居民收入、促进城乡统筹发展、加强生态建设和环境保护、推动民族文化保护与传承、扩大对外开放等方面发挥了积极而重要的作用。2010 年，全省实现旅游业总收入 1006.8 亿元，增加值 450 亿元，旅游业拉动全社会总收入 916.9 亿元，其中旅游消费对餐饮、交通、娱乐、旅游购物的拉动分别是 131.4 亿元、248.1 亿元、43.7 亿元、241.5 亿元；三次产业结构从 2006 年的 18.2%、42.8%、39.1% 调整为 2010 年的 15.3%、44.7%、40%，逐步实现了由第一、第二产业向以旅游服务业为主的第三产业转变，在带动相关产业发展、促进产业结构调整方面的作用日益明显。

（五）旅游市场开拓不断深入

深入实施市场多元化战略，着力推进旅游形象体系建设和营销队伍建设，有效推动“宣传云南旅游”向“营销云南旅游”的转变，稳步推进市场开发工作。2009 年 7 月出台了《云南省支持旅游企业开拓国内外市场的实施办法》等支持旅游企业开展促销的政策措施，加大了省内旅游线路的统筹开发和整体营销力度，积极组织策划和实施了全国百城旅游宣传周、网络营销年及旅游信息化年等系列活动，成功举办了两年一度在昆明举办的中国国际旅游交易会等一批节庆会展活动，在客源市场开拓的创新性和针对性上取得了突破。在巩固、拓展中国的港澳台、东南亚、日本、韩国等传统客源市场的基础上，进一步开拓了以西欧、北美、俄罗斯、澳大利亚等为重点的中、远程新兴客源市场；全面提升了以长江三角洲、珠江三角洲和环渤海经济区为重点的国内市场；进一步规范发展了出境旅游市场，使海外、国内、出境三大市场呈现出多元化发展格局并逐步向均衡化发展。

（六）旅游产业促进对外开放水平进一步提升

以全方位旅游对外交流合作为重点，进一步提升旅游对外开放水平，为旅游产业开拓了广阔市场空间。在国际区域旅游合作方面，与周边的东南亚、南亚国家旅游部门及亚行（ADB）、联合国亚太经社会（UNESCAP）、亚太旅游协会（PATA）等国际组织建立了密切的工作联系，形成了较为稳固的协商、沟通平台。加快了中国—东盟自由贸易区、澜沧江—湄公河次区域等国际旅游经济合作及黄金线路的开发，与越南、老挝、泰国等国建立了双边合作关系，签订了 16 份旅游合作协议或备忘录，完成了《金四角旅游区跨国旅游线路规划》和《香格里拉—腾冲—密支那旅游区跨国旅游线路》的规划编制工作，国际区域合作实效性进一步增强。在国内旅游区域合作方面，加强了横向旅游经济联合与协作，积极推动川滇藏中国香格里拉生态旅游区、“泛珠三角区域旅游合作”，西南六省区市和滇沪、滇浙、滇港、滇粤、滇黔桂等国内区域旅游合作，并与西部十二省区、9+2 各省以及上海、天津、陕西等省市共签订了旅游合作协议 31 份，与台湾签订了多边旅游合作协议，推动了协作机制的建立，国内旅游区域合作不断深化。

第二节　云南旅游产业生态化系统的构成及其解构

旅游产业生态化是旅游生态系统的一种生态整合机制，它是针对传统线性生产、单向消费等传统的旅游发展模式而言的，变传统的单向线性为产业生态学思想中的闭路循环性生产、消费。旅游产业非生态化的主要矛盾是产业系统之间的不协调，实现旅游产业生态化的发展，则必须实现旅游产业各子系统协调发展。协调是两种或两种以上系统或系统要素之间的一种良性的相互关联，是系统之间或系统内要素之间配合得当、和谐一致、良性循环的关系，是多个系统或要素保持健康发展的保证。因此旅游产业生态化的实现，必须建立旅游产业子系统的协调发展的良性循环关系。

目前对旅游产业生态化系统的研究主要集中在内涵与系统结构特征方面，旅游产业体系的构建可以依据从不同的学科理论与原理对旅游产业生态化体系进行解构。课题组分别从生态学的基本原理、旅游六大基本要素出发和构成旅游产业生态系统的要素内涵分析出发等角度构建和解构了旅游产业生态化系统。

表 4—2　　自然生态系统与旅游产业生态系统组成要素对比

<table>
<tr><th colspan="2"></th><th>自然生态系统</th><th>旅游产业生态系统</th></tr>
<tr><td rowspan="3">组成要素</td><td>生产者</td><td>利用太阳能或化学能将无机物转化为有机物，或把太阳能转化成化学能，在满足自身生长发育需要的同时，为其他生物种群（包括人类）提供食物和能源，包括绿色植物和自养微生物。</td><td>利用自然界资源，提供旅游者“经历”、“体验”等旅游产品的生产企业，包括旅行社、旅游饭店、旅游景区（点）、旅游交通等部门。</td></tr>
<tr><td>消费者</td><td>利用生产者提供的有机物和能源，供自身生长发育，同时也进行有机物的次级生产，并产生代谢物，供分解者使用，包括动物和人类等。</td><td>利用生产者提供的产品，满足自身多样性的需求。主要指旅游产品的消费者，即旅游者。</td></tr>
<tr><td>分解者</td><td>将动植物的排泄物和残体分解成简单化合物供生产者利用，主要指细菌、真菌及某些原生生物。</td><td>利用旅游企业及旅游者产生的“废弃物”（副产品），通过处置、转化、分解和再利用等环节，使废弃物转变成可重新利用的资源，包括废弃物回收企业、环境污染物治理企业等。</td></tr>
</table>

一　旅游产业生态化系统研究

近年来随着我国旅游业的发展，旅游产业生态化的理论研究和框架构建研究也逐渐增多，研究旅游产业生态化就不得不对旅游产业生态系统进行研究。目前，国内对旅游产业生态系统的研究处于起步阶段，研究成果不多。

贾秀梅（2005）提出旅游产业生态系统概念并建立旅游产业生态系统结构模型，明确提出了旅游业、生态系统及旅游产业群各主体之间的关系，也提到了区域旅游产业组织在生态系统保护方面的积极意义，最后从产业生态的角度提出促进旅游可持续发展的现实途径。

安应民（2006）提出了旅游产业生态管理系统的基本概念，并就建立旅游产业生态管理系统的问题进行了比较系统的研究和论述。

根据产业生态学的理论与方法，旅游产业生态集群的运行机理包括清洁生产、耦合共生、社会循环3个方面，而其动力机制主要包括绿色需求拉动、政策驱动、利润驱动、供应链驱动（如图4—1、图4—2）。

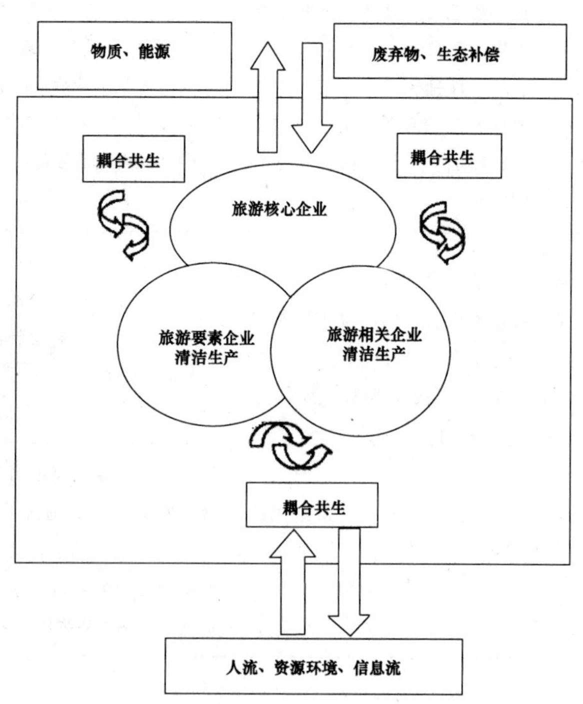

图4—1　旅游产业生态系统的运行机理

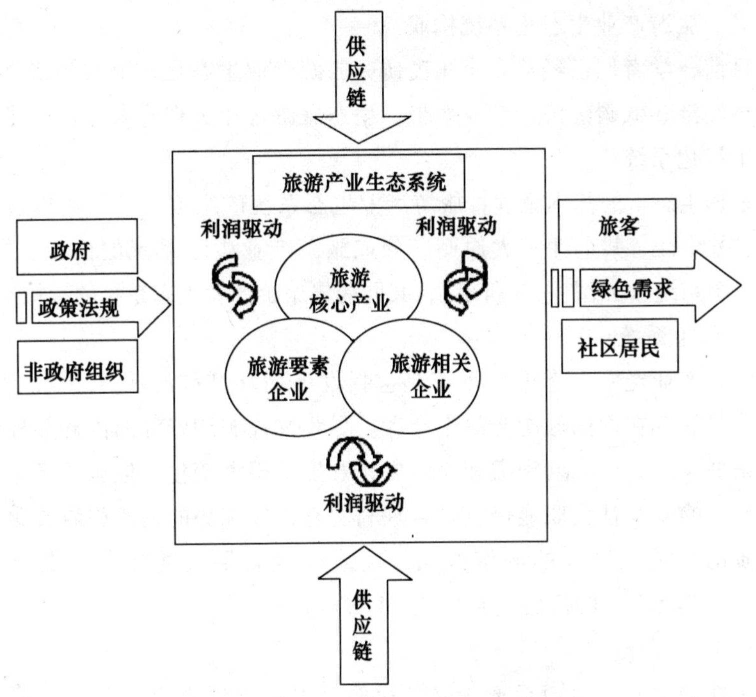

图 4—2　旅游产业生态系统的动力机制

在旅游产业生态学研究中，我们提出了旅游产业生态系统、旅游产业生态学的研究框架和思路，认为旅游产业生态学应该包括基础理论、分析方法、旅游产业生态系统、旅游产业生态过程、旅游产业生态模拟、旅游产业生态规划、旅游产业生态工程和旅游产业生态管理八个方面的内容；并对旅游产业生态集群的内在机理及其实现方式进行了研究，提出旅游产业生态集群的主要实现方式为旅游循环经济园区和环境友好型旅游城镇。

旅游产业生态系统是旅游产业生态学的研究基点，对旅游产业生态系统的科学认识是旅游产业生态学研究的起点。旅游产业生态系统是指旅游者在一定区域空间内和共同存在的、分属不同要素的所有旅游产业组织或集群与其环境之间不断进行物质、能量和信息交换而形成的统一整体。

二　旅游产业生态化系统构成

目前，学者们已经从多个角度研究旅游产业生态化系统，并结合了旅游循环经济、低碳经济、产业集群、生态旅游等相关理论来进行构建旅游产业生态化系统。

根据生态学的基本原理，旅游产业生态系统的组成和结构可以遵循内生性、外生性、共生性三大原则，分成旅游产业生态系统的内生、外生、共生三个系统（如图4—3所示），共同构成旅游产业生态系统的有机整体。

1. 内生系统

旅游产业经济生态内生系统是包括发展循环型旅游区（点）、酒店、交通、餐饮等在内的旅游产品生产者。尽管现代旅游资源的内涵和外延得到了拓展，旅游产品的种类和旅游方式发生了很大变化，但旅游产业生态内生系统的基本社会职能仍然是合理利用有比较优势的特色旅游资源，提供优质的、满意度高的旅游产品，以最好地满足人类社会发展中人们“体验”、“经历”的需要（如图4—4所示）。

2. 外生系统

从外表上看，旅游产业生态系统的外生系统似乎很简单，所谓的消费者仅仅为旅游者。但由于现代旅游者分众特征明显，使得情况变得复杂起来，即使是所谓的生态旅游也可能带来土壤、水质、空气等污染，也可能对动植物生长、旅游区（点）和旅游社区人文环境等带来影响，从而对旅游产业生态系统的发育施加影响。外生系统是指与旅游产业密切相关的外部系统，是支撑旅游产业正常运转的重要因素（如图4—5）所示。

3. 共生系统

所谓的旅游产业生态系统的共生系统是以维系稳定旅游产业系统的内生和外生两个子系统生存和发展的资源环境为目的的自然—人文社会的生态复合系统（如图4—6所示）。

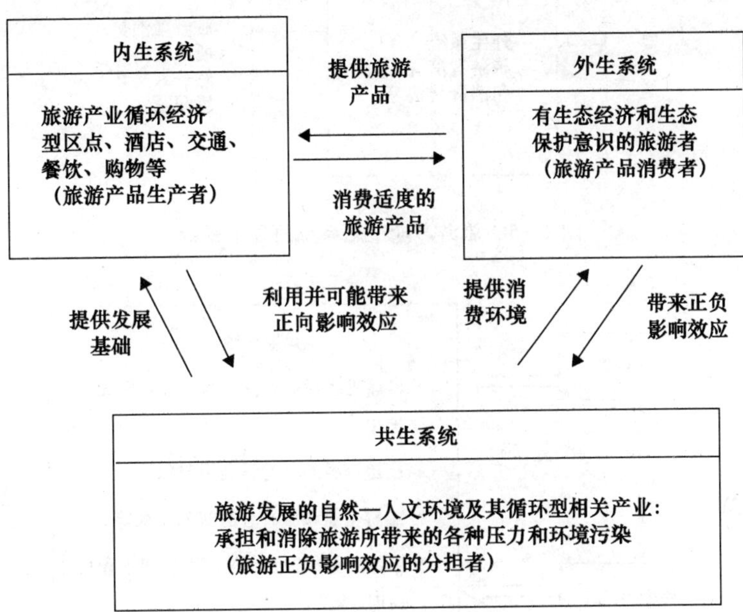

图 4—3　旅游产业生态系统组成和结构概念模型

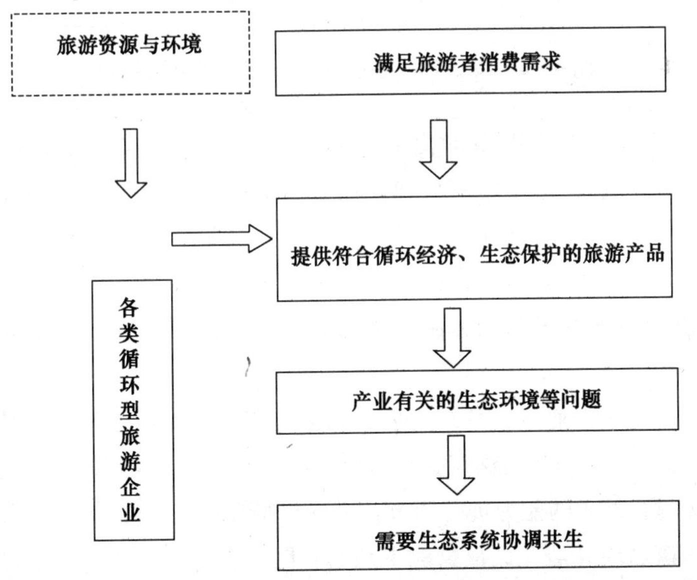

图 4—4　旅游产业生态内生系统的基本结构

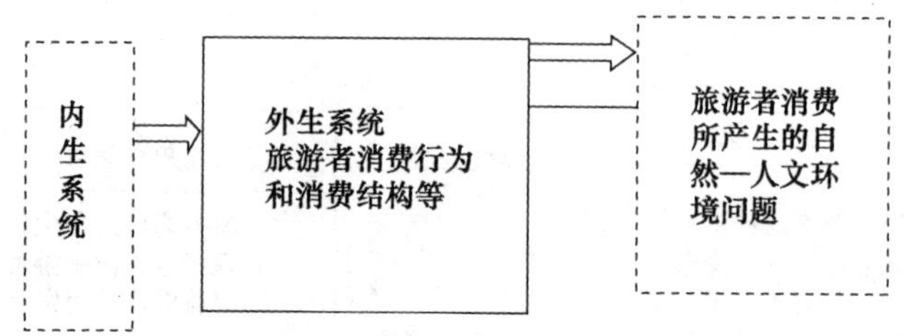

图 4—5 旅游产业生态系统的外生系统

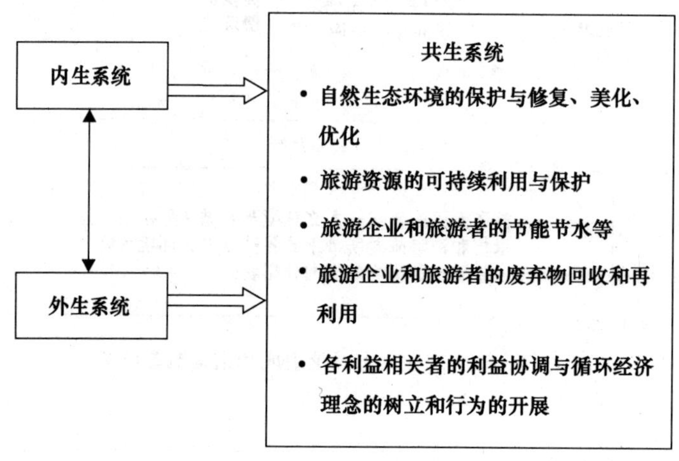

图 4—6 旅游产业生态系统的共生系统功能结构

从旅游行业六要素角度出发，认为旅游产业组织可以是涉及游客吃、住、行、游、购、娱等任何与旅游有关的企业、公司或团体。旅游产业生态系统主要由旅游景区（点）生态集群子系统、旅行社生态集群子系统、饭店宾馆生态集群子系统、旅游交通业生态集群子系统、旅游购物店生态集群子系统和旅游娱乐业生态集群子系统六部分构成（如图 4—7 所示）。

从构成旅游产业生态系统的要素内涵分析，旅游产业生态系统应该包括自然生态系统、旅游经济系统和社区人文系统。自然资源系统的运转与协调主要靠自然界的能力进行调节，呈现出很强的自然性特点。地质运动、水循环、碳循环等是人类很少能干预的。但是在开发某些旅游资源的过程中对这些天然的资源进行了虐待式的开发与利用，有些已经超出了系统自身能力调节的范围。这就需要通过与系统内部另外的子系统进行物质和能量交

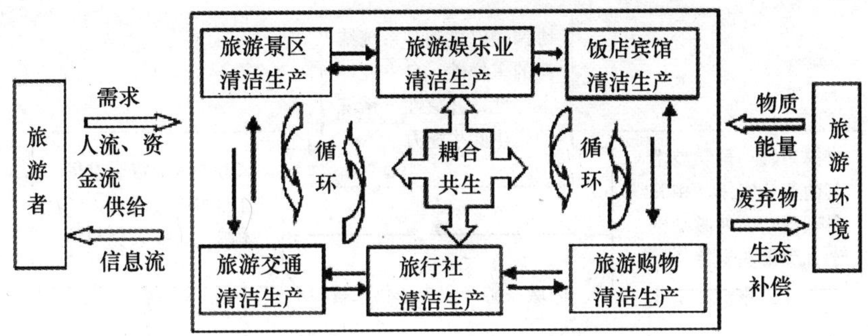

图 4—7　旅游产业生态系统六部分构成

换；旅游经济系统是系统中最主要的形态之一，旅游经济系统涵盖了为整个旅游活动服务的相关服务设施与其他关联产业，尤其是旅行社、旅游交通和旅游饭店；社区人文系统主要包括旅游目的地的文化和客源地文化。有人把文化比作旅游发展的灵魂，没有文化的旅游只是魂不附体的旅游活动。

三　旅游产业生态系统解构

旅游产业生态化的水平是通过旅游产业生态化系统的协调性及稳定性，系统内外的协作水平、系统运行机制的联动状况来反映的，而旅游产业生态化系统是由旅游产业实体系统、支撑系统、多层面参与系统、目标实现系统、相关性系统和动力系统组成的复杂综合系统，系统的运行是由内部运行动力机制和外部运行协调机制的联动组织的，是一个循环的、多层次的、动态的复杂巨系统（如图 4—8 所示）。

（一）旅游产业生态化的动力系统

产业复合生态化系统的动力系统主要包括了自然和社会两种动力，自然动力是产业系统运行的基础条件，深刻影响着产业系统的运行情况；但是随着社会经济的发展，社会动力对产业系统的影响作用越来越明显，已经成为产业系统运行水平的主要推动力。旅游产业生态化系统的动力系统同样也是由社会和自然两方面构成的，旅游产业生态化系统的动力系统主要有区域发展旅游的资金投资能力、区域内外旅游市场的供给与需求能力、自然旅游资源与社会经济承载力、经济制度与经济体制、经营管理水平、科学技术人文精神信仰，等等。动力系统主要是在遵循产业生态化的运行的规律的基础上，通过自然动力系统与社会动力系统的耦合，促进旅游产业实体

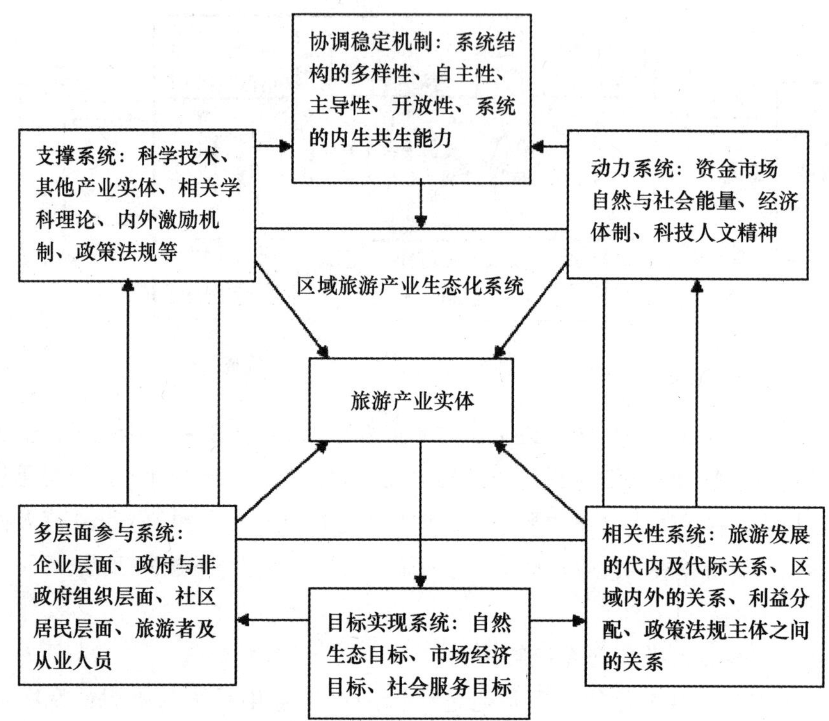

图4—8　旅游产业生态化系统

的生态化水平，从而有层次、有次序地促进旅游产业生态化系统的优化演进。

（二）旅游产业生态化的支撑系统

旅游产业生态化系统的演进是在各个子系统支撑下的和谐演进，不是某一方面或某一层次的演进，而是“社会—经济—自然复合生态系统”的优化整合。在系统的演化过程中，为了使系统的功能及价值得到最大限度的发挥，必须建立系统的支撑矩阵，即系统的支撑体系。旅游产业生态化系统的支撑系统是在其他相关产业实体发展、相关学科理论进步、科学技术的运用及政策法规的实施的前提下，构建并完善系统的激励机制，使系统的演化朝着社会、经济及自然协调的方向发展。而目前的支撑矩阵主要是指科学技术对旅游产业生态化演进的推动，具体包括了生态技术策略支撑及信息化技术支撑两大方面；其中生态技术支撑主要考虑旅游生态共生理念及技术的运用，旅游生态园区生命周期评价及旅游循环经济技术的实施；而信息化技术支撑主要包括旅游产业信息管理体制及管理机制的构建，旅游产业生态化信息平台的构建，即旅游产业生态化系统资源管理平台、旅游服务信息平台、信息资源服务平台等的构建。此外，还要充分考虑到旅游产业生态化的政策支撑体系的构建，充分发挥政府服务在旅游产业生态化演进过程中的功能。

（三）旅游产业生态化的产业实体系统

旅游产业实体是旅游产业生态化得以实施的基本支撑，脱离了旅游产业实体系统来谈旅游产业生态化系统的演进是不切实际的，各个子系统只有在与旅游产业实体系统进行匹配的基础上才有其存在的价值及功能发挥的空间。旅游产业实体系统广义上是指旅游产业发展中的横纵向产业，狭义上的旅游产业实体是指直接从事旅游产品生产、供给的产业实体，包括有旅游景区、旅行社、旅游中介公司、旅游规划公司，等等。

（四）旅游产业生态化的多层面参与系统

旅游产业生态化的演进需要社会各界的参与，脱离了多层面参与的旅游产业生态化演进是不彻底的，也是不全面的。旅游产业生态化的参与者主要包括了企业、政府和非政府组织、社区居民、旅游者及旅游从业人员等利益相关者；其中企业层面主要涉及旅游业发展的规划运营，旅游生态产品的生产和销售，旅游从业人员人力资源的开发利用等方面；政府及非政府组织只要是涉及培育和提升旅游从业人员素质及促进行业间共生共赢合作体系的建立，前者主要在于培养社会各界的生态价值文明观及旅游产业运行的生态理念；后者主要是通过定期与非定期召开各种旅游研讨会、旅游交易会等促进旅游产业生态化演进，并使其落到实处；社区居民、旅游者和旅游从业人员是主要的参与者，只有在他们当中推行旅游产业的生态化理念及技术的运用，旅游产业生态化系统的演进才能落到实处，才能更好地促进旅游产业朝着生态化的方向发展。

（五）旅游产业生态化的目标实现系统

旅游产业生态系统是“社会—经济—自然复合生态系统”，产业的生态化发展要求其实现“社会—经济—自然生态”等多个层面的目标，多层面目标的实现状况关系到旅游产业运行的持续性及自身激励机制的建立。从宏观层面上看，旅游产业生态化系统的目标实现系统包括了自然生态目标、市场经济目标和社会服务目标三个层面；其中自然生态目标主要是指实现对可再生资源的合理利用、资源的消耗及环境容量的控制、自然生态系统的生态恢复，等等；市场经济目标是指生产各种旅游产品及服务，提供社会足够的消费品，促进商品、货币及服务的供给和流通，为国家宏观经济调控提供动力，促进经济的稳定度及适应性；社会服务目标主要是指为社会培养人才，开发人力资源，生产精神文化产品，促进信息的交流，推动法律道德的建设及社会医疗卫生保障的发展，从而为社会稳定提供保障。此外，微观上的目标实现主要是指旅游企业利益的满足及旅游社区居民及旅游从业人员利益及个人价值的实现等。

（六）旅游产业生态化的相关性系统

旅游产业生态化的相关性系统是指旅游产业发展的各利益主体及旅游区域发展之间的关系，关系到旅游产业生态化系统的稳定度和发展力度，旅游产业生态化系统的优化演进在本质上要求各相关主体之间的利益得到最大程度的满足，这样才算真正实现了旅游产业的生态化发展，旅游产业生态化系统的演进同样离不开各相关主体之间的协作。旅游产业生态化的相关系统包括旅游业发展的代内代际关系、旅游产业发展的区域内外关系、利益分配关系、旅游政策法规主体之间的关系，等等；旅游产业发展利益分配关系是旅游产业发展代内公平及代际公平的直接体现，只有在代内代际问题上进行科学识别才能发展公平的旅游发展准则，才能构建旅游产业发展的激励机制及价值取向框架，也只有在此基础上才能明辨旅游业发展区域内外之间的关系，才能更好地处理好市场主体与政策主体之间的矛盾。因此，相关性系统是旅游产业生态化演进水平的反映，深刻地影响着旅游业发展的状况。

四　案例研究

根据关于旅游产业生态系统的内生、外生、共生三个系统理论，我们选择云南九乡旅游区旅游产业生态化系统建设为例，从生产者、消费者和还原者三个层面分析云南省旅游产业生态化系统建构与解构。

（一）九乡旅游区旅游产业内生系统生态化建设（旅游产品生产者层面的建设）

1. 资源（R 性）分析

根据《旅游资源分类、调查和评价》（GB/T18972—2003），对九乡旅游区具有代表性的、组合较好、品位较高的旅游资源单体或复合型旅游资源单体进行实地调查、分析，在旅游资源类型的 8 大主类 31 个亚类和 155 个基本类型中，该旅游区旅游资源共有 7 个主类，9 个亚类和 14 个基本类型（如表4—3所示）。

表4—3　　九乡旅游区旅游资源分类系统

主类	亚类	基本类型	旅游景点
A地文景观	AC地质地貌过程形迹	ACL岩石洞与岩穴	雄狮大厅、神女宫、神田、蝙蝠洞等洞群、九乡溶洞、天生桥、玉兔洞、三脚洞、马蹄河新溶洞、大沙坝洞、上大洞、胜天洞等
		ACG峡谷段落	荫翠峡、惊魂峡、马蹄河峡谷、翠峡叠水、丛林碧水
B水域风光	BA河段	BAA观光游憩河段	南盘江、麦田河、马蹄河、獐子坝河等
		BAB暗河河段	九乡溶洞暗河、三脚洞暗河、白象、卧龙洞、马蹄河新溶洞等
	BC瀑布	BCA悬瀑	雌雄双瀑
C生物景观	CA树木	CAA林地	云南松、华山松等针叶林和栎木、樟木等
E遗址遗迹	EA史前人类活动场所	EAA人类活动遗址	张口洞遗址
F建筑与设施	FA综合人文旅游地	FAB康体游乐休闲度假地	阿路龙景区、阿路龙村、麦田河谷、麦田村
	FC景观建筑与附属型建筑	FCG摩崖字画	大比者崖刻、阿路龙崖刻
G旅游商品	GA地方旅游商品	GAE传统手工产品和工艺品	九乡风景特色刺绣、纺织
H人文活动	HC民间习俗	HCA地方民俗与民间礼仪	彝族、回族等风土人情
		HCB民间节庆	猎神节、祭白龙、祭密枝、送火神、情歌对唱、摔跤、跳大三弦、民族戏乐等

九乡旅游区麦田河流域和马蹄河流域两个片区，目前经调研发现具有突出优势和特征的共有43个主要景点。各主要景点分属的景观类型和景

观特色，分述如表4—4所示。

表4—4　　九乡旅游区景点概况

景点名称	景观类别	景观特色
卧龙洞	溶洞、暗河	洞体空阔雄奇，河床比降大，流水轰鸣，四时不绝，为麦田河伏流，洞中景观奇特，暗河中发现的盲鱼为省二类重点保护鱼类。
神田	边石坝	国内外罕见的大型边石湖群，宏观和微观造型系列齐全，田田毗连，状若山丘，气度疏朗。田中有水，清澈幽深。
白象洞	溶洞、暗河	洞体宏大空阔、气势磅礴，总面积二万平方米以上，洞内有多重平台，台下古洞又有多层，再下为暗河，并有多层天生桥重叠，气势雄险。
石化雨林宫	溶洞、石林	九乡景观最为密集丰满的洞座，被专家们称为"石化的地下热带雨林"。
叠虹桥	溶洞、石林	洞厅之内，又有天生桥，型如叠虹，叠虹桥下流水轰鸣，四时不绝。桥拱之上，有天然巨石造型宛如雄狮。
雌雄双瀑	水体	地下双飞瀑，高30米，下为深潭，深10余米，为国内洞穴中所不多见。潭内多鱼，观赏价值高。
雄狮大厅	溶洞	白象洞主体，长宽跨度均逾两百米，面积15000平方米，因洞口凝石造型如雄狮而得名。
马蹄湾	水体、山岭	马蹄河景观段最大的河湾，造型独特，形态优美，具有很高的观赏价值和研究价值。
惊魂峡	峡谷	洞内高峡，横跨仅3—5米，高达百米，双壁如削，峡底波涛急，如雷贯耳，长达200米，令人心惊胆战。
河湾段	水体	马蹄河河湾多变段，形成优美的水体、湖面，与周围青山碧水相映成趣，景色极其优美。
三脚洞	溶洞、暗河	洞体宽敞，最为奇特壮观之处，为洞口的三足鼎立造型，洞内暗河盘曲，水流平缓。
荫翠峡	峡谷	长700米，可泛舟游览，上看钟乳悬垂，岩壁如削，天露一线，壁上古木交蔽，绿荫可餐，下览波平如镜，游鱼时见，锦禽飞聚，野趣浓郁，意境幽远。
大枯坑	溶洞、暗河	为一组相连的溶洞群，洞体宏大，景观丰满，钟乳石造型生动奇妙，洞内暗河流转，盲鱼畅游其中，此洞群有多个洞口、天窗出露地表。

续表

景点名称	景观类别	景观特色
马蹄河峡谷	河流、峡谷	河流蜿蜒曲折，峡谷长近十公里，两岸山崖峻峭，崖高达百米以上，河水清澈，河中多石，景色各异，流水或平缓或湍急，野趣盎然。
玉兔洞	溶洞	兔年发现之新溶洞，发现有近百年之前的遗物。
马蹄河新溶洞	溶洞、暗河	洞内钟乳石密集，层层叠叠，形成多层空间，最底层为暗河，洞口位于马蹄河崖壁上，暗河水从洞口流出，跌落于马蹄河中，形成瀑布。
神女宫	溶洞	钟乳石景观密集。
大比者崖刻	人文、遗迹	彝族人文风情，多处崖刻有历史文化研究价值。
阿路龙崖刻	人文、遗迹	彝族人文风情，多处崖刻有历史文化研究价值。
大沙坝洞	溶洞、山岭	溶洞口有森林、河流，林海滔滔，植被茂密，色彩丰富，溪流潺潺，清幽惬意。
上大洞	溶洞	盲鱼洞暗河入水口，与大坑相连，直至小沟洞以生长盲鱼而出名。
胜天洞	溶洞	可游观赏的洞座，有多种颜色的钟乳石，具有观赏和科考研究价值。
比柯河	水体	麦田河上游支流，沿岸景致极其优美，极具观赏价值。有泉潭、峡谷，植被覆盖分布良好。
小石林	溶洞	
阿路龙村	彝村、人文	彝寨风光，彝族风情，崖刻。
大拉德村	彝村	彝寨风光，彝族风情，周围群山环抱，植被茂盛。
小沟洞	溶洞、暗河	为7公里长的盲鱼洞暗河出口，以生长盲鱼而得名。
红崖幽谷	山崖	高峻山崖，环境景观优美，可开发攀岩、滑翔项目。
翠峡叠水	峡谷	绿林涛声，绿水跌落，谷深幽静，唯涛声远，丛林茫茫，飞鸟往来，可开发野营探险。
三脚洞外	森林、河流	数千亩林海，植被茂密，色彩丰富，溪流潺潺，清幽惬意。
张口洞	古人类遗址	已科学发掘出一万至五万年前文物三千余件，数量之丰富，品种之齐全，为全省罕见，又有全国首见的“多坑形石器”。
大比者村	彝村、人文	彝族风情，彝寨风光，崖刻。

续表

景点名称	景观类别	景观特色
翠峡幽谷	峡谷	绿林涛声，绿水跌落，幽静峡谷，飞鸟往来，可开发野营探险。
麦田河谷	河谷	麦田河迂回蜿蜒，沿岸景致优美，田园风光，山林野趣，尽在其中。
百米绝壁	山崖	丛林茫茫，飞鸟往来，可开发野营探险、攀岩。
丛林碧水	峡谷	数千亩绿林，郁郁苍苍，清河碧水，潺潺流淌。
天生桥	岩石溶洞景观	相对较大的天生桥，横跨百来米，高近百米，为钟乳石堆积物。
虾子洞	溶洞、地下湖	地下湖泊，深7米，宽5米，长60米，湖上钟乳森密，悬挂如龙虾，湖水清澈见底。
羊桥叠水	古桥、跌水	河谷叠水，乡村古桥，绿林数千亩。
缅塔洞	溶洞	与三脚洞相通，可凿通达麦田河，有似缅塔堆积的凝石物。
民居风情	人文	民族风情，民族民居。
田园野趣	自然人文	田园风光，山地环境。
麦田村	彝族村	彝寨风光，彝族风情，依山而建，一片田园风光。

总之，九乡旅游区具有完整的喀斯特地貌溶洞群落体系，有着丰富的人文历史景观，生物多样性良好，利用条件较好，具有丰富、独特和重要的观赏及科学研究价值。结合九乡景观资源类型多样、综合性强、类型独特突出等特点，九乡旅游区资源远景开发具有巨大的潜力和广阔的发展前景。结合以上分析，九乡旅游区资源具有很多突出优势，这主要体现在：风景资源具有群体规模优势、群体综合优势、水资源环境独特、风景区具有后续开发、原生状态的资源优势五个方面。

2. 市场（M性）分析

（1）旅游市场分析

九乡旅游区的客源市场定位如表4—5所示。

表 4—5　　九乡旅游区的旅游市场区域定位

	省内	省外	海外
一级市场（核心市场）	以滇中为主的省内市场	云南相邻省份及东部珠三角、长三角、环渤海等经济发达地区	港、澳、台、东南亚、日、韩等国家和地区
二级市场（基本市场）	昆明周边市州	我国中部省、市、区	北美、西欧等国家和地区
三级市场（边缘市场）	省内除昆明的其他市州	我国其他省区	东欧、拉美、澳大利亚等国家和地区

根据九乡旅游区的目前旅游市场分析情况，未来旅游目标市场仍然以省内市场为主体，同时要积极发展开拓省外市场，努力开拓海外市场。近期市场营销的重点放在省内昆明及其周边地区，中期市场营销的重点放在省外市场（尤其是东部沿海经济发达省份）和我国的港澳台、东南亚、东亚市场。远期强化景区文化休闲度假功能，并强化文化、生态休闲体验功能，营销重点又回到昆明本地市场，使之成为昆明地区的休闲度假区和生态休闲体验地，并继续开拓省外及海外其他市场。

（2）旅游市场营销总体战略

①“政府主导型”绿色营销发展战略

旅游的生存发展与资源的保护和环境质量的改善具有天然的耦合关系，但如果不注重资源的保护与环境的协调，同样也不能持续健康地发展。对于九乡旅游区来说，是国家级重点风景名胜区，为了避免旅游开发产生的一系列消极影响，就必须坚持“政府主导型”绿色营销发展战略。它能对九乡旅游区的发展进行领导和推动，使旅游区能得到健康、快速和持续地发展，真正实现经济效益、社会效益和生态环境效益的统一。

②品牌支撑，形象制胜战略

九乡旅游区自然生态条件优越，国家 AAAA 级旅游区、国家重点风景名胜区、ISO9001 质量管理、ISO14001 环境管理体系认证景区。塑造“九乡旅游区：地造天生 6 亿年，地下溶洞惊天下，地上文化休闲地”的主题形象，形成集观光游览、文化休闲体验、生态—文化休闲度假的综合功能的旅游区，提高九乡旅游区的文化休闲度假的知名度和美誉度，拓宽国际市场，向省内外、东南亚和欧美发展。

3. 产品（P 性）分析

旅游产品是一种复合概念，是吸引物、交通、住宿、娱乐等的组合（赵克非，1995）；而在消费者看来，旅游产品是在其出游期间各种经历的总和。这些特点都决定了旅游产品的开发不能独立完成，而是需要众多部门的通力合作。产品的构成不仅与旅游吸引物本身的开发、建设有关，也与旅游吸引物外部环境旅游交通、住宿、餐饮、商贸、娱乐等的建设密切相关。

这些旅游产品也构成了旅游生态系统中的内生系统，根据本书第四章分析，内生系统的生态化规划，即生产者层面的规划，要求旅游产品从规划设计到废弃的全过程，都能够满足资源消耗和环境消费双重优化的目标。

（二）九乡旅游区旅游产业外生系统生态化建设（旅游产品消费者层面的建设）

九乡旅游区旅游产业外生系统主要是指旅游者的消费行为和消费结构等，实际上也就是旅游产品的消费者，即旅游者。九乡旅游区旅游产业外生系统的生态化建设主要从教育宣传体系的构建、绿色环保观念的培育以及社会上绿色消费时尚的形成这三个方面着手。

1. 教育宣传体系的构建

（1）教育宣传网络

建立包括学校、企业、机关团体、社区在内的覆盖城市和郊区、生产和消费各领域的宣传教育网络。了解产业生态学理论、旅游循环经济理论的基本理念、内涵，进行生态、法律教育和道德养成教育，要做到干部必修、居民必知、学生必读，奠定九乡旅游区发展旅游产业生态化的公众参与基础。宣传材料要有层次性、可读性，突出重点、深入浅出。将产业生态学、旅游循环经济等的宣传教育与科学技术的普及相结合，与社区活动相结合，与法制宣传教育相结合等，形成发展旅游产业生态化的强大声势和舆论。

（2）教育宣传措施

政府及九乡旅游区的相关职能部门组织力量分别编写旅游产业生态化的“干部读本”、“居民读本”和“学生读本”，针对不同层次、不同对象、不同重点进行差别化教育；制订产业生态化培训计划，将相关内容列入各级管理部门及工作人员等例行培训之中。根据实际需要增设专题短期培训班，并作为干部年度考核的内容之一；在幼儿园、小学、中学、高校普遍进行产业生态化基本内容教育，作为全体教职员工行为规范内容之一。特别是在高校可适当组织志愿者队伍，参加幼儿园、小学、社区的宣传教育工作。

2. 引导和增强旅游者的生态环保意识

九乡旅游区的旅游企业要极力引导游客提高保护自然环境的意识，与游客进行环保知识交流，并在旅游目的地设置一些解释大自然奥秘和宣传保护大自然的标牌，让游客在愉悦中提高环境保护意识，增强保护生态环境的自觉性和主动性。

九乡旅游区的旅游企业、旅游经营者、管理者和政府应利用各种渠道不断宣传和引导，使旅游者能树立绿色审美、绿色消费和绿色行为理念，使游客在旅游过程中，积极主动地参与环保工作，成为新型的旅游者。

（三）九乡旅游区旅游产业共生系统生态化建设（还原者层面的生态化建设）

九乡旅游区旅游产业生态系统的共生系统主要包括自然生态环境的保护与修复、美化、优化；旅游资源的可持续利用与保护；旅游企业和旅游者的节能节水、废弃物回收和再利用等；各利益相关者的利益协调与产业生态、循环经济理念的树立和行为的开展等。共生系统的生态化建设包括共生系统的保障体系建设和共生系统即还原者层面的生态化建设两个方面。

1. 旅游产业共生系统的保障体系

（1）九乡旅游区环境承载力控制

九乡旅游区游人容量计算是指风景区容纳游人的能力。九乡旅游区包括叠虹桥景区、大沙坝景区、三脚洞景区、阿路龙景区、马蹄峡景区和马蹄湾景区六个景区。各景区景观特征不尽相同，因此各景区分别采用不同的容量计算方法。

叠虹桥景区：九乡旅游区已开发的叠虹桥景区是重点景区，是游客必游之地，而且都要从惊魂峡入洞游览。采用“卡口法”来计算通过惊魂峡的游人，作为叠虹桥景区的游人容量。据调查，通过惊魂峡的游客约6人次/分钟。每天按开放10小时计算，所以叠虹桥景区的日游人容量为：6人次/分钟×60分钟×10小时=3600人次/日，按全年开放12个月计，其年游人容量为：3600人次/日×365日=131.4万人次/年。

大沙坝景区和三脚洞景区：大沙坝景区和三脚洞景区均是以溶洞景观为主的景区，但是由于景区尚未开发，所以在此我们采用面积法对其环境容量进行计算。由于其可游览区域均在溶洞周边区域，其面积按核心景区的10%计算，容量指标取300平方米/人，日周转率取2次。大沙坝景区内核心景区面积约3.44平方公里，游览活动面积以10%计，取0.34平方公里，则大沙坝景区的日游人容量约为：340000平方米÷300平方米/人×2次=2266人次/日，三脚洞景区内核心景区面积约4.97平方公里，游览活动面积以10%计，取0.5平方公里，则三脚洞景区的日游人容量约为：500000平方米÷300平方米/人=3332人次/日。所以大沙坝景区和三脚洞景区的日游人容量为：2266+3332≈5600人次/日，按全年开放8个月计，其年游人容量为：5600人次/日×240日=134.4万人次/年。

阿路龙景区：阿路龙景区由地面观赏活动区和水上活动观光区组成。阿路龙景区最佳观赏活动区域以代帽山河一侧10米区域计算，面积约为0.133平方公里，其容量取100平方米/人，周转率为2次；其水上游览线长13.3公里，容量指标取500米/船，每船容量6人，日周转率为2次。地面观赏活动区日游人容量：133000平方米÷100平方米/人×2次=2660人次/日。水上活动观光区日游人容量：133000米÷500米/船×6人/船×2次=319人次/日。所以阿路龙景区的日游人容量为：2660+319=2979人次/日。按全年开放8个月计，其年游人容量为：2979人/日×240日=71.50万人次/年。

马蹄峡景区和马蹄湾景区：马蹄峡景区和马蹄湾景区均由水上活动区及滨水活动区组成，其景观特征极为相似。其水上游览线约长10.7公里，容量指标取500米/船，每船容量6人，周转率为2次。滨水活动区，取河道一侧20米以内区域，面积约0.107平方公里，容量指标取100平方米/人，日周转率为2次。马蹄峡景区水上游览线约长10.7公里，滨水活动区面积约0.107平方公里。水上游览线日游人容量：10.7公里÷500米/船×6人/船×2次=256人次/日。滨水活动区日游人容量：107000平方米÷100平方米/人×2次=2140人次/日。所以马蹄峡景区日游人容量为：256+2140=2396人次/日。马蹄湾景区水上游览线约长26.3公里，滨水活动区面积约0.263平方公里。水上游览线日游人容量：263000米÷500米/船×6人/船×2次=631人次/日。滨水活动区日游人容量：263000平方米÷100平方米/人×2次=5260人次/日。所以马蹄湾景区日游人容量为：631 + 5260 = 5891 人次/日。马蹄峡景区和马蹄湾景区年游人容量为：（2396 + 5891）人次/日 ×240 日 = 198.89 万人次/年。

根据推断，九乡旅游区日游人容量为：3600 + 2266 + 3332 + 2979 + 2396 + 5891 ≈ 2.05 万人次/日，年游人容量为：2.05 万人次/日 ×240 日 + 3600 人次/日 ×120 日 = 535.2 万人次/年。

建立各景区的环境承载力控制体系。对旅游区各景区的环境承载力进行科学合理的预测，并能严格控制执行；采用动态游客容量控制技术，建立九乡旅游区游客容量控制体系；通过提高供给能力或者调控供给的内部结构，对游客实行空间分流；旅游开发建设规模和旅游活动规模不得超过旅游区的合理环境容量，在达到旅游区环境承载力极限时，限制游客进入。

保护溶洞环境：采用冷光源（卤钨灯）、热玻璃罩、浅色淡雅景观灯来控制灯光；设置激光开关，人离灯灭，以缩短灯光照射的时间；在生态环境非常脆弱的景点，只照路面或不开任何灯源；控制洞内垃圾；禁止游客在洞内抽烟；利用通风和化学吸附等方法，清除洞内多余的二氧化碳。

2. 生态化管理建设

在九乡旅游区，用地分属九乡和耿家营两乡，然而乡一级政府管理级别不高，不能很好地控制和管理旅游区的整体建设、发展和经营。目前，在叠虹桥景区设有一个九乡旅游区管理局，但是不具有快速有效地执行法规政令的能力，因此应形成高级别的旅游区管理机构，设置生态管理部门，统一管理，分区执行，使九乡旅游区在统一机构的管理下，统筹兼顾，全面发展，既能有效地保护和利用自然资源，又能使旅游业得到更好的发展。

（1）统一管理机构设置

九乡旅游区管理机构需遵循国家有关组织机构设置的原则，结合当地的实际情况进行机构设置。采用管理权、经营权、监督权三权分立制度组建九乡旅游区统一管理机构，政府将九乡旅游区经营权委托给九乡旅游区统一管理机构，派遣代表进入统一管理机构对九乡旅游区统一管理机构的经营行为进行监督。

九乡旅游区统一管理机构通过建立健全的技术支撑系统，宣传教育系统、产业生态化法规系统等，并采用高新技术、清洁技术、宣传、教育、法规限制等手段，对旅游区的环境、资源、投资经营者、旅游者、当地居民等进行系统有效的管理，将生态化的管理规划的要求——减量化原则、再利用原则和再循环原则合理融入并应用于各个不同阶段和不同的管理对象，努力提高管理效率，促进旅游资源和环境的循环利用，最终实现可持续发展。

（2）生态部门设置

九乡旅游区生态部门的生态研究主要是应用性研究，生态部门主要结合自然景区的生态特点和保护要求来设置。生态部门通过对生态研究的规划，确定以后旅游区生态保护研究的内容，使旅游活动对旅游区的生态影响尽量降低，或逐步恢复旅游区的原生态。具体研究内容可以围绕以下几个方面：游客的旅游行为研究；喀斯特景观的恢复和治理研究；旅游垃圾的处理研究（回收、填埋、循环利用等处理）；动、植物的保护研究；水资源的保护和污水治理应用性研究；景区生物多样性和培育研究。

3. 共生系统的生态化规划

（1）九乡旅游区太阳能利用系统

太阳能有普遍性、无害性、长久性、巨大性等特点，它的使用可以减少二氧化碳的排放量，太阳能目前作为全球正在普及的新型能源被广泛利用。根据九乡旅游区具体情况，太阳能在本区主要的可以利用的范围是建筑领域、照明领域、餐厨领域等。具体在旅游区应用的领域如表4—6所示。

表4—6　　九乡旅游区太阳能应用领域情况

旅游功能区	涵盖区域	可应用的太阳能技术	应用地点
入口服务区	九乡街东南5公里处，靠近重叠虹桥景区，占地约0.317平方公里	太阳能路灯、太阳能警示灯、太阳能制冷、太阳照明	大门区、游客中心、售票点、购物中心、生态停车场等
喀斯特溶洞生态观光休闲区	叠虹桥景区的喀斯特溶洞，占地约30.80平方公里	太阳能路灯、太阳照明	叠虹桥溶洞、景区教育服务区、休息亭等
古人类文化体验区	叠虹桥景区的张口洞溶洞，占地约6.05平方公里	太阳能路灯、太阳照明、太阳能干燥技术等	张口洞溶洞、生态博物馆、生态小径等

续表

旅游功能区	涵盖区域	可应用的太阳能技术	应用地点
喀斯特文化科考探险旅游区	大沙坝溶洞以及周围半山坡密林，占地约21.49平方公里	太阳能路灯、太阳照明	探险小径和相关设施、攀登铁梯等
喀斯特生态康体休闲度假区	三脚洞景区及其周围环境，占地约27.7平方公里	太阳能路灯、太阳照明、太阳能制冷、太阳能干燥技术等	绿色娱乐场、野外生存训练营和宿营地等
秦汉古彝文化风情休闲区	阿路龙景区及其周围的片区，占地约26.62平方公里	太阳能路灯、太阳照明、太阳能制冷、太阳灶、太阳能干燥技术等	参与性古彝民族博物馆、绿色走廊、古彝文化研究场所、野炊小屋
彝族风情休闲度假区	马蹄峡景区和马蹄湾景区，占地约54.48平方公里	太阳能制冷、太阳灶、太阳能温室、太阳房、太阳能热水系统、太阳能干燥系统等	漂流泛舟等水上运动、马蹄河岸的休憩点、部分民居改建的彝族文化风情寨、彝族礼仪祭祀场所、沿马蹄河岸建的果园采摘园、药草园、林木树种展示园区等

①太阳能在九乡旅游区建筑领域的利用规划

依据九乡旅游区的功能分区和产品规划建设，太阳能的利用重点是将太阳光进行能量形式转换，主要是太阳能光电系统和太阳能光热系统的转换，应用的重点是九乡旅游区的建筑物，如生态博物馆、宿营地、参与性古彝民族博物馆、古彝文化研究场所、野炊小屋、彝族文化风情寨以及后勤服务用房、员工休息室、厕所、配电房、洗衣房等。在建筑规划设计中，应该用太阳能系统工程与建筑一体化的理念，做到设计与施工同步进行，应从以下方面考虑：第一，集热器安装与屋面建筑一体化设计；第二，太阳能管路与室内管路一体化设计，包括管路预留、内置、循环铺设方式，同时要注意其风格与九乡旅游区整体格调相一致；第三，太阳能系统与其他系统一体化设计（锅炉系统、热水系统）。

②太阳能在九乡旅游区照明领域的利用规划

九乡旅游区包括叠虹桥景区、三脚洞景区、大沙坝景区、阿路龙景区、马蹄峡景区和马蹄湾景区六大景区，可以考虑将旅游区路灯系统用太阳能路灯系统来替代，叠虹桥、三脚洞、大沙坝、阿路龙的溶洞内部的照明也用太阳能路灯系统，生态停车场，也在太阳能路灯的应用范围。

根据旅游区的实际情况，可以采用实用太阳能半导体（LED）路灯。旅游区的道路、溶洞内照明、果园小路等都在此应用范围。太阳能半导体（LED）路灯是用太阳能做能源，用大功率半导体 LED 做光源的新型户外照明灯具，是新能源与新光源结合的高科技产品，它的工作原理是：太阳能装置受光照，将太阳能转换成电能，给蓄电池充电，在光暗时自动将蓄电池储存的电能释放，使 LED 发光，经过设定时间后，灯会随着光线的强弱自动熄灭或点亮，是太阳能与半导体照明相结合的新能源照明产品。

③太阳能在九乡旅游区餐厨领域的利用规划

九乡旅游区餐厨领域主要是太阳灶和烘干系统的应用。旅游区的生活区、餐饮区，目前主要使用燃煤、秸秆、树枝等进行炊事，可以用太阳灶代替。规划建设的彝族风情园、彝族礼仪祭祀场所、野炊小屋等也在应用范围。

（2）九乡旅游区生物质能利用系统

九乡境内有丰富的生物质能资源来发展沼气能源系统，是本地区今后主要的发展方向。在该区可利用的沼气的耦合模式为：第一，能源系统。生物质原料→沼气→沼气灯/沼气发电→动力系统；第二，种植系统。生物质原料→沼液→肥田→秸秆返池。根据九乡旅游区的实际情况，设计出旅游区能源系统（如图 4—9 所示）。

沼气能主要应用于三种类型——照明系统、发电系统和炊事系统。照明系统主要应用于旅游区民族村落、旅游区内接待住宿的彝族民居和彝族风情园以及农家客房等。发电系统是利用沼气发电，可以供旅游区的部分用电设备，以及阿路龙村、大拉德村、麦田村等村的用电。这个系统的设计应注意与常规能源系统相互补充，在天气较凉和产气不足时可以用常规能源代替。炊事系统主要用于旅游区内农家餐饮接待点、马蹄湾景区民族村落、阿路龙村、大拉德村、麦田村等社区。

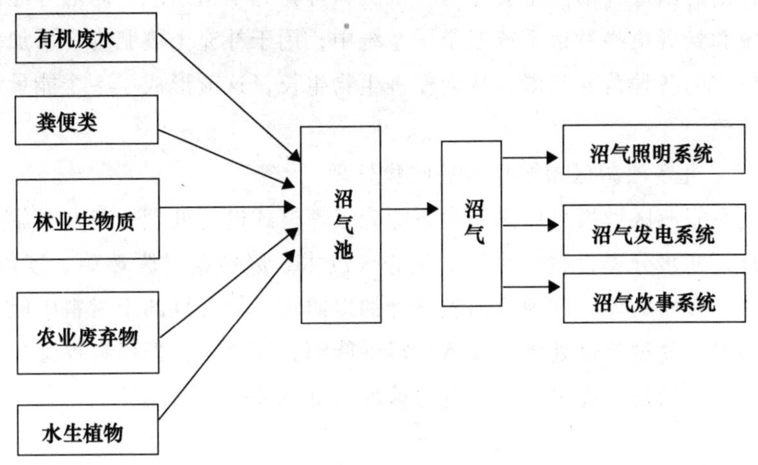

图 4—9 能源系统模式

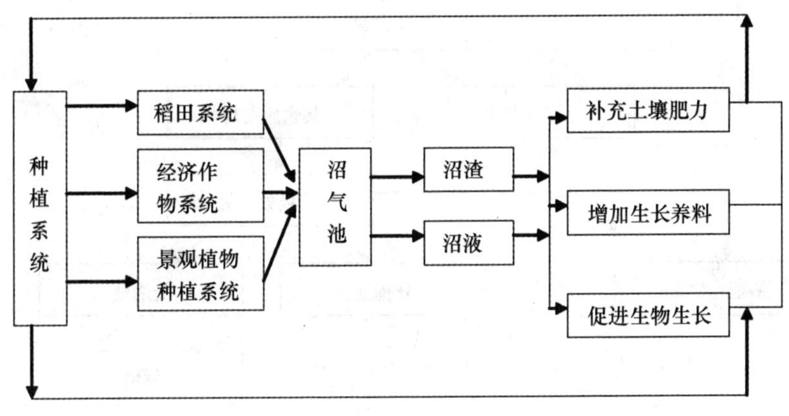

图 4—10 旅游区种植系统模式

根据九乡旅游区的实际情况，种植系统可以设计为稻田系统、烤烟等经济作物系统和景观植物种植系统三个子系统。对旅游区种植系统设计模式（如图 4—10 所示）。

在图 4—10 的耦合模式中我们可以发现，第一，这三个子系统产生的生物质原料经过粉碎进入沼气池之后，作为沼气系统原料的初始能源；第二，旅游区产生的废水、粪便、部分废物可以分流一部分到这个系统中来，作为一个必要的补充。马蹄湾景区民族村落、果园采摘园等产生的果渣以及该区域粪便类汇聚到沼气池，完全能供给沼气的发酵产气。沼气池定期排出的沼液和沼渣主要作为有机肥料补充到稻田系统、烤烟等经济作物系统和景观植物种植系统三个子系统中，用于补充土壤肥力、增加生物生长所需的各种营养元素，从而促进生物生长，这就形成了一个能量和能效的环流。

（3）九乡旅游区旅游垃圾的收集处理

九乡旅游区垃圾可以采用生态综合处理模式进行处理：对九乡旅游区垃圾进行初步分类，找出废纸、废布、废木、废金属、废玻璃、废陶瓷、废塑料、废器具等，作为可回收部分加以回收。把分拣的干材料中能获得能源的材料通过焚烧处燃料提炼，得到能源和废渣，再把燃料提炼后的废渣和焚烧后的灰，通过填埋场进行填埋（如图 4—11 所示）。

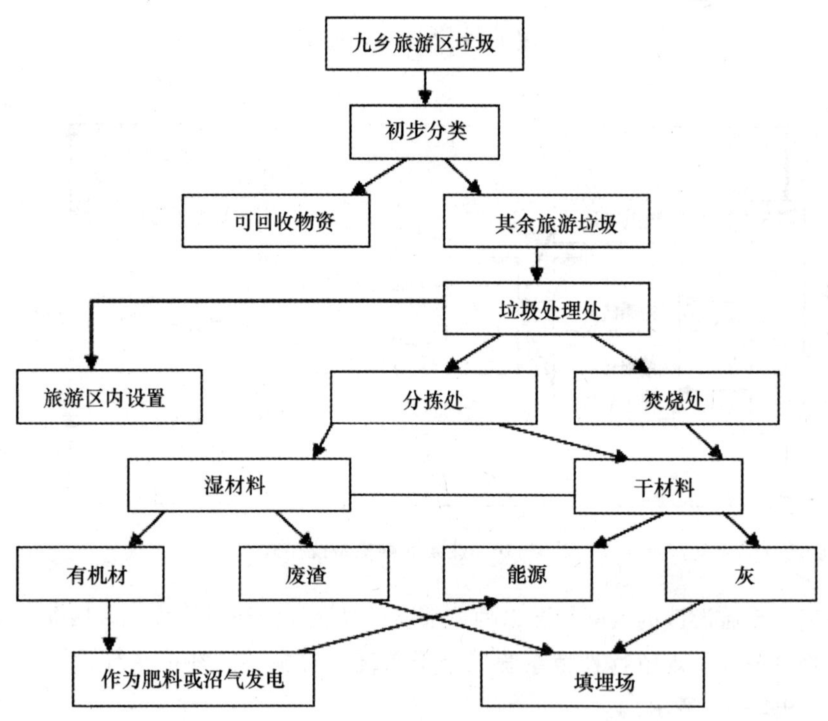

图 4—11　九乡旅游区内垃圾的收集与处理系统

4. 污水处理规划

（1）九乡旅游区旅游活动中污水的来源及成分

九乡旅游区旅游活动中生活污水主要有两个部分：一部分来自厨房、

洗涤室、浴室排出的污水，这些污水中含有大量的有机物（食物残羹、人畜排泄污水）、胶体及高分子物质（合成洗涤剂、肥皂、油类等）、各种营养物质（铵盐、磷酸盐、硝酸盐等）、各种微生物（病菌、细菌和寄生虫等），还携带了不少泥沙，在水体环境容量较小、人又多的地方这些污水不经过处理直接排放，很容易引起水体污染，特别容易使水体富营养化；另一部分为游客的粪便污水，是一种有机废水，粪便中含有大量有机物及各种寄生虫卵和病源菌，因此必须进行妥善处理。

（2）污水处理及资源化

旅游活动产生的污水是一种有机废水，特别是粪便中含有大量有机物及各种寄生虫卵和病源菌，因此必须进行开发和妥善处理。

沼气池是根据沼气发酵工艺学、卫生学和排水工程中的综合技术来进行设计的，生活污水通过厌氧发酵产生沼气后，再经机械的、生物的、化学的方法处理，达到可以排放的目的，使其有害变为有用和无害。因此，这种装置一般分为前处理和后处理两部分，前处理以制取沼气和杀卵灭菌为主，后处理以净化污水为主，其中后处理又可根据污水特性设计多种不同结构和工艺。建议在叠虹桥景区和马蹄湾景区的公厕择地设置该装置处理污水。

前处理一般为“两隔三室”三级发酵中层出料沼气池。后处理主要采用以下几种装置：A. 上流式厌氧污泥床反应器；B. 上流式厌氧过滤反应器；C. 上流式普通生物滤池；D. 高负荷生物滤池。

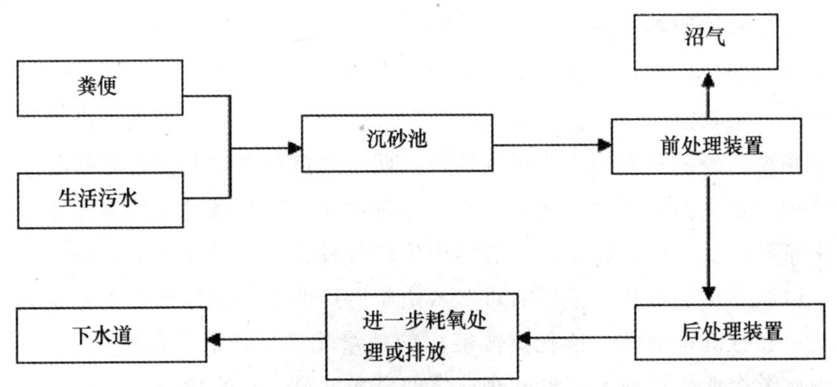

图 4—12　净化沼气池处理生活污水的工艺流程

第三节　云南旅游产业生态化系统的功能

旅游产业是一个自然—经济—社会复合的生态经济系统，它的组成既包括了生态系统所具有的生命系统和非生物环境系统，同样也包括人类社会经济系统中旅游经济系统所具有的生产、流通、分配、消费四个子系统。旅游产业生态化系统是一个复杂的巨系统，具有多重功能，集中体现为三大功能：经济服务功能、社会服务功能、生态服务功能。同时，旅游产业包括吃、住、行、游、购、娱六大要素及其形成的产业部门，产业链的范围较广，各要素及其所构成的产业部门在社会服务、生态服务及经济服务等方面的表现又各有侧重。因此，旅游产业生态化系统要在三大服务功能基础上考虑六大要素及其产业部门各环节的功能，使系统整体功能得到最大限度的发挥。改革开放以来，云南旅游经济发展迅速，对全省经济、社会发展和生态环境改善与保护起到了积极的促进作用。自 1995 年以来，旅游业一直为云南省的支柱产业之一。2005 年开始推行云南旅游“二次创业”以来，旅游产业生态化成为云南旅游业“优化结构、转型升级、提质增效”和可持续发展的重要路径。在十多年的发展和探索中，云南旅游产业生态化体系逐渐形成、不断完善，并不断发挥其在经济、社会、生态服务各方面的功能和作用。而云南旅游产业生态化各方面的功能能否正常发挥主要取决于其经济目标、社会目标和生态目标的完成情况。

一　经济服务功能

旅游的经济属性决定了其经济服务功能的效益。经济服务功能是产业系统的基本功能，一个产业系统运行状况的良好与否，在很大程度上是以产业系统的经济贡献能力为标准的，因此，经济服务功能的发挥状况关系到整个产业生态化系统的演进水平。旅游产业生态化系统的经济服务功能是指旅游产业实体在旅游活动过程中生产各种旅游产品及提供各种无形服务，以满足社会的旅游消费需求。云南旅游产业生态化建设的主要经济目标是：在微观层面上，依托资源能源的减量化、再使用、再循环等理念，实现旅游企业生产成本降低，企业之间资源共享，提高旅游企业的经济效益，实现旅游企业经济效益最大化，从而增加云南旅游企业的综合竞争力，将可持续发展具体化为企业自身的目标和云南旅游经济的整体效益。

从产业生态学分析，云南旅游产业生态化系统经济服务功能的发挥主要是通过对产能、产出率、劳动生产率、污染物排放量、资源循环利用率等方面的控制，从而影响旅游产业系统为社会提供信息、服务、文化产品的供应能力及资金、信息和人才资源的流转，进而对社会消费产生影响，在最基本的层面上对旅游产业生态化系统的还原能力、缓冲能力进行调节，以至对整个旅游产业生态化系统进行调控，促进各个子系统之间的组合优化，产生最大的经济辐射力和提升旅游产业在整个社会产业系统中的地位和作用。

2011 年，云南全省接待国内外游客 16700 万人次，比 2010 年增长 18%；旅游总收入超过 1300 亿元，比 2010 年增长 30%，均创历史最高水平。2012 年，全省接待海内外游客超过 20000 万人次，同比增长 20. 3%；旅游业总收入达 1702. 5 亿元，同比增长 31. 2%，旅游总收入增速近十年来最快，比全国平均水平高出 17. 2 个百分点。2013 年计划完成接待海外旅游者超过 480 万人次，同比增长 10% 以上；接待国内旅游者 23000 万人次，同比增长 15%；力争旅游总收入突破 2000 亿元，同比增长 20% 以上的目标任务。（资料来源：云南省旅游局政府工作网）

二　社会服务功能

社会服务功能是指产业生态化系统通过自身系统功能的发挥与经济能力促进当地社会的进步。就旅游产业而言，具体包括了旅游产业缴纳的税收、参与社会公共建设、旅游业发展提供的就业机会及人才的培养、旅游文化的传播及保护，等等。旅游产业的发展促进旅游地经济社会的演变，从而推动社会文化的变迁，旅游产业生态化系统以多视角、多层面、多学科的思想指导旅游业的发展，势必对旅游地的居民及其文化产生深远的影响，在有利于社区居民树立科学的发展观的同时，也提高了旅游地社会产业系统的自生能力及竞争能力，进而为旅游产业生态化系统的经济服务功能及自然生态服务功能提供坚实的支撑。旅游产业综合带动效应逐步增强。2011 年，云南旅游业增加值达 550 亿元，占全省 GDP 的 6. 3%，占第三产业增加值的 16. 4%，比 2010 年提高 0. 8 个百分点。据云南省统计局的统计数计分析，2011 年全省旅游产业对全省交通运输业的贡献达 222 亿元，对住宿业的贡献达 216 亿元，对餐饮业的贡献达 177 亿元，对娱乐业的贡献达 103 亿元，对商品零售业的贡献达 328 亿元以上，有力促进了云南经济社会的持续健康发展。同时，通过产业要素的链接和与相关产业的互动发展，旅游业在促进文化、体育、商务会展、城乡建设以及扩大就业、增加群众收入等方面也发挥着越来越重要的作用。

云南旅游产业生态化建设一方面可以使旅游循环经济理念深入，在增强旅游的经济效益的同时关注环境的正效益，凸显旅游的教育功能，对个人的环境意识和环境素质的提高、全社会的环境意识和生态保护意识的培养可起到积极作用，也将会有较大的提高；另一方面，云南省少数民族较多，少数民族的特色文化作为吸引旅游者的重要组成部分至关重要，所以要基于云南省旅游产业生态化建设，促进旅游目的地特色文化的保护，从而有利于实现旅游产业持续健康地发展。

三　生态服务功能

产业生态系统的功能主要体现为对外的生态服务功能。自然生态服务功能主要是指产业系统以生态化的要求为产业运行准则，在生产过程中自觉地对自然生态系统进行修复，使产业系统与自然生态系统协调发展。旅游产业生态化系统的服务功能包括旅游业的发展对水土及生物资源的保护、生态修复、美化景观、污染治理等。生态服务功能的强弱是系统运营状况的直接体现，是产业系统与自然、社会协调发展的衡量标准；产业生态化系统通过对系统内部环境的调节，通过对物质代谢循环过程的调控，提高资源的重复利用率，从而缓冲产业实体系统与自然生态环境之间的矛盾，提高社会稳定度和生态系统的稳定度，进而增进社会产业系统与自然生态系统之间的协调度，为经济服务功能和社会服务功能提供基地的支撑。

云南旅游产业生态化发展中，根据《云南省旅游产业发展和改革规划纲要》实施方案，生态服务功能的发挥主要有以下措施：建立和完善全省主要旅游资源区的保护及开发规划；研究并确立合理的旅游生态环境容量，重点旅游景区积极推行游客容量控制制度；推广和健全旅游建设项目的环境影响评价制度，探索性建立生态建设与旅游业发展的良性互动机制；研究建立旅游区设施景观化、垃圾无害化、污水零排放、生态环境优美的有关建设标准；以旅游业替代高污染、高耗能的工业项目和对水源污染严重的传统农业种植项目，促进产业结构优化；大力开展旅游节能降耗和旅游绿色环保活动，鼓励使用清洁能源，倡导绿色建设，鼓励使用绿色建材，创建一批绿色酒店；加大旅游目的地居民和游客的绿色环保宣传教育，提高旅游可持续发展的公众参与程度。

在建设生态经济大省及"七彩云南保护行动"中提出：要在重点旅游开发区域，尤其是高原湖泊和生物多样性等生态十分脆弱和敏感的地区，加大资源保护力度，加大荒山、荒坡的绿化和高原湖泊、河流的污染治理力度，扩大旅游循环经济的试点范围，加快旅游业对高耗能、高污染产业的替代发展步伐，积极开展旅游绿色环保活动，对生态脆弱的重要旅游景区实行游客容量控制和环境监测制度，旅游项目严格按照"设施景观化、垃圾无害化、污水零排放"的原则进行开发建设，实现旅游产业与资源环境的可持续发展。

作为旅游循环经济的专项改革试点单位的文山州丘北县普者黑旅游度假区，在探索旅游开发与生态环境保护、旅游资源综合利用和循环利用尝试中取得了很大成效，特别是在生态建设的面源污染控制、入湖河道治理、湖河流域生态恢复等方面成效突出，建立起实现旅游经济发展与生态环境保护良性互动的新模式。在旅游产业生态化继续推进中，此类专项改革试点单位还将在已取得成绩的基础上不断发挥其旅游产业生态化的示范功能。

第四节　云南旅游产业生态化评价方法和指标体系构建

旅游产业生态化水平的高低是通过旅游产业生态化系统的协调性及稳定性、系统内外的协作水平、系统运行机制的联动状况来反映和呈现。旅游产业生态系统现状评价包括系统的结构和过程、系统功能及其优劣、系统的利导因子和限制因子、评估系统效益和风险的高低；评价方法定性和定量相结合，偏重建立指标体系进行定量分析。产业生态系统评价指标主要有两类：第一类是综合性指标，即通过一组或者几大类指标从不同角度同时反映系统发展的特性；第二类是热力学评价指标。影响力较大的是由著名生态学家 Odum 创立的 Emergy 理论。本书以建立综合性指标为主。目前，对于产业生态系统的评价，过多关注于园区，对产业生态状态评价较少；由于区域和产业的差异，针对具体区域旅游产业生态系统的指标体系构建和评价研究也较少，苏章全（2011）以云南为例进行了区域旅游产业生态化系统及演化水平测评方法研究，李玉新（2010）进行了乡村旅游生态化程度评价体系的构建。本书尝试突破区域产业生态系统指标体系的构建，进而对云南省旅游产业生态化系统演化水平进行评价、以丽江为例构建历史文化古镇旅游产业生态化评价指标体系。

本节的研究思路为：首先确立研究方法和手段：定性和定量相结合的研究方法、层次分析法（Ahp 法）、德尔菲法（Delphi）、Maltab 数学处理手段等；然后构建区域旅游产业生态化系统演化水平测评指标体系。最后，进行案例分析验证理论研究，选择两个案例从不同尺度、不同类型旅游目的地进行旅游产业生态化系统发展水平的评价。它们分别是：以云南省为例的区域旅游产业生态化系统演化水平评价，以丽江大研古镇为例的历史文化古镇旅游产业生态化水平评价。

一　构建评价指标体系的原则

（一）完整性原则

构建旅游产业生态化系统水平的综合评价指标体系既要反映区域经济、社会、自然环境等各要素发展的主要特征和状态的指标，又要反映旅游产业的各要素之间的相互动态协调过程和发展变化趋势的指标，并使评价指标与评价目的有机协调，形成一个层次鲜明的整体。在指标的选取和数据的筛选上要综合考虑社会、经济、环境三方面的可行性与协调性。

（二）科学性原则

旅游产业生态化系统的构建既是理论问题，又是一个实践过程。区域旅游产业生态系统的开发、评估离不开旅游学、地理学、生态学、经济学、休闲学、系统动力学等的基本理论，需要在这些理论的基础上结合旅游地发展的相关情况，指标的选取要讲究科学性、真实性、可行性、规范性和代表性，要能够充分体现经济社会的发展状况；同时，在系统的构建时要充分考虑到社会、经济、资源、环境、人口、科技等方面的指标及数据获取的科学性、可信性及代表性，在此基础上构建完整而又相互联系的综合评价指标体系。

（三）系统性原则

旅游产业生态系统的评估是一个复杂的问题，它是一个由不同层次、不同要素组成的地域综合体，各要素之间以及要素与社会经济、生态环境之间既独立又相互联系，因此要从系统的角度出发考虑各个子系统之间的协调和优化，共同促进地域综合体的演化。

(四) 可操作性原则

旅游产业生态系统作为一个地域有机综合体是各种要素综合作用开发建设的结果，指标体系要尽可能全面地反映地域综合体发展的各个方面，还要考虑指标量化以及数据取得的难易程度和可靠性，选择某一方面或某一领域的主要指标和综合指标必须使其具有可操作性。

(五) 实用性原则

旅游产业生态系统是在各要素之间及各子系统之间的相互作用下而发展的，指标体系要尽可能反映各个要素及子系统的特性及发展潜力，同时还要考虑指标数据获取的科学性、难易性和可靠性，做到可操作基础上的实用。

二 构建评价指标体系的主要方法——层次分析法

层次分析法（Analytic Hierarchy Process，简称 AHP）是将一个复杂的多目标决策问题作为一个系统，将目标分解为多个目标或准则，进而分解为多指标（准则、约束）的若干层次，通过定性指标模糊量化方法算出层次单排序（权数）和总排序，以作为目标（多指标）、多方案优化决策的定性和定量分析决策方法。

层次分析法在地理学中可以用在资源与环境条件评价、生态评价、区域可持续发展评价等方面，作为一种既灵活又实用、定性定量相结合的方法，本书将其作为旅游产业生态系统指标体系建立和评价的主要方法。

AHP 法是 T. L. Saaty 提出的一种定性与定量分析结合的系统评价分析方法，其技术框架如图 4—13 所示。

运用 AHP 法进行评价、分析、决策时需要经过以下步骤：

(一) 建立递推的层次结构

根据问题的性质和达到目标，将问题分解为不同的组合因素，按照因素之间的相互影响和隶属关系将其分层聚类组合，形成一个递进的、有序的层次结构模型。在这个结构模型中，复杂的问题被解构为若干具体元素，这些元素按照不同属性分成若干组，形成不同的层次。同一层次的元素作为准则对下一层次的某些元素起支配作用，同时受到其上一层次元素的支配。通常来说，一个决策体系大体可以分为三个层次，如图 4—14 所示。

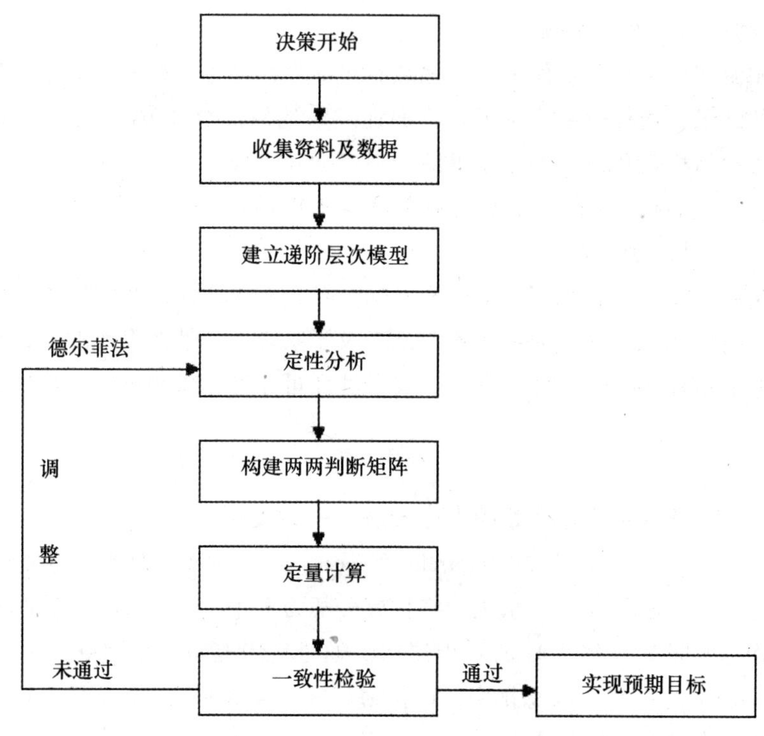

图 4—13　层次分析法技术框架

第一，最高层（目标层）：这一层次中只有一个元素，一般它是分析问题的预定目标或是理想的结果；第二，中间层（准则层或因素层）：这一层次中包括了为实现目标所涉及的中间环节，它可以由若干个层次组成；第三，最低层（方案或指标层）：这一层次包括了为实现目标可供选择的各种措施、决策方案或具体指标。

（二）确定评价指标体系中每一层次全部因素相对重要性次序的权重

1. 第一步：建立判断矩阵

建立判断矩阵是运用 AHP 关键的一步。首先，用 Delphi 法对每一层次各指标的重要性成对地进行比较（采取两两比较的原则），得出一个定量结果。这些判断用数值表示出来，写成矩阵形式，并把第 i 个指标对第 j 个指标的相对重要性的估计值记做 b_{ij}，得出判断矩阵图（见表 4—7）。

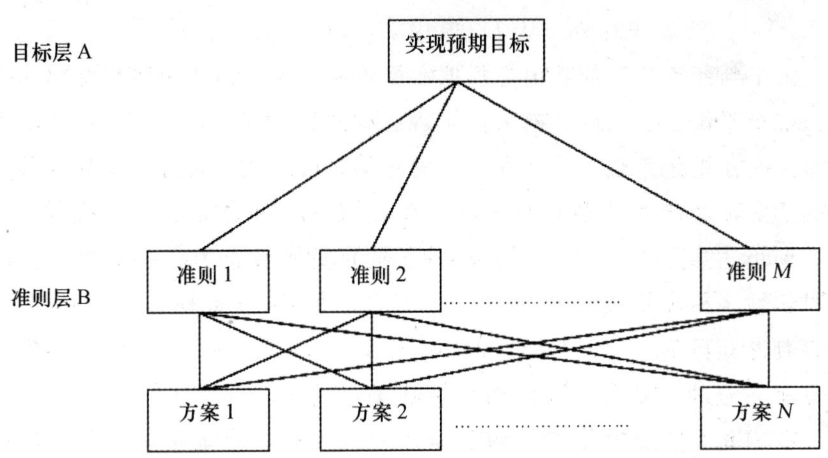

图 4—14　AHP 层次结构模型

表 4—7　　各层次指标重要性矩阵

Ak	B1	B2	…	Bn
B1	b11	b12	…	b1n
B2	B21	B22	…	B2n
⋮	⋮	⋮	⋮	⋮
Bn	Bn1	Bn2	…	Bnn

表 4—8　　判断矩阵标度及含义

标度	含义
1	两个因素相比，具有同样的重要性
3	两个因素相比，因素 i 比因素 j 稍微重要
5	两个因素相比，因素 i 比因素 j 明显重要
7	两个因素相比，因素 i 比因素 j 强烈重要
9	两个因素相比，因素 i 比因素 j 极端重要
0 ~ 9 之间的数	当 5 等级不够用时，可以使用这些数值
倒数	1 / b_{ij}一个因素 j 比另一个因素 I；b_{ij}是因素 i 比因素 j 的重要性

同时，判断矩阵具有下述性质：

$$b_{ij}=1;\ b_{ij}=1/b\ （其中\ i,\ j=1,\ 2,\ \cdots,\ n）$$

由于判断矩阵中的数值是根据数据资料、专家意见和评判者的认识加以综合平衡后得出的，有人的主观思维因素，而人的主观思维因素难以将这些比重定量化，同时在思考时也会顾此失彼，从而使决策者得到与其实际认为的重要性程度不相一致的结果。因此是矛盾的数据。为此，Saaty 用实验方法比较了在各种不同标度下人们判断结果的正确性与科学性，提出了尺度 b_{ij}的 1～9 标度法，如表 4—8 所示。同时规定，如果判断矩阵有：$b_{ij}=b_{ik}/b_{jk}$（$i,\ j,\ k=1,\ 2,\ \cdots,\ n$）则称判断矩阵具有完全的一致性。但是由于客观事物的复杂性和人们认识的多样性，要求每个判断矩阵都具有完全的一致性是不可能的。因此为检查 AHP 得到的结果是否基本合理，还需要对判断矩阵进行一致性的检查。

2. 第二步：一致性检验

（1）计算判断矩阵的最大特征值

对判断矩阵 B，计算满足：$\lambda_{max}=1/n\sum_{i}^{n}=1\ (bw/w_i)$ （$i=1,\ 2\cdots,\ n$）

式中 λ_{max}为最大特征值，W 为特征向量，把 W 的分量 W_i作为对应指标单排序的权值。

（2）计算一致性指标 CI，检验判断矩阵的一致性。

$$CT=\lambda_{max}-n/n-1$$

式中，n 为矩阵的阶数；λ_{max}为矩阵的最大特征值，当判断矩阵完全一致时，$CI=0$，CI 愈大，判断矩阵的一致性就愈差。

（3）查询平均随机一致性指标 RI，见表 4—9。

表 4—9　　随机一致性 RI

阶数	1	2	3	4	5	6	7	8	9	10	11
RI	0	0	0.58	0.90	1.12	1.24	1.32	1.41	1.45	1.49	1.52

（4）计算随机一致性比例 CR，检验判断矩阵是否具有令人满意的一

致性。$CR = CI/RI$

当 $CR < 0.1$ 时，判断矩阵具有令人满意的一致性；否则需要重新进行重要性对比，调整判断矩阵直到满意为止。

3. 第三步：层次总排序

利用同一层次单排序的结果，就可以计算针对上一层次而言，本层次所有指标重要性的权值，即层次总排序。层次总排序需要从上到下、逐层顺序进行。对于最高层，其层次单排序即为层次总排序。假定上一层所有单元 A_1，A_2，…，A_m 的层次总排序已经完成，得到权值分别为 a_1，a_2，…，a_m；与 A_i 对应得本层次元素 B_1，B_2，…，B_n 单排序得结果为 $(b_{1j}, b_{2j}, \cdots, b_{nj})^T$；那么，B 层次的总排序结果见表 4—10。

表 4—10　　层次总排序结果

层次 A / 层次 B	A_1	A_2	…	A_m	B 层次总排序
	a_1	a_2	…	a_m	
B_1	b_{11}	b_{12}	…	b_{1m}	$\sum a_j \times b_{1j}$
B_1	B_{21}	B_{22}	…	B_{1m}	$\sum a_j \times b_{2j}$
⋮	⋮	⋮	⋮	⋮	⋮
B_1	B_{n1}	B_{n2}	…	B_{nm}	$\sum a_j \times b_{nj}$

显然，有：

$$\sum_{i=1}^{m} \sum_{j=1}^{m} a_i b_{ij} = 1$$

即层次总排序为归一化的正规向量。

4. 第四步：一致性检验

为了评价层次排序的结果一致性，也要计算与层次单排序类似的检验量。为此，需分别计算下列指标：

第一，层次总排序的一致性指标 CI，计算公式为：

$$CI = \sum_{j=1}^{m} a_i \times CI_j$$

式中，CI_j 为与 a_j 对应的 B 层次中判断矩阵的一致性指标。

第二，层次总排序的随机一致性指标 RI，其计算公式为：

$$RI = \sum_{j=1}^{m} w_i \times RI_i$$

式中，RI_j为与 a_j对应的 B 层次中判断矩阵的随机一致性指标。

第三，层次总排序的随机一致性比例 CR，其计算公式为：

$$CR = CI/RI$$

同样，当 $CR \leqslant 0.1$ 时，便认为层次总排序的计算结果具有满意的一致性，否则需要对各判断矩阵进行调整，以使层次总排序具有满意的一致性。

（三）计算方法（和积法）

一般来说，计算判断矩阵的最大特征值及其对应的特征向量，并不需要追求较高的精确度，这是因为判断矩阵本身有相当的误差范围，应用层次分析法中给出的层次中各因素优先排序值，从本质上说是表达某种定性的概念。所以可采用和积近似算法。其步骤如下：

第一步：将判断矩阵的每一列归一化

$$\overline{b_{ij}} = \frac{b_{ij}}{\sum_{k=1}^{n} b_{kj}} (i, j = 1, 2, \cdots, n)$$

第二步：计算矩阵的各行之和

$$\overline{w_i} = \sum_{j=1}^{n} \overline{b_{ij}} (i, j = 1, 2, \cdots, n)$$

第三步：对向量 $W = (W_1, W_2, \cdots, W_n)^T$归一化。

$$W_i = \overline{w_i} \sum_{j=1}^{n} \overline{w_j} (i, j = 1, 2, \cdots, n)$$

得到 $W = (W_1, W_2, \cdots, W_n)^T$即为所求的最大特征根对应的特征值向量。

第四步：计算判断矩阵的最大特征根 $\lambda_{\max}$

$$\lambda_{max} = \sum_{i=1}^{n} \frac{(AW)}{nw_i}$$

三　区域旅游产业生态化系统指标体系构建

本书根据区域旅游产业生态系统的构成构建了区域旅游产业生态化系统指标体系，如表 4—11 所示。

表 4—11　　区域旅游产业生态化系统综合评价指标体系

A 云南旅游产业生态化系统演进水平	B_1 社会经济发展水平	C_1国民生产总值 GDP；C_2人均 GDP；C_3全社会固定资产投资总额；C_4社会消费品零售总额；C_5第三产业生产总值；C_6第三产业产投比；C_7第三产业产值占 GDP 比重；C_8三产业占 GDP 比例；C_9实际利用外资；C_{10}直接利用外资；C_{11}年末居民储蓄余额；C_{12}邮电业务总量；C_{13}单位 GDP 的综合能耗；C_{14}居民家庭恩格尔系数；C_{15}城镇居民人均可支配收入；C_{16}用水普及率；C_{17}用电普及率
	B_2 旅游业发展水平	C_{18}旅游总收入；C_{19}旅游外汇收入；C_{20}国内旅游收入；C_{21}国内旅游人次；C_{22}海外旅游者人数；C_{23}旅游业收入占第三产业收入比重；C_{24}第三产业人口比重；C_{25}旅游业人口比重；C_{26}规模化企业比重；C_{27}高科技投入占旅游业总收入比重；C_{28}第三产业单位 GDP 的综合能耗
	B_3 生态环境质量	C_{29}人均绿地面积；C_{30}环境噪音；C_{31}工业废水重复使用率；C_{32}工业废水排放达标率；C_{33}可吸入微粒数；C_{34}城市生活污水处理率；C_{35}二氧化硫浓度；C_{36}自然保护区面积占辖区面积比重；C_{37}人均道路面积；C_{38}生活垃圾无害化处理率；C_{39}城市空气综合污染指数；C_{40}环保投入占 GDP 比例；C_{41}流域内水资源水质达标率；C_{42}单位 GDP 水耗；C_{43}地下水超采率
	B_4 旅游业循环利用情况	C_{44}生活污水排放量；C_{45}工业废水排放量；C_{46}第三产业污水排放量；C_{47}主要污染物排放强度；C_{48}通过环境管理体系 *ISO*14000 论证的旅游区（点）的比例；C_{49}通过“绿色环球 21”论证的旅游区（点）比例；C_{50}绿色饭店占总宾馆饭店比例；C_{51}旅游区（点）垃圾分类处理率；C_{52}旅游区（点）垃圾回收率；C_{53}垃圾及废弃物资源化年增长率；C_{54}垃圾及废弃物资源化率；C_{55}旅游业中清洁能源占总能源的比例；C_{56}旅游业单位 GDP 用水量；C_{57}旅游业单位 GDP 耗电量；C_{58}旅游业单位 GDP 资源消耗消减率

指标体系分为三个层次：第一层为目标层，即区域旅游产业生态化系统演进水平。第二层为准则层，区域旅游产业生态化是在社会经济系统中的产业生态化，是以整个社会产业系统为大背景的，因此只有在考虑社会经济发展状况的前提下对旅游产业生态化系统进行测评才具有现实意义；区域自然生态质量状况，因为自然生态环境质量是旅游业发展的生命线，旅游产业系统的生态化是与在自然生态环境协调一致情况下的生态化，因此区域自然生态环境质量可以从另外的角度反映区域旅游产业生态化系统的演进状况；因此一共建立四个准则：经济社会发展水平、旅游业发展水平、自然生态环境质量、旅游业循环利用情况。第三层为指标层，根据指标设置的原则，充分考虑到可借鉴的指标体系因素，分别针对上一层的四个准则建立指标。

A 层（目标层）：区域旅游产业生态化演进水平综合评价指标 A，$A=(B_1$、B_2、B_3、$B_4)$；

B 层（准则层）：包括 B_1、B_2、B_3、B_4。其中 B_1 为经济社会发展水平，B_2 为旅游业发展水平，B_3 为自然生态环境质量，B_4 为旅游业循环利用情况。

$B_1=(C_1$、C_2、C_3、C_4、C_5、…、$C_{17})$；$B_2=(C_{18}$、C_{19}、C_{20}、C_{21}、C_{22}、…、$C_{28})$；

$B_3=(C_{29}$、C_{30}、C_{31}、C_{32}、…、$C_{43})$；$B_4=(C_{44}$、C_{45}、C_{46}、C_{47}、C_{48}、…、$C_{58})$

四　案例研究

案例一：云南省旅游产业生态化系统演化水平综合评价

根据区域旅游产业生态化系统指标体系的构成，本书的研究选取了与云南旅游产业生态化发展密切相关的 39 个指标（见表 4—12），根据 AHP 法所建立的数学模型，运用 Matlab 数学软件进行数据处理和计算，以 2009 年的数据对云南省旅游产业生态化系统的演化水平进行综合评价。

表 4—12　　云南旅游产业生态化系统演化水平评价指标

	一级评价指标集合	二级评价指标集合	具体评价指标	云南省实际数值
B 区域旅游产业生态化系统演化水平	B_1社会经济发展指标	B_{11}经济发展指标	B_{111}国民生产总值 GDP/亿元	5700.1
			B_{112}人均 GDP/元	12587
			B_{113}全社会固定资产投资总额/亿元	3526.6
			B_{114}第三产业生产总值/亿元	2451
			B_{115}第三产业增加值/亿元	2228.07
			B_{116}实际利用外资/亿美元	7.77
			B_{117}邮电业务总量/亿元	567.3
		B_{12}生活水平指标	B_{121}社会消费品零售总额/亿元	1718.54
			B_{122}年末居民储蓄余额/亿元	3783.77
			B_{123}城镇居民家庭恩格尔系数/%	47.10
			B_{124}乡村居民家庭恩格尔系数/%	49.6
			B_{125}城镇居民人均可支配收入/元	13250
	B_2旅游业运行状况指标	B_{21}旅游业发展水平指标	B_{211}旅游总收入/亿元	663.28
			B_{212}旅游外汇收入/亿美元	10.08
			B_{213}国内旅游收入/亿元	594.76
			B_{214}国内旅游人次/万人次	10250.08
			B_{215}海外旅游者人数/万人次	510.7
			B_{216}旅游业收入占第三产业收入比重/%	27.1
			B_{217}旅游业人口占劳动人口比重/%	1.48
		B_{22}旅游业消耗指标	B_{221}第三产业能源消耗量/亿吨标煤	910.28
			B_{222}单位 GDP 综合能耗/万吨标煤	1.56
			B_{223}第三产业用水量/亿吨	2.171
			B_{224}第三产业万元增加值能耗/吨标煤	0.482
			B_{225}第三产业污水排放量/亿吨	1.303

续表

	一级评价指标集合	二级评价指标集合	具体评价指标	云南省实际数值
B区域旅游产业生态化系统演化水平	B_3生态治理状况指标	B_{31}生态环境状况	B_{311}生活污水排放量/万吨	50869.04
			B_{312}环境噪声/分贝	52.2
			B_{313}可吸入微粒数	0.0604
			B_{314}二氧化硫浓度/pm	0.031
			B_{315}自然保护区面积占辖区面积比重/%	7.23
			B_{316}生活垃圾无害化处理率/%	49.54
			B_{317}城市空气综合污染指数	1.60
			B_{318}生态用水量/亿吨	3.646
			B_{319}全省综合耗水率/%	58.3
		B_{32}生态治理状况指标	B_{321}人均绿地面积/平方米	6.49
			B_{322}工业用水重复使用率/%	89.30
			B_{323}工业废水排放达标率/%	92.7
			B_{324}城市污水处理率/%	57.84
			B_{325}建成区绿化覆盖率/%	24.50
			B_{326}集中式饮用水源水质达标率/%	85.7

资料来源：旅游业运行情况涉及比较微观的层面，因此很多指标数据无法直接得到，只能通过间接方式进行测评。资料来源：《云南省统计年鉴 2009》、《云南省旅游统计年鉴 2009》、《云南 2008 年水资源公报》、《云南省 2009 年环境状况公报》、《云南省 2008 年能源公报》等。

最后得出测评结果及其原因为：云南省旅游产业生态化系统的协调状况良好，而系统的演化水平为中等；这主要是由各个子系统之间的发展处于脱节状态、自然生态环境系统没有得到有效地开发、社会经济系统无法提供强有力的支撑、旅游产业系统没有形成良好的带动作用等原因造成的。其中，社会经济发展状况处在中等的发展水平，这基本上与云南省在全国经济格局中的地位相符合；旅游产业的发展水平没有达到相应的水平，旅游的投入产出状况不甚理想，旅游产业的消耗水平相对较高；旅游产业生态环境比较脆弱。针对云南旅游产业生态化过程中存在的问题提出以下发展策略：以系统的思想指导旅游产业的生态化发展，以正确的生态伦理观念规范旅游产业的发展，提升社会经济支撑旅游产业生态化发展的力度，加强制度建设，保障旅游产业生态化的发展，应用新技术，转变发展模式，提倡旅游高效率发展。

案例二：以大研古镇为例的历史文化古镇旅游产业生态化指标体系构建和评价

（一）构建历史文化古镇旅游产业生态化指标体系

首先，通过运用“Delphi 法”，并根据旅游产业生态化发展的基本思想和旅游可持续发展指标体系，笔者的课题组构建了四个评价准则层指标，十八个评价因子层指标作为评价指标体系（如表 4—13 所示）。其中一级指标集为：$A=(B_1, B_2, B_3, B_4)$；A = 产业生态化发展水平；B_1 = 古镇保护；B_2 = 旅游经济管理与社会发展状况；B_3 = 资源循环利用程度；B_4 = 资源减量与污染减排水平。二级指标集为：

$B_1=(C_1, C_2, C_3, C_4)$　　$B_2=(C_5, C_6, C_7, C_8, C_9, C_{10})$

$B_3=(C_{11}, C_{12}, C_{13}, C_{14})$　　$B_4=(C_{15}, C_{16}, C_{17}, C_{18})$

表 4—13　　历史文化古镇旅游产业生态化评价指标体系

旅游产业生态化发展水平	B_1 古镇保护（0.32）	C_1 古建筑的完整度（0.34）
		C_2 古街巷格局完整度（0.23）
		C_3 古镇保护的投入占古镇旅游收入的比重（0.16）
		C_4 古镇原生态文化的完整度（0.39）
	B_2 旅游经济管理与社会发展状况（0.27）	C_5 旅游产值占 GDP 的比重（0.18）
		C_6 游客满意度（0.33）
		C_7 当地居民满意度（0.20）
		C_8 年接待游客数量与古镇理论旅游承载力的比率（0.23）
		C_9 旅游业相关法律、法规、制度健全度（0.11）
		C_{10} 旅游行业管理措施、体系的完善程度（0.12）
	B_3 资源循环利用程度（0.40）	C_{11} 环保投入占旅游总收入的百分比（0.24）
		C_{12} 节水设备使用比例（0.19）
		C_{13} 地表水水环境功能区达标率（0.23）
		C_{14} 垃圾及废弃物资源化率（0.27）
	B_4 资源减量与污染减排水平（0.23）	C_{15} 旅游业单位 GDP 用水量（0.28）
		C_{16} 旅游业单位 GDP 耗电量（0.14）
		C_{17} 旅游业单位 GDP 产生的固体废弃物量（0.10）
		C_{18} 旅游业中清洁能源占总能源比例（0.28）

其次，确定权重集。

利用AHP法计算各指标权重值，$B1$、$B2$、$B3$、$B4$ 对总目标层 A 的权重集为：

$W=$（0.32，0.40，0.27，0.23）

b 二级指标 C 对应 B 的权重集为：

W 0.34，0.23，0.16，0.39

W 0.18，0.33，0.20，0.23，0.11，0.12

W 0.24，0.19，0.23，0.27

W 0.28，0.14，0.10，0.28

最后，使用线性加权和法计算旅游产业生态化发展综合指数，其计算公式为：

$$Y = \sum_{i=1}^{n} \left(\sum_{j=1}^{n} I_i R_i \right) \cdot W_i$$

式中 Y 为总得分（即综合评价值）；I_j 为某单项指标的评分值；R_j 为某单项指标在该层次下的权重；W_i 为四大因素的权重。

（二）旅游产业生态化程度评价标准的确定

根据旅游地和旅游产业发展的阶段性，将旅游产业生态化发展程度划分为旅游产业生态化的准备阶段、旅游产业生态化的初级阶段、旅游产业生态化的中级阶段、旅游产业生态化的高级阶段四个阶段（如表4—14所示）。这样就把实现旅游可持续发展这一远大目标，分割成可操作性的阶段性目标，有助于旅游产业生态化的分段实施和重点突破。

表4—14　　旅游产业生态化程度评价标准

评价指标值	0.45以下	0.45—0.65	0.66—0.85	0.85以上
旅游产业生态化水平	准备阶段	初级阶段	中级阶段	高级阶段

（三）大研古镇旅游产业生态化程度评价

大研古镇2007—2009年的旅游产业生态系统相关数据（如表4—15所示）。

表 4—15　　2007—2009 年大研古镇旅游产业生态化发展数据

年份		2007 年	2008 年	2009 年
B_1古镇保护（0.32）	C_1古建筑的完整度（0.34）	0.75	0.73	0.68
	C_2古街巷格局完整度（0.23）	0.73	0.74	0.70
	C_3古镇保护的投入占古镇旅游收入的比重（0.16）	0.35	0.38	0.40
	C_4古镇原生态文化的完整度（0.39）	0.29	0.26	0.24
B_2旅游经济管理与社会发展状况（0.27）	C_5旅游产值占 GDP 的比重（0.18）	0.55	0.53	0.50
	C_6游客满意度（0.33）	0.47	0.39	0.42
	C_7当地居民满意度（0.20）	0.39	0.32	0.24
	C_8年接待游客数量与古镇理论旅游承载力的比率（0.23）	0.85	0.74	0.68
	C_9旅游业相关法律、法规、制度健全度（0.11）	0.60	0.62	0.65
	C_{10}旅游行业管理措施、体系的完善程度（0.12）	0.56	0.51	0.59
B_3资源循环利用程度（0.40）	C_{11}环保投入占旅游总收入的百分比（0.24）	0.28	0.31	0.35
	C_{12}节水设备使用比例（0.19）	0.81	0.85	0.87
	C_{13}地表水水环境功能区达标率（0.23）	0.67	0.69	0.73
	C_{14}垃圾及废弃物资源化率（0.27）	0.78	0.78	0.79
B_4资源减量与污染减排水平（0.23）	C_{15}旅游业单位 GDP 用水量（0.28）	0.45	0.50	0.54
	C_{16}旅游业单位 GDP 耗电量（0.14）	0.67	0.75	0.78
	C_{17}旅游业单位 GDP 产生的固体废弃物量（0.10）	0.34	0.45	0.46
	C_{18}旅游业中清洁能源占总能源比例（0.28）	0.56	0.64	0.66

资料来源：《丽江市古城区统计年鉴》、《丽江古城管委会工作总结》及问卷调查数据。

经过对数据进行标准化处理，结果显示：2007—2009 年，大研古镇的旅游产业生态化综合指数分别为 0.5、0.55 和 0.6，从该指数及其变化情况可以看出大研古镇的旅游产业生态化程度仍处于初级水平，并且产业生态化水平三年来呈不断增加的趋势。

该评价指标体系涵盖了不同类型、不同地域的历史文化古镇的产业生态化的特点。其目标旨在结合历史文化古镇旅游产业发展的自身特点，评价古镇在旅游发展过程中对古镇的古建筑等有形遗产和历史文化、民族文化等非物质遗产的保护状况。资源减量与污染减排水平的指标旨在评价古镇旅游区的资源减量和污染减排水平，通过改善古镇旅游区的环境质量，推行清洁生产，加强污染治理，使污染对环境的影响减小到最低程度。旅游经济管理与社会发展状况指标旨在评价旅游产业生态化的经济社会效益，通过提高旅游产业在第三产业中的地位，不仅在经济总量上实现高速增长，而且有助于解决部分就业，不断改善从业人员生活水平。资源循环利用程度是历史文化古镇旅游产业生态化发展的重要指标，在旅游产业生态化发展过程中，通过新理念的贯彻以及新技术、新方法的应用，达到资源有效循环利用的目的，使古镇旅游区成为当地生态系统的一个重要组成部分。

根据两个案例研究，建立综合性评价指标体系，使用层次分析法和德尔菲法对旅游产业生态系统发展演化水平进行定量和定性评价的结果与实际情况的吻合度很高。这说明该方法体系在旅游产业生态化水平测评中具有较强的适用性和实用性，后续研究可将此方法体系更广泛地应用于不同尺度、不同类型旅游地的旅游产业生态化发展水平的综合评价中。

（四）旅游产业的生态化转型实现路径

根据旅游产业生态系统模型，旅游产业生态化转型的实现必须具备下列两个条件：第一，完善还原者；第二，三个环节的生态化。因此，要实现旅游产业生态化转型，必须解决三个方面的问题：生产者、消费者和还原者的生态化，其实现途径可以概括为清洁生产、绿色消费和生态还原。同时，根据社会—经济—自然复合生态系统的理论，只有把旅游产业生态系统放在复合生态系统中，才能解决旅游产业发展及生态系统的可持续性问题（如图4—15所示）。所以，旅游产业生态化转型还必须综合考虑社会—经济—自然诸方面的要素，以相应的政策—意识—技术促进转型的实现。

实现旅游产业生态化转型的核心路径有：

1. 清洁生产

所谓清洁生产，就是采用清洁的能源—原材料，利用生产工艺和技术，制造清洁的产品。旅游企业清洁生产的实质是在为客人提供安全—优质—营养的绿色旅游产品的同时，在生产及服务过程中节约能源—资源，减少排放，预防环境污染。在控制污染、节约废物处理费用的同时，清洁生产可以降低旅游企业生产成本，产生良好的经济效益，提高企业美誉度，增强竞争力。旅游企业清洁生产属于预先控制，强调的是旅游产品生产过程及旅游产品本身的生态化。旅游企业推行清洁生产应体现经济效

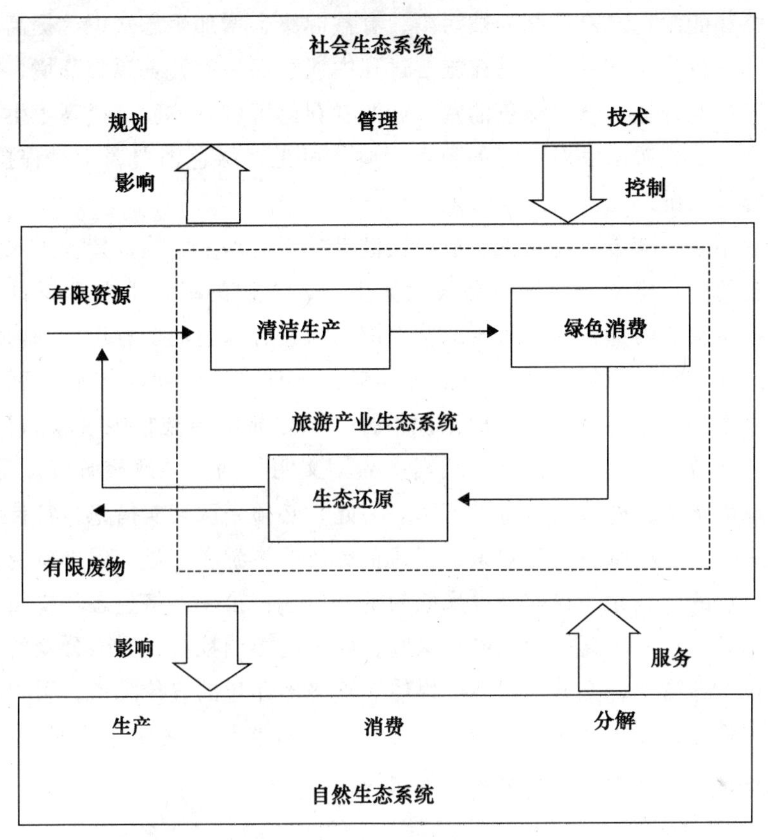

图 4—15　旅游产业生态化转型的实现路径示意

益—社会效益和环境效益的统一，并应注意如下问题：技术上可行；环境上达到节能降耗减排的目标；经济上能够获利。目前，我国已经制定了《餐饮业清洁生产技术要求（草案）》，部分旅游企业也已经开始推行以节能降耗—减排达标为重点的清洁生产，如深圳东华假日酒店实施的节能改造项目。但是，旅游企业清洁生产推行力度还需要加大，目前存在的问题主要包括：第一，缺乏适合大面积推广的成熟适用技术；第二，缺乏足够动力（特别是散、小、弱、差的中小型旅游企业）；第三，缺乏改造资金；第四，缺乏相关政策。

2. 绿色消费

绿色消费是旅游者自我约束、适度节制的旅游消费活动，主要有三层含义：一是树立尊重自然、追求健康的理念，在获得旅游体验的同时，节约资源和能源；二是选择未被污染、有益健康、增加生态知识、提高环保意识的绿色旅游产品；三是在旅游过程中注意保护旅游资源与环境，注重对废弃物的处置。通过绿色消费，旅游者获得了旅游体验，提高了生态意识，减小了旅游活动对环境的负面影响。可见，绿色消费属于过程控制，强调的是旅游产品消费过程的生态化。

近年来，随着可持续发展战略在世界各国的深入实施，传统工农业绿色科技的广泛应用，绿色产品被大量生产，人们的绿色消费意识日益增强。在旅游业内部，国际旅游的主力市场都具有绿色消费意识，国内旅游市场的绿色消费意愿也呈不断上升趋势，出现了一大批生态旅游区。但是，由于部分旅游者环境保护意识不强，加之旅游道德松弛现象的存在，在实际旅游活动过程中还存在相当多的不文明行为，导致旅游资源受损，旅游垃圾增加，旅游环境质量下降。为此，必须采取切实措施，宣传绿色消费理念，传播绿色消费知识，塑造负责任的旅游者形象，促进旅游产品消费过程的生态化。目前可以采取的措施包括：第一，将生态环境教育纳入基础教育范畴，通过学生影响家庭，以家庭影响社会，增强公众的绿色消费观念；第二，充分利用各类媒体，开辟多元化的宣传渠道，引导绿色消费；第三，在旅游区内推行环境教育，通过奖惩手段规范游客的行为，加强对旅游活动的监督和游客行为管理。

3. 生态还原

生态还原是指对在旅游活动过程中产生的废弃物进行处理，并对受到影响的旅游资源与环境进行修复，以最大限度地恢复其原来的功能与价值。它主要包括三个方面：一是旅游废弃物的处理与各类环境污染的治理；二是受到损害的旅游资源的修复与保护；三是生态补偿。生态还原需要根据生态学原理，采取人工干预与生态系统自我调节相结合的方式进行。在旅游产业生态化过程中，生态还原属于末端控制。它的意义在于为下一轮旅游产品的产生与消费奠定良好的基础，因此它既是上一过程的终点，也是下一过程的起点。生态还原是旅游产业生态化过程中的关键环节，也是目前最为薄弱的环节。很多旅游区的垃圾和污水处理设施不完善，不仅对脆弱的生态环境造成威胁，而且导致物质不能得到充分利用，生态效率低下。部分旅游区的旅游资源受到损害，旅游环境受到污染后，不能得到及时修复与治理，影响了旅游资源的可持续利用。一些旅游区受各种因素影响出现生态退化，不采取恢复与补偿措施将制约旅游产品的生产。为此，旅游产业生态化转型过程中应特别关注生态还原，重点抓好以下三个方面：第一，完善旅游垃圾与污水处理设施，根据循环经济理念创新废弃物处理方式，促进废物循环利用；第二，修复受损旅游资源，治理环境污染，培育旅游景观；第三，实施休养生息，加强生态建设，探索生态补偿的操作办法。

4. 促进旅游产业生态化转型的外在因素

旅游产业生态化涉及经济、技术、社会等领域，是一项复杂的系统工程。除了上述核心路径外，政策、规划、管理、技术等也是旅游产业生态化转型中应考虑的重要因素。

5. 产品导向的环境政策

科学合理的政策能够快速推进旅游产业生态化的转型进程。产品导向环境政策是为了持续降低产品整个生命周期的环境影响而针对产品的构成和特性所采取的各种措施。一般而言，它主要包括以下措施：出售和使用限制；核准和注册；标准和准则；检验和替代要求（包括押金、税费等）；销售、分类、旧货收集或再循环方面的安排（如回收制度、再循环要求）；产品生态标志等信息措施。产品导向环境政策突出了预防为主的方针，强调对产品的持续改进，注重市场的基础性作用，综合运用各种手段，将环境政策带入了一个崭新的领域。旅游部门应积极借鉴欧盟的经验，尝试制定适合旅游行业特点和中国国情的环境政策，激励旅游企业进行生态化改造，限制旅游企业的非生态化行为。

6. 相关利益主体的环境伦理

环境伦理是指人与自然关系的伦理信念、道德态度和行为规范，它的核心可以归纳为保护环境、维持生态平衡、尊重生命、善待自然、适度消费五个方面。环境伦理是人类文明进步的标志，是旅游产业生态化转型的思想基础。旅游产业生态化涉及旅游者、旅游企业、旅游行政管理部门、社区居民等利益主体，他们的环境伦理状况直接决定着生态化转型能否顺利进行。因此，应利用宣传和教育手段，促使相关利益主体树立环境伦理。可资利用的环境教育形式包括：第一，充分利用学校教育这一主阵地，环境伦理教育应贯穿于每个公民的一生，在不同阶段采取不同的方式，注重教育的层次性；第二，通过多媒体、信息网络等途径，运用形式多样的方法，传授相关基本知识与行为规范，帮助公众理解环境伦理的内涵；第三，旅游区结合自身旅游资源的特点，推行寓教于乐、形象生动、参与性强的环境伦理教育。

7. 面向环境的生态规划与设计

规划设计是一种重要的管理工具和控制方法。旅游产业发展中需要制定区域旅游发展规划、旅游区总体规划、详细规划等。面向环境的生态规划与设计是适应旅游产业生态化转型需要的规划设计理念。这一理念要求设计的产品从原材料的获取、生产、使用到废物回收的整个生命周期内不产生或少产生不良环境影响。它一方面要求尽量减少不可再生资源、不可替代材料、有毒物质、复合材料的使用，另一方面强调在产品生命周期内减少废物的排放，加强物质的循环利用，降低对生产者、消费者及相关人群的影响。目前在旅游业中开始应用的旅游商品绿色制造技术、旅游设施绿色建筑技术就是这种设计理念的产物。

8. 环境管理体系与认证

环境管理与认证是旅游企业生态化管理的重要工具。目前在旅游业中得到应用的主要有ISO1400环境管理体系和GUEEN GLOBE21认证，作为国际标准化组织颁布的一系列环境管理标准，ISO1400环境管理体系具体包括环境管理体系（EMS）、环境审核（EA）、环境标志（EA）、环境行为评价（EPE）、生命周期评价（LAC）等，是目前使用最多的环境管理手段，但是，这一标准原来是针对传统制造业的，因此应充分考虑旅游行业实际和中国国情。GREEN GLOBE21近年来由澳大利亚引进我国，已有一些酒店和旅游区进行了认证，应总结经验和教训，在旅游行业大力推广，促进旅游企业的生态化管理。

9. 旅游循环经济支撑技术

科学技术是第一生产力，旅游产业生态化转型需要科学技术作为支撑。除了清洁生产技术外，生态还原技术是目前最重要也最为缺乏的技术。鉴于旅游产业生态化与循环经济的密切关系，加之旅游循环经济技术研究的不断进展，现阶段可以应用旅游循环经济技术来推进旅游产业生态化转型，在此基础上进行旅游产业生态化转型技术的研发与推广。这些技术包括旅游资源可持续利用与保护技术、能源高效利用和节约技术、新能源与可再生能源技术、废弃物无害化处理与资源化技术、旅游地环境污染的生态防治技术、旅游地环境监测技术、绿色建筑技术、绿色制造技术。

旅游可持续发展一直是旅游学界倍加关注的研究领域，旅游产业生态化为旅游可持续发展研究提供了新的视角。新兴的产业生态学为这一问题的研究提供了理论和方法。旅游产业生态化转型是一个涉及经济、技术、社会的系统工程，它的关键在于清洁生产、绿色消费和生态还原，政策、伦理、规划、制度、技术、管理等方面的策略也会促进这一转型的实现。

第五章
云南旅游产业生态化建设的重点及系统优化

旅游产业生态化的实质是建立一个能够促进和实现旅游经济系统与自然生态系统之间物质、能量和谐流动的产业体系。它作为旅游生态化的主体，是旅游由传统的单一观光模式向现代复合生态开发模式转变的必然，是可持续发展理念在旅游发展具体领域的进一步深化。找到云南省旅游生态化发展的薄弱点，进一步做好旅游产业生态化，对整个云南旅游业的健康发展和国家建设资源节约型和环境友好型社会都具有十分重要的意义。本章阐述了云南省旅游产业生态化的四个重点层面，并力图结合本地实例探索优化旅游生态系统的实践模式。

第一节　云南旅游产业生态化建设的重点

生态是生存之基，环境是发展之本。生态环境状况既是我们赖以生存和发展的前提条件，也是衡量社会发展质量和人民群众生活水平的重要标准，更是一个地区综合实力和竞争力的重要体现。当前，虽然云南经济状况在全国来看，并不具优势，总体经济实力还不强，经济发展水平与发达地区相比还有一定差距，人民群众的物质生活水平还不是很高，但云南拥有得天独厚的自然资源、森林资源和水资源，无与伦比的生物多样性和文化多样性，奠定了云南生态大省的基础。全省高达49.91%的森林覆盖率，远远高于全国18.21%和全球27%的森林覆盖率水平。良好的生态环境和自然禀赋是云南最具特色、最具竞争力的后发优势，是云南生态发展、科学发展和构建和谐社会的重要支撑和前提条件。但是，近几年云南旅游业发展也出现了很多问题。

大量游客的涌入，必将要求目的地提供更多的配套设施，对此，云南省做了不少工作，如新建更多的酒店和娱乐设施，满足广大游客的需求，这在某种意义上有力地推动了云南省旅游服务水平的进一步提升。但也凸显出很多问题，如大量接待游客，服务设施在缺乏有效制度规范的情况下建造，经营管理者生态意识薄弱，盲目追求眼前经济利益，这对自然环境和人文环境都产生不同程度的影响。具体来说，生活垃圾、三废物品的不断增加，旅游交通运输量增加带来的尾气排放都会影响整个生态环境。同时大量游客的到来还会对目的地的人文环境造成影响，包括对景点环境的干扰、对社区原有生活氛围的喧嚣化影响和人口置换、湖岸、林地、草地的旅游度假、休闲娱乐设施的建设等，均会影响整个生态系统等。随着旅游推动的城市化建设的铺开，同样将造成目的地周边的物价上涨、就业结构的变化和土地租金的上扬等。究其原因，主要有以下四个方面：生态意识薄弱、体制机制建设滞后、粗放型旅游经济占主导以及局部地区生态系统脆弱，生态破坏问题突出。这几个问题是云南旅游生态化建设需要逐步解决的重大问题。

一　意识先导——树立旅游生态意识

旅游生态环境污染的首要原因是生态意识薄弱。意识决定行动。旅游生态意识的树立要求旅游者、旅游企业以及旅游目的地居民从思想上重视旅游活动的环保问题。目前云南旅游业发展总体势头很好，旅游人次、旅游收入不断增加，但相伴而生的旅游生态环境问题也日趋严峻。加大生态旅游宣传教育力度是生态旅游可持续发展的客观要求。具体来说，树立旅游生态意识需要从以下几个方面努力。

（一）积极宣传，培养行业相关人员环境保护意识

生态环境意识理论能够指导旅游业可持续发展，也能够为培养和提高公众的环境保护意识提供理念。首先要在行业内部旅游主管部门、旅游者、从业人员、旅游企业间大力宣传，牢固树立旅游生态意识和环保节约意识，才能在行动实践上积极保护生态环境。将旅游生态意识贯穿云南省各县市的旅游发展规划，制定环境考评机制，从思想层面上积极重视旅游生态。云南省旅游业广泛而快速的发展，旅游体验类型的多样化，为直接

面向游客展开生态意识培养和生态知识教育提供了很好的条件，通过现场方式对游客的不当行为加以纠正和引导，寓教于游，寓教于服务之中。使游客通过参与融入环保知识和环保内容的旅游活动，培养和提高生态安全意识。这种发生于自然过程之中并具有现场针对性的教育方式，将起到其他宣传手段所难以起到的作用。

（二）开拓引导，树立公众的旅游生态意识

1. 借助本土的大型公共活动和 RBD 公共空间

借昆明国际旅游交易会、五一旅游狂欢节等重大节庆积极宣传，大型公共活动和游憩商务区往往是公众较为集中的绝佳时机，利用机会积极宣传易形成广泛的社会影响，形成行业内部与公众的内外合力。

2. 借力本土知名且注重生态环保的景区、景点

如民族村、西山、大观楼普达措国家公园、丽江玉龙雪山等热门生态旅游地的积极宣传，即从景区积极示范，又让旅游者在游玩的过程中将生态意识牢牢扎根于心，可接受性更强。

3. 借助媒体力量，积极呼吁倡导

新媒体作为宣传的新锐力量在 21 世纪异军突起。云南旅游生态意识的树立应在“美丽云南，生态云南”的目标下积极宣传，可广泛利用微博、广播电台等宣传媒介等积极宣传旅游生态意识，积极推进“美丽云南”形象的塑造。

提高旅游生态意识是云南省旅游业持续发展的关键点之一，可在旅游发展的生态安全方面起着积极影响：

（1）有助于客观公正地评价旅游发展的生态安全影响

在过去很长一段时间内，似乎整个社会普遍对旅游业的发展持乐观态度。实际上，随着旅游业和旅游活动规模的不断扩大，旅游的各种负面影响开始日益显现。如云南近年来多个旅游景区湖泊河流等水域出现过不同程度的环境污染问题，尤其在节假日旅游高峰期，景区、景点面临着巨大的生态环境保护压力。人们意识到旅游的负面影响并非旅游活动与生俱来的，不恰当的发展模式才是造成问题的根源，只有通过推行健康的发展模式，加强生态安全研究，才能有效地控制和减少旅游的负面影响，实现云南省旅游业发展的可持续性。

（2）有助于实现旅游发展的生态安全目标

进行旅游生态安全研究的最终目标是协调以旅游活动为主的复合生态

系统的健康发展，这一系统是由人类社会文化生态系统、旅游经济生态系统和自然生态系统共同支持而形成的统一整体。环境意识理论要求旅游发展中保持三大生态子系统的有机结合和三大效益的高度协调统一，实现生态环境发展的可持续、社会文化发展的可持续和旅游经济发展的可持续。

二　产业支撑——构建健全的旅游产业生态化的产业支撑体系

云南省旅游产业生态化的产业支撑体系建设要从以下几个方面努力。

（一）实现旅游要素的生态化

可率先在云南省内结合民族风情特色和地域特色逐步建立生态饭店、生态旅馆、生态交通体系，大力开展生态旅游，融合本土素材与本土文化，强化生态商店、生态休闲活动、生态服装的设计，建立健全生态产业体系。

1. 生态饭店的要求

食材来源的本土化和使用的节约化：选用云南丰富的山野蔬菜和特色菜肴，杜绝铺张浪费。减少运输产生的废气排放与能源消耗；

建筑风格的协调化：兼顾社区整体风貌，保留本民族或本区域特色。

2. 生态旅馆要求

建筑材料的本土化和风格的协调化：使用当地石材、建材和绿化植物，与当地区域风格兼容，避免过分异化，减少长途运输的运程消耗；

资源使用的节约化、重复化和新能源化：少提供或不提供一次性用品，实现水资源循环利用、热量的循环利用，设计考虑使用新能源如太阳能、风能等。

3. 生态交通要求

能源使用和排量的减量化：在原有基础上节能减排，或采用先进清洁技术，实现污染物零排放或少排放；

交通方式的有氧化：倡导徒步、自行车以及传统的骑马等有氧健康的交通方式。

使用新能源交通工具和环境友好型的游步道：如电瓶车、石材或木质步道。

（二）运用生态技术，创新生态管理

在云南省内生态旅游示范区或循环经济示范区，如普者黑、普达措国家公园、玉龙雪山等景区的实践基础上推进关键性的旅游生态技术研究，

融合借鉴生物学、化学、能源工程等专业先进生态节能技术，建立健全生态技术支撑体系。在旅游景区创建生态管理体系，加强环境管理与监督，规范随意性的旅游开发行为，抓好旅游环境污染治理工作；科学规划，注重旅游景区、旅游线路和旅游商品的生态设计。

三　制度保障——建立旅游生态制度

在云南省旅游业快速发展的过程中，多地生态旅游资源遭到不同程度的破坏。随着旅游活动规模的扩大，景点垃圾遗弃量日益增加，城市建设破坏旅游环境。以往只把经济利益摆在首位，不惜以消耗生态资源和破坏环境为代价来获取利润的做法，必须加以改进。而解决生态旅游中出现的环境问题，就不得不将其诉诸法律以及构建更完善的制度。完善旅游生态制度对于云南省旅游业发展具有多方面的意义。首先，完善生态旅游制度能保护云南多样化、多类型的旅游资源。其次，完善生态旅游制度可以保护各项权利。如有利于保障合理开发利用环境资源的权利，生态旅游法律制度的完善能促进旅游景点布局的合理化，改善旅游业整体服务水平，推动对自然资源、野生动物及环境的保护，进一步强化生态保护意识。再如，有利于保障旅游资源开发利用权与生态资源收益权，云南的民族旅游资源十分丰富，对于民族旅游区附近的社区及其居民来说，生态旅游能加快社区基础设施建设，能提供多种就业机会，还能创造可观的收入，帮助社区居民脱贫致富，改善居民生活质量。最后，完善合理的生态旅游法律制度，也是可持续发展法律制度的重要组成部分，能够为涉及生态旅游活动的环境保护、自然资源开发利用、地方区域发展和规划、先进科技运用等诸多问题提供法律保证。

通过体制完善和制度创新，着力克服制约云南旅游产业生态化发展的制度性障碍，建立与完善有利于促进旅游生态化建设的制度，引导云南旅游产业走向更加生态化的可持续发展之路。

四　健全系统——优化旅游产业结构

产业结构反映了生产要素在各部门之间的合理配置状况和生产力的发展水平，旅游产业也是如此。旅游产业结构在纵向上可以分为三个层次：第一个层次是以旅游景区、旅游娱乐设施为核心的游览娱乐业；第二个层次是一个行业群，主要由旅行社、旅游交通运输业、旅游饭店业和旅游物品及营业等构成；第三个层次是对旅游直接提供硬件和软件支撑、服务的行业群。旅游产业结构优化是在产业的动态发展过程中达到旅游产业之间的协调、产品供求结构的相对均衡，进而实现生产要素在部门之间的优化组合和对全社会资源的优化配置，优化的目标是产业结构的高度化和合理化。云南旅游产业总体上发展很快，凭借着各州市的优势旅游资源呈现出遍地开花的态势，但是也存在一些不足，如区域合作不够，部分景区、景点基础配套设施建设滞后，尚没有形成较为完善的服务行业群。因此，优化旅游产业结构，对于促进云南省旅游业持续快速发展十分必要。有利于转变云南旅游业经济增长方式，同时也是云南旅游经济实现良性循环发展的根本保证。把优化云南旅游产业结构作为其旅游产业生态化建设的重点，是云南旅游产业发展的必由之路。

五　及时补救——保护和修复已破坏的旅游环境

云南省丰富而独特的旅游资源和有利的旅游区位，为把云南省建成旅游大省提供了基础优势。但是，云南省旅游生态环境质量却存在一定的问题，这些问题直接影响游客在旅游活动时的心理审美感受和身心恢复功效，若不予重视并及时治理保护，势必成为影响云南旅游业发展的不利因素。云南省的环境治理问题不是今天才提出来的，治理工作也不是今天才开始的，治理了数年，环境问题仍然存在，而且有的地区还日趋严重。究其原因有三方面：一是治理方法不当；二是治理经费不足；三是治理措施不力。在云南旅游产业生态化建设的新形势下，原来的环境问题再加上旅游业出现的生态环境问题，使旅游生态环境问题的治理更为迫切。旅游环境的保护和恢复是云南省旅游产业生态化建设的重要内容。

第二节　云南旅游产业生态化系统的运行

一　旅游产业生态系统模型建立与结构分析

（一）系统的输入

一个区域的旅游产业生态系统必须辅以一定的基本条件才能得以运行。这些基本条件也是决定该区域经济运行的因素。按照区域经济学的观点，需求与供给是决定区域经济运行的基础。旅游业输入的需求成分主要是区域内外对该区域的旅游需求，而且主要是有效需求部分，它是旅游消费需求与投资需求的总和。输入的供给成分主要为区域背景条件，概括为区位条件、区域经济背景和旅游资源条件。云南是中国通往东南亚、南亚的窗口和门户，地处中国、东南亚、南亚三大市场结合部，区位条件十分优越。近年来，在加速构建中国—东盟自由贸易区的新形势下，随着公路、铁路、航空和水运网络的日趋完善，云南省已经初步形成了通往东南亚、南亚国家的三条较为集中的对外通道，云南省经济发展迅速，而且拥有丰富的旅游资源，旅游业发展前景广阔。

（二）系统运行的经济产业机制

经济分工、合作机制与制度、经济调节机制这三项是一个地区旅游业运行平衡的必要条件。社会经济的发展使部门间的分工与合作成为历史的必然，旅游业的包容性更需要这样一种机制来平衡系统内各部门之间的经济行为。交易使双方获益，这一建立在比较利益基础上的经济学原理让各经济主体在相互的分工与交易中扩大了效用，这一好处又促使各主体在经济活动中充分考虑相关群体的利益，相伴而生的是主体间相互依存相互制约的平衡运行关系。设计有效的区域旅游经济制度是旅游产业生态系统得以平衡发展的首要机制，同时，经济调节也是消除经济运行的现实状态与可能的预期状态偏差的一种手段，也是促进区域内各产业和各部门之间协调发展的重要手段。调节机制主要通过控制各经济变量间的关系来改变经济的运行状态。市场机制与政策机制是区域经济调节的两套调节机制。云南旅游业发展中出现的一些生态环境问题和社会经济问题，一个关键原因就是产业机制不完善，因地制宜地综合运用这两种机制，可以促进云南省旅游产业生态系统的发展。

（三）系统信息沟通

申农认为，世界是由物质、能量和信息组成的。信息及信息的传递也必然表现在整个旅游产业生态系统的运行当中。旅游产业生态系统运行的种种机制，经济分工与合作机制、制度和经济调节机制等，都必须建立在对信息的充分把握基础之上。在旅游产业生态化系统中，信息在各运行主体间的非对称分布给系统的正常运行制造了麻烦，被传递的信息往往会受到干扰而扭曲，信息的真实性会因为发出者的信用而受到质疑，大量的信息寻找费用会影响到最终行为结果的效率。所以，信息及其引发的各种问题应该在整个系统的运行中得到重视并加以改进。

要促进云南省旅游产业生态系统信息的沟通，应该培养系统中各主体

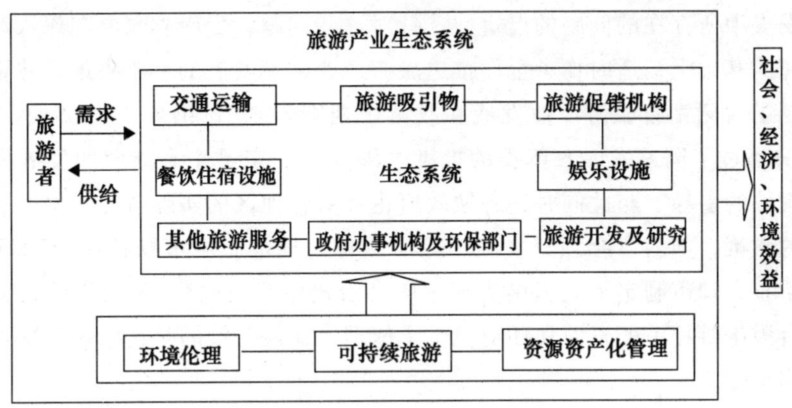

图5—1　产业生态系统运行分析

的信息化意识和建设完善的旅游信息系统，为各主体间进行充分有效的信息沟通打造技术基础平台，减少因信息问题产生的运行成本，提高云南省旅游产业生态系统运行的效率。

（四）系统输出

旅游产业生态系统的输出即是与生态系统共生的旅游产业群对区域产出的环境、社会与经济效益。正常运转的系统的输出应该是倍增的。当前云南省旅游产业发展迅速，成为云南省的支柱产业之一，但是产出很好的经济效益的同时，也有一些环境、社会方面的负效应。因此，构建一个运行良好的云南省旅游产业生态系统尤为必要。

二　云南旅游产业生态系统运行中存在的问题

根据模型分析，我们可以发现云南省旅游产业发展具备的优势，但是也能发现旅游产业生态系统运行中存在的一些问题，同时预见到如果这种生态破坏持续发展带来的严重后果。下面对云南省旅游产业生态系统运行的现状及问题进行分析。

（一）旅游生态建设政策不明确，组织管理混乱，相关法律体系薄弱

在政府政策方面，旅游业为云南的四大支柱产业之一，一直在政府的规划指导下发展，在发展初期政府将发展重心放到了增加经济收入上，在这样的思想指导下，一切的旅游方针政策的制定都以快速发展旅游业及旅游收入最大化为目标，采取粗放式经营，忽视了保护生态环境的重要性及

必要性，云南为此付出了惨痛的代价。近年来各级政府已经意识到了旅游业发展中所存在的问题的严重性，针对这些问题，云南省政府在深入调查研究的基础上，适时作了全面推进旅游产业改革发展的重要决策，并组织编制了《云南省旅游产业发展和改革规划纲要》，该纲要于 2009 年 4 月 27 日通过了国家发展改革委的批准。纲要的制定给生态旅游的发展提供了有效的引导。与此同时，各地政府也针对各地区的实际情况，出台了相应的政策，如为了合理开发利用旅游资源，规范旅游市场秩序，2009 年云南省大理市制定了《云南大理白族自治州旅游条例》。新的旅游政策的出台为旅游相关的资源和环境提供了依据，而最关键的是这些政策是否能落到实处。

在组织管理方面，云南的旅游主要由云南省旅游局负责组织管理，在具体的开发管理过程中又有旅游部门、林业部门、环保部门等多个机构的参与，各部门之间权责不清，不能很好地协作，造成了旅游管理的混乱，监管不力，从而不能有效地保护生态旅游资源。

在法律的制定和执行方面，我国关于旅游业法律制度的建设还很薄弱，虽然国家已经颁布了一些保护环境的法规如《风景名胜区管理暂行条例》、《森林法》等，云南省政府也结合云南的实际情况颁布了《云南省环境保护条例》、《云南省阳宗海旅游度假区环境保护规定》等相关法律条文，但这些法规中的相关条例只包含了旅游业中出现的部分违法问题，而旅游业中存在的某些危害资源、环境和社会的行为都较为缺乏惩治的法律依据。法律制度的不健全让违法分子有机可乘。此外，由于我国的责任制度、权责不清，从而使对问题责任人的惩戒很难执行。

（二）旅游资源的不合理开发和过度使用

旅游资源的不合理开发和过度使用在云南省体现为资源无区别、无差异的广泛利用和急功近利的逐利性开发。自从“要把云南建设成旅游大省”的发展思路提出后，云南便尽一切力量发展旅游业，但随之发展起来的是以高投入、强建设、大批量为特征的方式，大众旅游迅速占据了全省最有价值的旅游资源，其中也包括大部分宝贵的甚至不可再生的生态旅游资源。对旅游资源的大力开发，以及旅游景区每天的高客流量，使得生态旅游资源遭受了不同程度的破坏。如：索道四处上山导致植被破坏、滨湖即修建度假酒店或别墅区导致湿地减少和功能退化、湖上游船导致水体污染和视觉污染，等等。

素有"高原明珠"之称的全国第六大淡水湖滇池每年接收数以万计的游客，给滇池及周边留下了大量的垃圾，生态环境遭到严重破坏，滇池的水已经由从前的清澈得甚至可饮用的淡水变成了今天的"绿颜料"。又如，被评为国家5A级风景名胜区、省级自然保护区的丽江玉龙雪山，自然旅游资源丰富，景观大致可分为雪域、冰川景观、高山草甸景观、原始森林景观、雪山水景等，是云南独特气候类型及地貌的典型代表，玉龙雪山也因此吸引了不少游人观光，雪山上曾经常年不化的雪海（也被称为"世界上最长的滑雪场"）在2009年的冬天也只勉强能覆盖住雪山的表面。

（三）旅游基础设施建设的全面铺开导致的污染破坏

旅游基础设施建设从行业发展的角度来讲本无可厚非，但在云南这样的生态敏感区，基础设施的建设也极易影响旅游目的地的生态环境，这主要体现在交通设施建设和商业设施建设两个方面。

在交通设施方面，云南省近年来修建了大量通往景区的公路和直通热点目的地的机场，虽然公路和机场的建设给游客的出行带来了方便，扩大了出游范围，减少了出游时间，增加了目的地或景区的游客数量，给当地人带来了实惠和方便。但同时值得注意的是，这些基础设施工程的建设的科学性还有待提高。绝大多数景区公路的建设依山而建，势必破坏原有的动植物资源。此外，路面材质的选择是沥青、石板、木板还是水泥，建设方式是粗放的机械式作业还是最大限度降低损害等尚未受到关注。大多数景区的车道建设为追求高效、快速，主要以机械式的"开山辟路"为主，夏天雨季到来，泥石流、滑坡等时有发生，对景区生态环境造成极其严重的影响。此外，很多交通工具如旅游大巴、客运汽车以及各种私家车等开始深入景区，给景区带来了空气污染、噪音污染等问题，破坏了环境，也干扰了动植物的生存。

商业设施方面，游客数量的增加使原有的原生态居民住宅、饭店等已不能满足需求，为了留住游客，各景区都兴建了大量的宾馆、餐厅，为了赢利，还增加了各种娱乐设施。这些设施的建设缺乏政府的合理统一的规划，散乱又不合理，既破坏了当地的生态环境资源，又影响了当地居民的生活。此外，有些设施的材料取自周边的森林或其他宝贵的地貌资源，这就给生态资源的保护造成了极大的威胁。如前几年，在离泸沽湖不到10米的地方建设的生态旅游试点村落——落水村，落水村里民居、店铺林立，随着生态旅游的发展，游客越来越多，必然会给泸沽湖带来直接的污染，泸沽湖边居住的原始的摩梭人独有的生活方式将逐渐被大量的外来者同化。此外，丽江黎明景区有我国西南地区较大的丹霞地貌群，而当地无论是接待游客的旅店还是民居或是红石街地面上铺路的石头，大多都是用山上的红石建成的。缺乏对红石的统一开采管理，造成了对丹霞地貌的严重破坏。

（四）旅游行业相关者生态旅游意识淡薄

很多旅游者对生态旅游一知半解或知之甚少，生态旅游在旅游研究中早已不是新名词，但在实践中却有某些旅游管理组织者的生态旅游意识也还较为薄弱。当旅游者以团队旅游的方式出游的时候，途中旅游者听到导游介绍更多的是一些可以给他们带来经济收益的旅游副产品，却很难听到针对生态旅游环境保护相关知识的宣传。导游人员的讲解较少涉及生态保护内容，很难发挥应有的引导作用。旅游对旅游者而言是一种放松心情、享受大自然的体验，旅游者更注重的是个人的身心愉悦，有的旅游者片面地认为旅游是一种完全无污染的活动，而忽视了生态资源保护的重要性，此外，旅游者整体的生态环境保护意识和环境关怀意识还有待提高。

（五）生态旅游人才的缺乏

通过对云南各高校的调查发现，云南有不少的大专科院校都开设了与旅游管理相关的专业，还有几所专门的旅游类中专学校，云南非常注重培养旅游专业人才。但进一步调查发现，这众多的学校中开设生态旅游专业的却很少，显然发展生态旅游的必要性还没有引起整个教育系统的重视。云南的生态旅游人才还非常缺乏。

第三节　云南旅游产业生态化系统优化

旅游产业生态化是一项复杂的社会系统工程，它不仅涉及旅游产业物质环境的生态建设、生态设计、生态恢复，还涉及价值观念、生活方式、政策法规等方面的根本性转变。云南旅游产业生态化需要在不同的层面上将生产和消费纳入系统中，主要体现在三个方面：一是微观层次上促使全省各个旅游区旅游企业实施清洁生产，使资源在旅游企业内部实现循环利用，提高资源利用率，特别是生态环境脆弱的高原湖泊、生物多样性聚集区域；二是中观层次上建立旅游循环经济园区和环境友好型旅游城镇，使资源在旅游产业系统内部达到循环利用，尽可能减少废物对环境的排放；三是宏观层次上形成旅游循环经济，使物质的生产和消费在全社会范围内形成大循环，实现真正意义上的物质减量化。

一　旅游企业清洁生产促进旅游企业生产生态化

旅游业清洁生产是指从旅游产品与设施设计、开发到整个旅游过程都要减少和消除旅游者、旅游企业对环境的直接或间接的负面影响，从而实现旅游业的可持续发展。旅游业清洁生产的内容主要包括清洁能源与原料、清洁的生产过程和清洁产品三个方面。技术进步是旅游企业实现清洁生产的重要手段，而清洁生产会使旅游企业的技术改造更具有针对性，使旅游企业获得更多的经济效益和环境效益。

因此，政府部门应该逐步出台政策进行引导支持，推动全省各地旅游企业通过技术改造或运用新技术和手段进行清洁生产，使旅游企业生产出低能耗、低污染、可循环利用的清洁产品，实施绿色营销、绿色管理，确保产品生产、消费、分解的过程是清洁的和可循环的，微观上达到旅游产业生态化，特别是西双版纳、德宏、怒江以及迪庆等州市，旅游资源十分丰富，是拥有多个民族的旅游社区，但是当地经济基础较为薄弱、旅游企业技术尚未达到清洁生产的要求，对技术改进的要求显得尤为迫切。以旅游餐饮业为例，在旅游产业生态化理念下的餐饮业的运营可分为生态设计、绿色采购与储存、清洁生产、绿色服务、废弃物处理 5 个环节。其中，废弃物处理是餐饮业的终点，但并不是旅游产业生态系统的终点，恰恰是旅游产业生态子系统的起点。餐饮业废弃物可与养殖业、种植业、林业、渔业等结合，形成物质循环流动，并且可以采用先进的手段和技术对废弃物进行加工处理，起到营造景观、培育旅游资源的作用，进一步实现产业生态学中“从摇篮到摇篮”的理念。

二　建立旅游循环经济园区和环境友好型旅游城镇

单个旅游企业在生产过程中无法消解全部的废弃物和副产品，需要旅游企业与企业间促成耦合关系来满足物质循环。在特定区域内，当旅游产业系统内部企业间发生耦合，或旅游业与相关产业发生耦合关系后，就会产生生产者企业、消费者企业、分解者企业，形成代谢和共生关系，自然会形成众多的物质循环链和循环网，辅以科学技术构成的人为物质循环系统，可以实现旅游产业系统生态化，达到区域内资源、能源的物质解耦或减量化甚至零消耗，产品高产出，废物零排放，实现物质、能量多级利用，资源、环境系统开发，持续利用。

区域旅游产业生态化在中观上主要表现为旅游循环经济园区和环境友好型旅游城镇。旅游循环经济园区是以生态循环再生、物质能量循环利用为基础的旅游园区，包括旅游产品和旅游服务的交流，尤其是以最优的空间和时间形式组织旅游企业生产和消费中产生的旅游副产品交换，从而使旅游企业和社区付出最小的废物处理成本，并且通过对旅游废弃物的减量化来促进旅游资源、能源利用效率的提高以及旅游环境的改善和优化。在云南省内先建立一批旅游循环经济园示范区，尝试构建有效的园区企业、团体间的联系、参与、协作和共生机制，通过园区内物质、能量、信息等的循环交流构成企业、团体彼此受益的理想产业链和网络，实现园区经济、社会、环境和谐持续发展的目标。环境友好型旅游城镇是以保护优先、环境友好、持续发展理念为指导，以生态保障体系、基础设施体系、产业循环体系为骨架，以旅游产业为重要驱动力，以经济、生态、社会效益和谐发展为目标的城镇类型。旅游循环经济园区和环境友好型旅游城镇的规划设计都是建立在减量化（Reduce）、再使用（Reuse）、再循环（Recycle）、再思考（Rethink）、再修复（Repair）和再整合（Reorganize）的“6R”原则基础上的旅游产业生态化发展模式。要实现云南省旅游产业生态化发展，旅游循环经济园区和环境友好型旅游城镇的建设是一项重要举措，政府应该给予更多的政策支持。

三　大力发展旅游循环经济，实现旅游产业生态化

旅游循环经济要求人类在进行旅游生产和消费活动时，把自己纳入旅游产业生态系统中，运用生态学规律，将旅游生产和消费活动规制在生态承载力、环境容量限度之内，通过分析代谢废物流的产生和排放机理与途径，对旅游生产和消费全过程进行有效监控，并采取多种措施降低旅游污染产生量、实现污染无害化，最终降低旅游产业系统对生态环境系统的不利影响，形成一个资源、产品、再生资源的循环型社会。

要使云南省旅游产业生态化得以实现，还需要政府从宏观层面在制度上加以保证。首先，政府要制定符合旅游产业生态化发展的政策。确立旅游产业生态化发展的战略、步骤、目标，引入激励与约束机制，鼓励旅游

企业、团体参与旅游产业生态化建设。其次，加强立法，建立适应云南省旅游产业生态化发展的法律法规体系，做到有法可依。此外，政府通过制度设计，提高公众的循环经济意识，加大对旅游循环经济的宣传教育，改变传统观念，树立全新的资源观，认识到世界上没有废物，只有没有物尽其用的资源。积极进行绿色消费，加速旅游产业生态化进程，实现云南省生态型旅游产业建设。

第四节　云南旅游产业生态化建设的主要模式

旅游活动类型的多样性、综合性和周期性都与旅游目的地的特点及其组织有着直接的联系，而旅游活动的多样性又同旅游的自然资源、历史文化资源的多样性相对应。因此，本书基于云南得天独厚的自然旅游景观和人文旅游资源，以旅行的目的地为基础，主要分析云南的乡村旅游、休闲度假旅游、生态旅游和民族文化旅游的建设模式，并以此作为分析研究的基点对相应的旅游目的地发展模式加以构建。

云南旅游产业生态化建设主要模式的构建，主要基于产业生态化的理念，通过分别对乡村旅游目的地、休闲度假旅游目的地、生态旅游目的地和民族文化旅游目的地等现有的发展模式的分析研究基础上，明确各发展模式的优点以及存在的问题，并以此为基础构建云南旅游产业生态化建设的主要模式，明确各旅游目的地旅游产业生态化建设模式的要点，从而实现旅游产业的生态化发展。

一　乡村生态旅游建设模式

乡村生态旅游建设模式，强调在乡村旅游目的地根据利益相关者理论，通过采用政府有限引导的战略，旅游企业不断提高自身的管理水平，同时，积极引导社区参与管理，并进行有效的监督和控制，逐步建立完善的宏观调控管理模式。政府在旅游产业生态化建设过程中发挥着极其重要的引导作用，不仅使得旅游资源得到有效的利用，同时旅游环境也得到了良好的改善和保护，使得旅游目的地可持续发展的能力增强，提升旅游目的地的知名度和美誉度，从而保证了旅游产业科学、持续、健康的发展。

（一）坚持政府有限引导

乡村旅游目的地旅游产业发展阶段，应该实行政府有限引导的发展模

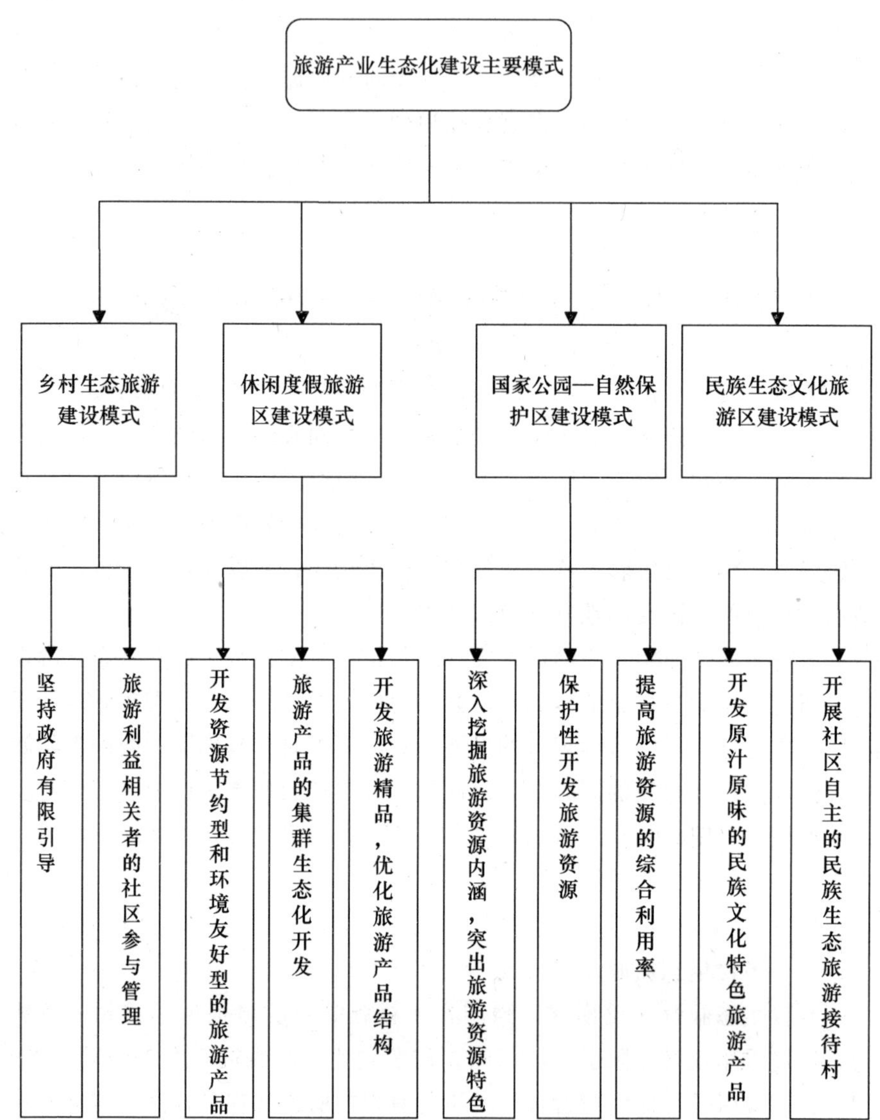

图 5—2　旅游产业生态化建设主要模式构建

式，这就要求旅游目的地充分发挥政府在旅游产业发展过程中的宏观调控和监督管理能力，规划旅游市场主体的行为，建立健全、统一、有序的旅游市场体系，为旅游产业的发展提供必要的服务和支持，实现政府与旅游企业的协调发展。通过强化政府的宏观调控，以实现旅游资源的优化配置，使得更多的旅游市场主体参与到旅游资源的保护与利用过程中，从而促进旅游产业的生态化发展。

（二）旅游利益相关者的社区参与管理

社区居民是对旅游产业发展影响较大的旅游利益相关者，随着乡村旅游目的地的发展，引入社区居民参与乡村旅游目的地旅游规划与开发计划的制订，并监督规划的实行和负责旅游目的地的一些经营管理工作，可最大限度地避免社区居民与旅游企业之间的矛盾冲突，不仅保证了社区居民的利益，同时，社区居民的参与和融合还可在一定程度上弥补当地政府和旅游企业之间的信息盲点。因此，政府在旅游产业发展引导的基础上，积极鼓励社区居民参与管理和监督，从而促进旅游产业的可持续发展。

二 休闲度假旅游区建设模式

休闲度假旅游区建设模式，强调针对休闲度假旅游目的地，分别从旅游的食、住、行、游、购、娱六大方面，采用集群化开发的方式，开发出资源节约型和环境友好型的旅游产品，同时，优化旅游产品结构，实施旅游精品战略，并逐步建立起不断更新的、充满竞争力的旅游产品体系。因此，可持续旅游产品的开发是区域旅游产业生态化建设的一个核心环节，以可持续发展的视角对旅游产品进行开发，更有利于促进旅游产业生态化建设的实现。

（一）开发资源节约型和环境友好型的旅游产品

一方面，在对旅游产品生产和消费时，通过采用旅游资源保护型的开发利用方式、旅游资源节约型的经营和消费方式，以节约使用旅游资源并提高旅游资源的利用率为核心，满足旅游者在旅游活动过程中的食、住、行、游、购、娱等旅游需求。旅游企业通过以最少的旅游资源投入，开发资源节约型的旅游产品，努力做到旅游资源使用的减量化、再利用、再循环；另一方面，注重对旅游资源环境的保护，强调旅游者的旅游活动与自然生态系统的协调发展，通过采取有利于旅游资源环境保护的开发、利用和经营方式，建立人与环境的良性互动关系，发展环境友好型的现代旅游业，从而推进旅游产业的生态化建设。

（二）旅游产品的集群生态化开发

产业集群化发展是推动旅游产业经济发展和提高区域旅游核心竞争力的重要方式，在旅游产品的开发过程中，通过利用创新性思维，对旅游产品进行集群生态化开发。通过科学的规划和合理的布局，使旅游景区内的旅游产品集群，既能在整体上把观光游览、休闲度假和参与性娱乐有机融合在一起，又能使得旅游景区集群内的各景点凸显自己的个性，从而形成差异化的旅游产品景观，以满足旅游者多样化的需求，达到旅游者视觉和体验的互补。这种通过对旅游产品的集群生态化开发，在满足了不同旅游消费者对产品和路线的不同选择需求的同时，也要求了以旅游生态学为理论基础，为旅游者提供生态化、可持续的旅游产品。

（三）开发旅游精品，优化旅游产品结构

一方面，打造旅游景区特色化的旅游精品，在可持续发展的视角下，注重在整体上对旅游产品的科学开发，不断完善旅游产品的内涵，实施旅游精品战略，打造旅游“品牌”，以满足旅游者多样化的旅游需求；另一方面，转变单一的旅游产品体系结构，由传统的观光旅游产品体系向以观光游览和休闲度假体验为主导的复合型产品体系转型，建立集观光旅游、休闲度假旅游、参与体验性旅游等为一体的旅游产品体系，优化旅游产品结构，从而满足大众旅游消费者的不同需求。

三　国家公园—自然保护区建设模式

国家公园—自然保护区建设模式，强调以自然旅游资源或人文旅游资源为依托的旅游景区，深入挖掘旅游资源内涵，突出旅游资源特色，并通过保护旅游资源和生态环境，提高资源的利用率，注重旅游资源的永续利用，从而实现旅游产业生态化建设。因此，这种以资源为依托类型的旅游景区凭借其自身的资源优势，运用一定的技术手段，充分发挥人的创造性和能动性，对旅游资源进行科学合理的开发。

（一）深入挖掘旅游资源内涵，突出旅游资源特色

首先，在旅游业发展的不同阶段，人们对旅游资源的内涵和外延的认识也在不断深化，因此要求旅游景区在旅游资源的开发利用过程中，深入挖掘旅游资源内涵，找出景区内旅游资源的“亮点”，并对其进行科学、合理的开发利用，突出景区旅游资源的特色；其次，根据旅游业发展的动态和旅游者需求变化的特点，合理开发利用旅游资源，满足旅游者的需求变化，如倡导开展低碳旅游活动，在旅游资源开发利用的过程中，可以以低碳为主题开发旅游产品吸引旅游者，从而实现旅游景区的可持续发展。

（二）保护性开发旅游资源

保护是开发的前提，开发是保护的一种方式，只有将旅游资源的开发与保护融为一体，坚持旅游资源的保护性开发，在保护中开发，在开发中保护，才能实现旅游资源的可持续利用。如在开发利用旅游资源的过程中，保护生态环境，减少自然和人为的破坏，并针对旅游景区的资源特点与环境承载力制定相应的保护措施。同时，在旅游资源保护与开发利用方面，对于不可再生的旅游资源，采取保护第一的原则；而对可再生的旅游资源，应在产业生态化的基础上进行合理的开发利用，以达到保护性开发利用的目的。

（三）提高旅游资源的综合利用率

在激烈的市场竞争环境下，旅游业的可持续健康发展必须建立在实现旅游资源的开发利用由粗放型向集约型转变、实现旅游业增长方式从数量规模型向质量效益型转变的基础上。同时，运用先进的科学技术手段合理配置旅游资源，努力提高旅游资源的综合利用率，并对旅游资源进行整合、发挥其多元化的功能来满足旅游者多样化、多层次的旅游需求，使其在旅游产业成本一定的条件下，旅游产品产出量最大，以达到旅游资源的高效利用。

四　民族生态文化旅游区建设模式

民族生态文化旅游区建设模式，强调以少数民族文化底蕴厚重的旅游资源为依托的旅游目的地，开发原汁原味的当地民族文化特色的生态旅游产品，在旅游者开展生态旅游的过程中，始终贯彻不损害当地旅游资源的原则，从而使旅游区域内的少数民族文化得以传承和发展。因此，充分挖掘旅游目的地自身的旅游资源特色，利用少数民族文化资源的优势，开展民族文化生态旅游，促进区域旅游产业生态化发展。

（一）开发原汁原味的民族文化特色旅游产品

针对文化旅游资源较为丰富的旅游目的地，一方面，应充分挖掘旅游目的地自身的旅游资源特色和内涵，利用旅游目的地文化资源优势，开发具有民族文化特色的旅游产品，使旅游者通过与当地居民的接触，体会民风民俗，感受民族风情，品尝原汁原味的当地民族文化；另一方面，在开发和利用旅游资源的过程中，要保持旅游资源的原真性，开展生态旅游活动，保护旅游目的地的文化旅游资源和当地的社会环境，从而实现旅游产业的可持续发展。

（二）开展社区自主的民族生态旅游村

云南的大多数自然保护区、风景名胜区附近都有典型的少数民族村寨，依托自然环境优美和民风淳朴的旅游资源，建设社区自主的民族生态旅游村，将旅游者欣赏自然风光和感受民族风情等多种旅游需求有机地结合起来，既可以实现生态旅游者的旅游目的，同时还可以保护旅游目的地的旅游资源，为旅游目的地的居民带来一定的经济效益。民族生态旅游村的开发，有效地保护了当地的自然生态环境和民族文化社会环境，使原汁原味的民族文化特色生态旅游产品受到欢迎，是真正意义上的生态旅游活动。

第五节　云南旅游产业生态化建设的实践形态

实践形态，具体到旅游产业，就是在旅游目的地采取的“发展”形式与方法，沿着什么样的路径实现旅游产业的发展。它是在发展模式指导下的相对微观、具体的研究，通常附有个案研究。本书该部分分别以团结镇、抚仙湖、普达措国家公园和雨崩村等具有代表性的旅游目的地作为案例研究点，在基于前文对乡村旅游目的地、休闲度假旅游目的地、生态旅游目的地以及民族文化旅游目的地旅游发展的现有实践模式分析的基础上，对其实践形态作进一步分析，找出其在建设实践中存在的问题，并提出相应的解决路径。

一　乡村旅游目的地建设实践形态及其问题分析

（一）团结镇旅游业现状

团结镇位于昆明市西郊，距昆明市区12—35公里，地貌类型以侵蚀、溶蚀山地地貌为主，主要山地有棋盘山、笔架山、烈火山、状元山、界山岭和明东山，主要河流有永盛河。其气候特点属低纬度高原季风气候，冬暖夏凉。现居住着彝、白、苗等少数民族，占总人口数的71.2%，是一个典型的少数民族聚居的农业山区。20世纪90年代中后期，团结镇根据旅游产业发展态势提出“兴办旅游业，促进第三产业发展”的思路。1998年，团结镇为配合农村产业结构优化升级，充分发挥自身的资源优势，在全区率先办起了“农家乐”旅游项目。随着团结镇旅游业的兴起和快速发展，其旅游客源目标逐渐明确，主要以昆明城市居民为主要客源市场，游客多选择自驾游的出行方式；以娱乐休闲、欣赏风景和体验民俗风情、体验乡土气息以及疗养度假为主要出行目的；在旅游娱乐项目的选择上，主要以“农家乐”、游览景点居多，并逐渐呈现多样化选择的趋势；在餐饮和住宿方面，也以吃农家饭、住农家院为主。随着“农家乐”的示范效应，以及各级政府旅游部门的大力支持，到 2004 年 4 月，团结镇成为首批全国农业旅游示范点。

（二）问题分析

尽管如此，随着团结镇旅游业的发展，乡村的经济基础薄弱以及人们的文化水平不高等因素严重制约了当地乡村旅游的规模化、高层次的开发，而一直以来以发展“农家乐”乡村旅游为主的开发经营模式也在团结镇乡村旅游业的发展过程中出现了很多问题，如政府投入不足，致使“农家乐”在接待游客以及旅游产品开发方面不太具有本地特色；一些外来的承包者对房屋建筑的改造，也使得原本的乡土气息被商业化；而当地的社区居民也只有少部分参与到乡村旅游业的经营管理中，导致旅游企业和当地的社区居民之间的关系紧张甚至恶劣等。总而言之，团结镇乡村旅游业的发展过程中存在的问题是与社区居民参与旅游产业的程度较低密不可分的，没有社区的整体参与，就没有乡村旅游的本土生态特色，也就违背了乡村旅游发展的实质。

（三）解决路径

由于目前团结镇本地居民的经济能力有限，缺少足够的资金来完善旅游基础设施和相应的配套服务设施，需要政府主导并采取一定的措施来推动团结镇旅游业的发展。同时，当地政府要鼓励社区居民积极参与到乡村旅游业的发展过程中，采用政府引导的社区参与方式，使当地乡村旅游业的发展完全由本地政府和社区居民来参与管理和进行控制，从而共同实现乡村旅游目的地旅游产业的生态化建设。

1. 政府应该发挥主导功能，积极加大对团结镇乡村旅游业的发展的投资力度，建设游客服务集散中心，完善旅游基础设施和相应的服务配套设施，对农村建筑风格的“本地化”进行改造和完善，亮化村容村貌，美化旅游环境。同时，政府也要积极推进团结镇乡村旅游的信息化建设，鼓励社区居民参与乡村旅游产品的开发和经营。

2. 政府制定并出台相应的宏观市场管理政策，制定团结镇乡村旅游分级分类管理的标准，把各形态的乡村旅游纳入统一管理的轨道。同时，建立健全组织管理机构，积极吸纳社区居民，成立乡村旅游发展专门领导小组及社区居民乡村旅游协会，共同协调负责团结镇乡村旅游业的发展。

3. 积极鼓励社区居民参与当地旅游业，在旅游产品的规划和开发过程中，应充分听取当地社区居民的意见，充分考虑到社区居民的切身利益，政策的出台需要经过社区居民的全体讨论和表决。同时，要保证社区居民参与旅游发展是一个长期的有效过程机制，让社区居民参与贯穿旅游发展的整个过程，从而提高当地社区居民的参与水平。

4. 以低碳旅游的方式促进乡村旅游目的地旅游产业生态化建设。发展低碳旅游对减少旅游产业生态系统中的资源消耗至关重要。旅游产业生态化建设的实现需要有关部门基于旅游者、旅游企业、政府、社区居民等各相关利益者的视角，通过营造低碳旅游吸引物、建设低碳旅游服务设施和基础配套设施、培育低碳旅游体验环境以及倡导低碳旅游消费方式等来实现。通过低碳旅游的方式促进旅游产业生态化的发展，使之成为乡村旅游目的地旅游业可持续发展的新途径。

二　休闲度假旅游目的地建设实践形态及其问题分析

（一）抚仙湖休闲度假区旅游业现状

抚仙湖休闲度假旅游区，位于云南省玉溪市，距省会昆明约 60 公里，距玉溪市中心城区 30 公里。抚仙湖地处滇中，隶属澄江、江川、华宁三县。湖面海拔高度为 1722.5 米，面积 216.6 平方公里，湖岸线 92 公里，面积 212 平方公里，平均水深 87 米，最深处 155 米，为全国第二深淡水湖。抚仙湖水质洁净，为国家地表一类水质，透明度达 7—8 米，处于亚热带高原季风气候区，湖区年平均气温 17.5℃，湖畔沙滩洁净细软，是全国最佳避寒、避暑胜地之一。特别是北部沿澄江一带，近岸 200 米左右，水深仅在 1—3 米，湖水清澈，湖底全铺细沙伸延至湖岸数米，每年吸引着成千上万的人前来戏水、游泳。抚仙湖地理位置优越，交通便捷，气候适宜，旅游资源丰富，品质优良，特色突出，自然景观和人文景观组合优良，具有不可替代性，是我国内陆淡水湖中水质最好的湖泊之一，居云南省湖泊之最。

抚仙湖旅游度假区开发始于20世纪80年代中后期，经过多年的旅游开发建设，抚仙湖休闲度假旅游区已经成为省级旅游度假示范区，并逐步形成了以抚仙湖湖滨休闲度假为主体，包括运动康体、观光游览、休闲度假、乡村旅游、文化旅游等类型多样的旅游产品格局，逐渐成为云南旅游的热点区域。抚仙湖旅游度假区处云南省六大旅游片区中的滇中大昆明国际旅游区之内，不仅是玉溪旅游开发建设的支撑旅游区，也是滇中大昆明国际旅游区的重要休闲度假旅游区。

（二）问题分析

由于抚仙湖旅游产业的发展基础相对还较为薄弱，致使旅游产品的开发类型较为单一，仍主要以传统的观光和休闲度假型旅游产品为主，旅游接待设施和服务设施也存在拥挤和混乱的现象，“食、住”的标准和质量不高，旅游交通方式有待进一步完善，娱乐和购物等旅游活动项目不足。同时，在抚仙湖沿岸的部分乡村，结合自身的自然地理条件，以“自发组织”的方式参与到旅游业发展中来，为旅游者提供一些基础的旅游服务设施也远远达不到规模化、产业化和特色化的要求。

（三）解决路径

基于对抚仙湖旅游业的发展现状的分析，针对其存在的问题，对抚仙湖休闲度假旅游目的地旅游产业生态化发展提出一些对策和建议。通过采取旅游产品集群生态化开发方式，使抚仙湖景区食、住、行、游、购、娱六大要素协调发展，开发资源节约型和环境友好型的旅游产品。同时，优化旅游产品结构，实施旅游精品战略，并逐步建立起不断更新的、充满竞争力的旅游产品体系。因此，采用旅游产品集群生态化开发的模式，从可持续发展的视角对旅游产品进行开发，更有利于促进旅游产业生态化建设的实现。

1. 推进抚仙湖休闲度假旅游景区开发资源节约型和环境友好型的旅游产品

一方面，在旅游产品的生产过程中，旅游开发和经营者依托一定的旅游资源，通过采用资源保护型的旅游开发方式，以最少的资源投入，来满足旅游者在旅游活动过程中对食、住、行、游、购、娱方面的旅游需求，从而提高旅游资源的利用率，努力做到旅游资源使用的减量化、再循环和再利用；另一方面，强调抚仙湖旅游景区旅游产品的开发与自然生态系统的协调发展，采取有利于旅游资源环境保护的开发、经营和消费方式，实现抚仙湖旅游产业生态化建设。

2. 抚仙湖休闲度假旅游目的地旅游产品的集群生态化开发

在抚仙湖休闲度假旅游目的地旅游产品的开发过程中，利用集群生态化开发的思路，进行旅游产品的集群式开发，使景区内的旅游产品既能整体上把观光游览、休闲度假和参与性娱乐有机结合在一起，同时，各旅游景点在个体上又能凸显自己的个性形成旅游产品景观差异，以满足旅游者视觉和体验多样化的需求。通过将区域内旅游资源优势进行有效的整合，丰富旅游产品的类型，从而实现旅游功能的完善，为旅游者提供不同的旅游产品和线路需求，打造抚仙湖旅游景区的整体旅游形象，增强其核心竞争力。

3. 完善抚仙湖休闲度假旅游目的地旅游产品的体系结构

一方面，尽快转变旅游产品结构的单一性，由观光游览产品体系向观光游览、休闲度假和参与体验型为主导的复合型旅游产品体系转变，从而满足多样化的旅游市场需求；另一方面，从可持续发展的视角注重在整体上梯度开发旅游产品，不断丰富旅游产品的内涵，实施旅游精品战略，打造旅游“品牌”，从而促进抚仙湖休闲度假旅游目的地旅游业持续快速的发展。

三　生态旅游目的地建设实践形态及其问题分析

（一）普达措国家公园旅游开发现状

普达措国家公园位于云南省迪庆州香格里拉县，属中国滇西北“三江并流”世界自然遗产中心地带，主要由国际重要湿地碧塔海和“三江并流”世界自然遗产红山片区之属都湖景区两部分构成。规划保护区域面积300.4平方公里，保护面积占总面积的99.81%，目前国家公园游憩用地面积0.60073平方公里，占总用地的1.9%。公园处于滇西北亚高山寒温性针叶林植被带，最高点在弥里塘北部山顶，海拔4159米；最低点在碧塔海东部金子沟，海拔3200米，相对高差959米。公园的旅游资源由自然生态景观资源和人文景观资源两部分构成。自然生态景观资源分地质地貌景观资源、湖泊湿地生态旅游资源、森林草甸生态旅游资源、河谷溪流旅游资源、珍稀动植物和观赏植物资源五大部分。人文景观资源是为普达措国家公园自然生态景观注入活的灵魂的藏族传统文化，包括宗教文化、农牧文化、民俗风情以及房屋建筑，等等。

普达措国家公园，共分七个功能区：一是“8”字形大众生态旅游区——北面是属都湖，南面是碧塔海，两湖之间是洛茸民族生态文化旅游村和弥里塘亚高山牧场，这“两湖一村一坝”是公园的四个亮点。二是属都湖度假旅游区，能够满足游客度假、开会和观光的需要。三是洛茸村大众生态旅游区，能满足游客体验藏族民俗文化和大众生态观光旅游的需要。四是属都岗—地基塘专业生态旅游区，它能充分满足游客户外运动、软式探险、徒步穿越和科学考察的需要。五是吉利古徒步旅游带，能满足游客徒步穿越和科学考察的需要。六是碧塔海南线自驾车旅游带，满足自驾车和过路游客的需要。七是红坡村引导控制区，控制这一区域的建筑景观，打造与国家公园相协调的遗产廊道。

普达措国家公园采用“国家公园模式”和“生态旅游”，这在中国内地是一种新的发展模式，被称为“普达措模式”。“普达措模式”的生态旅游开发也是一种创新并符合世界潮流。普达措国家公园以生态旅游为主，以其他旅游为辅；以环境保护为主，以适当开发为辅，保护与开发并重；加强旅游基础设施、旅游文化、普达措企业文化、环保文化、旅游理念建设。普达措在发展过程中，从一般的制度化管理到以发展的实际情况不断提出制度化与人性化管理相结合，科学化管理与普达措企业文化相结合，以创建中国内地第一个“国家公园”为核心，以建设高质量的民族生态旅游地为目标。

（二）问题分析

由于普达措国家公园旅游区生态环境的脆弱性和敏感性，且国家公园的建设尚处于起步阶段，国家公园的资源保护与管理尚未形成体系，国家公园的生态旅游开发也刚刚起步，旅游业尚未达到旅游产业化、生态化的要求，因此，仅仅减少对生态系统的负面影响是不够的，还需对旅游资源进行保护性的开发，将旅游开发、运行纳入旅游产业生态系统内，使物质流、信息流、能量流，能实现良性循环。

（三）解决路径

旅游资源的保护性开发是旅游业可持续发展的前提，基于对普达措国家公园旅游发展现状的分析，以及国家公园内旅游资源的脆弱性和敏感性的特点对旅游资源采取保护性开发，深入挖掘旅游资源内涵，突出旅游资源特色，并通过保护旅游资源和生态环境，提高资源的利用率，注重旅游资源的永续利用。同时，鼓励国家公园的工作人员和社区居民积极参与国家公园旅游资源的保护，加强对环境保护的分层教育，分别从对本地的植物资源保护、动物资源的保护、地质资源的保护等多方面对旅游者进行旅游资源保护宣传和生态环境教育。随着现代科学技术的快速发展，运用一定的科学技术手段，对国家公园旅游目的地旅游资源进行科学、保护性开发，从而实现国家公园旅游产业生态化建设。

1. 对国家公园旅游目的地的旅游资源进行保护性开发

将旅游资源的开发和保护融为一体，在保护中开发，在开发中保护，对国家公园旅游资源进行科学的开发与利用。在处理旅游资源和环境的保护与发展的关系上，对于不可再生的旅游资源，采取保护第一的原则；而对于可再生的旅游资源，应在旅游产业生态化的基础上进行合理的利用。同时，在开发和利用旅游资源的过程中，还应加强对资源和环境保护的各种措施，如保护生态环境，减少其自然的、人为的破坏，并为国家公园内自然和人文景观的存在和发展创造良好的条件，要防止旅游业粗放化、商业化、庸俗化等倾向，以社会化、生态化、科学化的可持续发展为导向，从而使得旅游资源的开发不超过区域资源与环境的承载力。

2. 提高国家公园旅游目的地旅游资源的利用率

随着现代科学技术以及创新技术的应用，通过合理地配置旅游资源，提高国家公园旅游目的地旅游资源的综合利用率。并通过充分挖掘旅游资源的内涵和进行旅游资源的合理配置及整合，来发挥其多种旅游功能，以满足旅游者多元化、多层次的旅游需求，实现国家公园旅游目的地旅游资源从粗放型开发向集约型开发转变，实现旅游目的地旅游产业增长方式从数量规模型向质量效益型转变，从而达到国家公园旅游目的地旅游资源的高效利用。

3. 鼓励社区居民参与国家公园旅游资源的保护，加强生态环境保护方面的教育

积极鼓励国家公园的所有工作人员和社区居民参与国家公园的旅游资源和生态环境的保护工作，为了旅游资源的可持续利用与发展，禁止对自然和人文旅游资源进行大规模掠夺式的开发和利用。同时，鼓励国家公园内的所有员工和社区居民都积极参与到对旅游者的生态环境保护的教育活动中，并对旅游资源的保护以及生态环境的教育工作进行细致的划分，分别从对野生动植物资源的保护、当地特有的植被资源的保护、地质资源的保护等多方面，分门别类地对旅游者进行生态环境保护

的宣传和教育。

4. 以“绿色生态”理念促进国家公园旅游产业生态化建设

国家公园旅游业的发展因其对自然旅游资源和人文旅游资源的依赖性，而对生态环境提出了更高的要求，在为旅游者提供旅游服务的过程中，要求各旅游企业实施生态管理，为旅游者提供住宿、交通、营销等“绿色”服务，使其在旅游发展过程中对国家公园生态环境的保护和旅游资源的有效利用方面肩负起主要责任，从而促进国家公园旅游目的地旅游产业的可持续发展。

四　民族文化旅游目的地建设实践形态及其问题分析

（一）雨崩村旅游开发现状

雨崩旅游景区是位于云南省迪庆藏族自治州德钦县梅里雪山腹地的唯一村庄，隶属于云岭乡西当行政村管辖，它距德钦县城约 63 公里，由上雨崩村和下雨崩村两个自然村落构成，共有居民 35 户，180 人。雨崩村因拥有壮美的雪山冰川、神秘的瀑布冰河、纯净的高山湖泊、优美的牧场草甸、原始森林等丰富的雪域高原景观而著名，被海内外游客称为真正的“香格里拉”和“世外桃源”。

对雨崩村的社区旅游发展过程，村民大多认为是由于 1989—1996 年中日联合登山队在雨崩村附近搭建大本营准备攀登念青卡瓦格博峰，雨崩村才渐渐被外人所知，随后有少量徒步者、背包客等探险型旅游者开始进入雨崩村。自 20 世纪 90 年代中后期，在政府和开发商未介入的情况下，雨崩村村民开始自主发展基于社区的旅游业，并逐步代替了传统的农牧业，成为雨崩村的主导产业。2003 年，德钦县主办的梅里雪山文化年活动，一下子缩短了雨崩村和外来旅游者之间的距离。十多年来，雨崩村的旅游业获得了迅速的发展，2009 年雨崩村共接待海内外游客 1.7 万人，旅游总收益（牵马送客、住宿接待和餐饮服务等方面）300.6 万元。雨崩村居民社区参与旅游的方式主要有：一是社区居民通过为游客提供马匹骑乘服务，解决游客在高海拔地区旅游交通的不便并从中获得收益；二是当地居民通过为游客提供住宿接待设施和餐饮服务而从中获得可观的经济收益。

（二）问题分析

随着雨崩村旅游业的发展，旅游经济收入大大增加，但同时也存在着一些现实问题，即在特色少数民族文化旅游产品方面，雨崩村基本上没有形成自己的旅游产品体系，现有的旅游产品的规划和开发也难以满足旅游者的需求。具有民族生态文化特色的旅游产品在雨崩村并未得到村民的重视，也没有被很好地开发。同时，民族生态文化特色的旅游产品在销售过程中，没有专门的机构或部门负责旅游产品的生产、经营和销售，使得旅游产品无论在文化档次上还是在品位上都还停留在低水平阶段。因此，需要在增加当地社区居民经济收入的同时，注重旅游产品的开发和对自然、人文资源以及生态环境的保护，从而谋求可持续的经济、社会、环境三大效益的协调发展。

（三）解决路径

基于对雨崩村旅游产业发展现状的分析，雨崩村基本是一个以民族文化特色的旅游资源和优美的生态环境为依托的旅游目的地，应采取社区自主的民族文化生态旅游模式。首先要开发具有原汁原味的当地民族文化特色的生态旅游产品。同时，在旅游产品的开发过程中，要始终贯彻资源消耗少、环境污染低，以及对当地传统的地方性文化和少数民族文化的影响最小的原则，从而促进旅游区域内的少数民族文化的传承和发展。因此，要充分挖掘雨崩村文化旅游目的地自身的旅游资源，利用少数民族文化资源的优势，开展民族文化生态旅游，从而促进区域旅游产业生态化发展。

1. 挖掘当地生态文化，开发具有当地生态文化特色的旅游产品

雨崩村属于文化资源丰富的旅游目的地，应充分挖掘旅游目的地自身的旅游资源，利用生态文化旅游资源，开发生态文化特色的旅游产品，从而拓宽旅游产品的内涵。一方面，“回归自然，返璞归真”是生态文化旅游的根本特征，生态旅游产品的开发要保持旅游资源的原真性，要尽量做到原汁原味，保持原生态，保护雨崩村旅游目的地的文化旅游资源和当地的社会环境，从而实现旅游产业的可持续发展。

2. 旅游产品的开发应突出地方特色和民族文化特色

雨崩村生态文化旅游产品开发的主体是当地的社区居民，雨崩村旅游目的地有98%的村民是藏族，而藏族是一个在国际上知名度很高的民族，其悠久、独特的藏族文化在国际上很有吸引力。雨崩村保留了具有本民族独特的风土人情、衣着服饰以及住宿餐饮等原始古朴的民族文化。在雨崩村开发生态文化旅游产品的过程中，应以地方文化特色的彰显为出发点，深度挖掘具有民族文化特色的东西，从而尽量突出少数民族风格和地方特

色，也有益于就地取材、就地加工，减少异地交通运输及制造环节消耗的能源，以及产生不必要的生产垃圾与污染。

3. 鼓励当地村民开发社区自主的民族生态旅游村

与一般的旅游产品的开发有所不同，对于自然生态环境和民族文化极其脆弱的雨崩村而言，这一地区的自然、人文旅游资源的保护较为完好，旅游开发潜力巨大。而雨崩村当地的村民依托其优美的自然生态环境和民风淳朴的文化，可开发社区自主的民族生态旅游村，将旅游者欣赏当地的自然风光和感受少数民族风情等多种旅游需求有机地结合起来，既可以实现生态旅游者的旅游目的，还可以保护旅游目的地的旅游资源，同时也为旅游目的地的居民带来一定的经济效益。民族生态旅游村的开发，能有效地保护当地的自然生态环境和民族文化社会环境，使原汁原味的民族文化特色生态旅游产品受到欢迎，从真正意义上实现旅游者的生态旅游活动。

第六章
丘北普者黑旅游产业生态化建设

第一节　普者黑概述

一　区位条件

普者黑旅游区隶属于云南省文山壮族苗族自治州，地处中国西南、云南省东南部、文山州丘北县西北，东经103°55′至东经104°13′，北纬24°05′至北纬24°12′之间，总面积达165平方公里。优越的地理区位使普者黑处于中国与东南亚联系的纽带之上，位于我国第三级阶梯，地处云贵高原中桂西平原的斜坡地带，地势为西南高东北低。普者黑距省会昆明285公里、州府文山114公里、丘北县城13公里。景区对外有便捷的交通，主要表现为：境内有丘北到广南公路、丘北到泸西公路和丘北到宗师二级公路，毗邻206省道并且邻近衡昆高速公路，同时主要公路与南昆铁路相连，已建成的文山州普者黑机场是滇东南唯一的已通航支线机场，公路、铁路、航空三位一体的运输体系构建起了丘北旅游交通网络，使其成为滇东南交通路线中一个重要的枢纽。从大旅游区的角度看，普者黑旅游区是云南省旅游业“三线六区”中东南片区（昆明—石林—阿庐古洞—普者黑—罗平）的重要景点，并且与石林、九乡和罗平岩溶景观形成资源上的互补优势，是滇东南喀斯特旅游线路上一个重要的节点。

二　自然环境

普者黑属于低纬高原亚热带季风气候，全年雨水充沛，多偏南风，为全年旅游活动的开展提供了自然条件。普者黑旅游区是典型的喀斯特地貌，中心景区面积达45平方公里，主要包括丘北县四个乡镇：

锦屏镇、双龙营镇、曰者镇、八道哨乡。“普者黑”名字的由来取自当地彝族文化，彝语意为“盛产鱼虾的地方”、“盛产鱼虾的湖泊”。中心景区主要有普者黑湖、荷花湖、仙人洞湖等16个湖泊，全区范围内共有256个自然景点、29个人文景观、21个重点文物保护单位、1个自然保护区和一个森林公园，2009年1月23日，普者黑被国家旅游局批准为国家AAAA级旅游景区。孤峰群、高原湖泊群、溶洞群、峡谷、瀑布、云海、草原和湿地等自然景观形成了普者黑“山清、水秀、洞奥、石美、峡幽、瀑奇”六大奇观，独具特色的人文景观、多姿多彩的民族风情仿佛让人置身于“真、幻、诗、画”的境界里。

三 旅游资源

普者黑景区具有丰富且独具特色的旅游资源，以喀斯特地貌为整个景区的环境背景，主要的旅游资源有：喀斯特山水景观、溶洞、湖泊、峡谷、瀑布、云海、植物、康乐气候、民族风情。

普者黑最具特色的是喀斯特地貌，“山山有奇洞，洞洞流清水”这句话是普者黑景区真实的写照，312座孤峰、83个溶洞、80多个湖泊、40里野生荷花连成的游览航线使旅游区融为一体，孤峰形态各异、湖泊水质清澈、溶洞石柱林立构成了普者黑独具特色的旅游风光。荷花是普者黑最具特色的植物资源，品种有红莲、白莲、小洒锦和大洒锦，目前世界上少见，其科普价值极高，荷花生长季节为6—9月，这一时期整个旅游区被荷花装点成“接天莲叶无穷碧，映日荷花别样红”的景观。除了荷塘，桃园、葡萄园也是普者黑旅游区重要的植物资源。当地民族风情主要由彝族、苗族、壮族等少数民族文化构成。不同的旅游资源的空间分布具有不同的特征，普者黑旅游区资源的分布大体上可以划分为5个片区：仙人洞—普者黑湖—菜花箐湖旅游区、摆龙湖旅游区、新沟农场—落水洞湖旅游区、大尖山旅游区和布宜松林湖旅游区，其资源特征见表6—1。

表 6—1　　普者黑旅游资源分布

片区名	级别	主要资源
仙人洞—普者黑湖—菜花箐湖	一级旅游景区	孤峰群、高原湖泊群和溶洞群的密集区，民族风情、荷花、田园风光
摆龙湖	一级旅游景区	以摆龙湖为核心，包括青龙岛、翠云岛、翠竹岛等
新沟农场—落水洞湖	二级旅游景区	以落水洞湖为主，湖面、湿地、葡萄园、田园风光为辅
大尖山	二级旅游景区	大尖山水库、松林、湿地、湖区
布宜松林湖	二级旅游景区	以布宜松林湖为主，其他小湖群为辅

四　社会经济条件

普者黑旅游区隶属于丘北县，全县包含 12 个乡镇、99 个村民委员会、1269 个自然村，除了汉族外主要有壮族、苗族、彝族、回族、白族等 10 个少数民族，各少数民族聚居于普者黑旅游区内及周边地带，其文化古老、风情浓郁，民居、服饰、民歌、舞蹈、礼俗、节庆各具特色，如上那红村以壮族风情为主，主要特色有敬老节、祭龙节、竹竿舞、铜鼓、干栏建筑；菜花箐村的以花山节、芦笙舞、刺绣为特色的苗族风情；仙人洞村和普者黑村以彝族风情为主，有火把节、花脸节、摔跤节、密枝节、弦子舞；散居在舍得、双龙营两辖区的几个人村寨中，尚保留着一种神奇古老的岩洞穴葬俗。独具特色、多姿多彩的民族风情给普者黑增添了光彩，也增强了普者黑旅游区的吸引力，同时也促进了全县旅游产业收入的稳步增长。据统计，2012 年丘北县总共接待了国内外旅游者 158.1 万人次，直接旅游收入达到 3180 万元，同比增长 12.6%，综合收入 74923 万元，同比增长 24.7%。

五　政策条件

2009 年国家批准实行《云南省旅游产业发展和改革规划纲要（2008—2015）》，文件主旨与云南省旅游产业“二次创业”的目标相辅相成，此规划纲要标志着云南省正式成为中国旅游产业改革发展的第一个试验省份，标志着云南省的旅游产业发展走上了更高的平台。在《规划纲要》中多次提到了普者黑旅游区的发展定位并且指明其发展方向：第一，普者黑旅游区是云南省唯一旅游循环经济专项改革试点单位；第二，普者黑旅游区是云南省九大休闲度假基地之一；第三，普者黑旅游区中的小白山村被确定为首批 50 个旅游特色村建设项目之一。紧随《规划纲要》实施步伐，2009 年文山州制定了《文山州旅游产业发展与改革规划纲要》，将普者黑旅游区定位为文山州两大精品旅游区之一。从政策支持上来看，普者黑旅游区受到云南省及文山州政府的高度重视，依靠政府力量使其逐步开展旅游循环经济试点工作。

第二节　普者黑实行旅游产业生态化 SWOT 分析

SWOT 分析方法是一种根据具体条件情况而进行分析的战略，主要是客观的找出优势、劣势以及面临的机遇和挑战，其中 S 是 strength 的缩写，代表优势；W 是 weakness 的缩写，代表弱势；O 代表 opportunity，表示机会；T 代表 threat，表示威胁。本节将以 SWOT 分析方法为指导，对普者黑旅游产业生态化规划具备的优势、劣势以及面临的机遇和挑战进行系统的分析。

一　普者黑旅游产业生态化的优势

第一，普者黑景区是一个典型的资源驱动型景区，资源是其得以发展的支柱，集合了喀斯特地貌的孤峰群、高原湖泊群、溶洞群、湿地、民族特色、田园风光、稀有动植物以及优质的气候等资源，其自然景观和人文景观融为一体，以优质的生态环境为基调，体现出景区“青、秀、奥、美、幽、奇”资源特点。

第二，普者黑旅游产业综合能力和产业地位显著提高，近些年普者黑以“云南省唯一旅游循环经济示范区域”和“云南省九大休闲度假基地之一”为发展方向定位，其初步发展模式与旅游产业生态化的发展趋势相同，所以，普者黑循环经济的发展为旅游产业生态化规划奠定了较好的发展基础。

二　普者黑旅游产业生态化的劣势

第一，普者黑旅游产品主要以水上项目为主，湖面赏荷、游溶洞、赏孤峰加民族生态村的游玩，其特点：形式单一、内容单调、游览时间短、淡旺季明显。观赏荷花是旅游区最大特色之一，而荷花盛开期间景区接待人数超过环境承载能力，增加了景区生态压力，而每年9月份之后景区内又出现“无人问津”的状况，据相关数据表示，普者黑旅游每年5—9月期间接待的游客数以及旅游收入占总体的85%以上。

第二，生态环境脆弱。普者黑景区早期开发时没有进行合理的规划和设计，并且多年发展下来是以水景以及水上活动为主，加上相关管理部门对环境污染尤其是水污染问题并没有给予足够的关注和重视，造成旅游景区水环境较为脆弱。普者黑湖的水质问题尤其严重，已由原来的Ⅱ类下降为Ⅲ类水质，近年来，很多水域还出现了富营养化的现象。

第三，由于利益的驱使，普者黑周边的村寨规模逐步扩大，但是当地村民生态意识的薄弱使其盲目的追求自身利益，围湖造田、盲目开垦、乱砍滥伐的现象使周围的生态系统遭到严重破坏，出现湿地面积萎缩、水土流失严重、石漠化、土壤质量退化、自我恢复能力下降等现象。

第四，普者黑旅游区没有关注技术的力量，发展中没有把现有的旅游产业生态化科研成果加入旅游区的建设中，如环保产品生产技术、节能减排技术、资源合理利用技术等，加上资金短缺、设备老旧、观念落后等问题的制约，目前还不能真正实现旅游区的旅游循环经济。

三 普者黑旅游产业生态化的机遇

第一，旅游产业生态化成为国内外旅游产业发展的必然趋势，随着人口增长、资源枯竭、大气污染带来的生态恶化，走可持续发展的道路成为全世界人民共同追求的目标，在这样的大环境背景下，《云南省旅游产业发展和改革规划纲要（2008—2015）》、《文山州旅游产业发展与改革规划纲要》等相关政策都指出了旅游产业生态化发展的方向，这就给普者黑旅游产业生态化规划提供了良好的政策环境。

第二，体验经济、绿色旅游的兴起使旅游者的需求也发生了变化，旅游者寻新、寻奇、近自然的需求强化了旅游产品规划升级的必然性，旅游产业生态化是未来旅游产业的发展趋势，普者黑具有较好的生态环境，并且紧紧抓住了云南省实施的旅游“二次创业”机会，为旅游产品由粗放型向环境友好型转变提供了良好的基础。

第三，普者黑旅游区作为“滇东南喀斯特山水文化旅游区”中的一个节点，可与石林、九乡共同构建云南省内旅游环线，以便达成区域内的旅游资源共享。

四　普者黑旅游产业生态化面临的挑战

第一，在激烈的市场竞争中，同质的旅游资源具有“屏蔽效应”，无论是自然景观还是人文景观，旅游消费者都会追求最佳目的地而放弃一般的目的地。对于普者黑旅游区来说，作为非主要城市的一般景点，在云南省内不如大理、丽江、香格里拉有影响力，其喀斯特风貌没有石林、九乡、桂林山水有特色，其非垄断性的特征使景区面临着“四面包围”的挑战。

第二，普者黑周边居民、村庄较多，人口众多，且主要依靠耕地和牧业营生，生活用水排放给地下水，生活能源以柴火为主，对生态环境具有较大的影响，提高居民的生态意识使他们加入社区的共同规划中有一定的难度。

第三，旅游产业生态化目前在国内外仍属于较新的研究领域，实践尚处于起步阶段，普者黑旅游区旅游产业生态化规划缺乏系统的指导，经营者和管理人员缺乏生态意识，旅游规模小，难以形成集群效应，对旅游产业的可持续发展构成了威胁。

第三节　普者黑旅游产业生态化意义及工作重点

一　普者黑旅游产业生态化的意义

普者黑旅游区旅游产业生态化着眼于大自然得天独厚的自然资源与环境优势，秉承“回归自然、保护自然、享受自然”的理念，以生态绿色为规划主线，以返璞归真为中心，以生态旅游为发展基础，以农家风味餐饮为特色，形成集合生态旅游、民族特色和休闲度假三位一体的旅游产业生态化园区，其意义如下：一是旅游产业生态化是保持普者黑景区生态系统完整性的有力保障；二是旅游产业生态化可以引导普者黑经济、社会和环境可持续发展；三是旅游产业生态化促进普者黑景区系统要素的互相整合；四是旅游产业生态化可以提高普者黑社区居民的生活水平；五是旅游产业生态化可以提高旅游者体验质量；六是旅游产业生态化可以规避旅游产业生态化园区生态系统的发展风险和修正目标的偏离。

二　普者黑旅游产业生态化的工作重点

旅游产业生态化的重点工作：一是转变末端处理的现状，从源头入手进行控制，从旅游产业内部各企业清洁生产、产业之间耦合共生、社会整体层面循环经济构建等方面来实现全过程的生态化；二是推进节能减排，在生产、修建、流通和消费各个环节中节约资源，提高资源利用率；三是以科学技术作为完成规划的保障，旅游循环经济的发展需要技术理念的支撑，在规划之时就要以科学技术贯穿新生能源使用的始终，正确地使用洁净可再生资源，最终能实现资源破坏最小化、废弃物零排放以及生产的最大化；四是明确循环理念的重要性，以循环经济为核心，将基础建设减量化、特色资源再利用、垃圾废物再循环、环境保护再修复、社区发展再整合合理地运用到旅游产业发展的各个环节之中；五是环境保护意识的植入，从规划之初到经营管理，从规划师到基层工作人员，都要把环境保护作为一种不可动摇的依据之一。

围绕旅游产业生态化规划工作中的五个重点，在执行中要抓好以下几个环节：

（一）旅游企业清洁生产的实行

旅游景点景区、娱乐、交通、餐饮、宾馆、购物等各生产要素部门通过利用清洁生产手段来为客人提供安全、健康、环保的绿色旅游产品，从产品设计入手选用优质材料、减少污染、节能减排、降低成本、增强竞争力、延长产品的生命周期、提高设备制造水平。

（二）统筹资源开发提高资源综合利用率

资源的合理开发统筹规划可以增加资源的综合利用价值，提高资源开发的准入门槛并以法律法规作为有力保障，实行资源的保护性开发，在旅游开发以及旅游活动过程中实现“资源—产品—再生资源”的流动模式。

（三）在生产环节中注重科学技术的应用

生产是旅游企业中最重要的环节，企业通过利用先进的科学手段和技术把太阳能、风能、地热能、生物质能、水力等能源运用到餐饮、交通等部门，生产中尽可能对环境产生较小的影响，达到合理开发、高效利用、最低污染的目的。

（四）在废弃物产生环节进行合理的处理

对产生的废弃物进行合理的处理就能把废弃物转变成可用资源，推行旅游企业之间、旅游产业与其他产业之间耦合来延长产业链条，变废为宝，提高废水、废气、固体废弃物的综合利用价值。

（五）在再生产资源环节中充分回收利用废弃物

废弃物只有通过再一次进入生产环节才能体现出其价值，垃圾是放错地方的资源，找到废弃物真正的位置才能实现它的价值，如旅游吃、住、行、游、购、娱各企业产生的垃圾可进行分类投放、分类搜集、分类处理和分类利用。

（六）在消费环节中注意培养消费者绿色的消费观念

从消费者角度来考虑如何引导其进行健康、文明、环保的消费模式也是生态化规划工作中不可缺少的重要环节，大力鼓励消费者使用绿色产品，用简单包装代替过度包装的浪费行为，让每一位旅游者都有环境保护意识，从每个行为细节中自觉地节能、节水、节材。

第四节　普者黑旅游产业生态化建设

普者黑旅游产业生态化建设模式从旅游企业角度让清洁生产得以实现，在中观上通过耦合共生的模式进行旅游产业与其他产业之间的融合，在此基础上形成农、工、旅产业集群生态化发展模式以及旅游产业园发展模式，从宏观背景上通过政府的政策支持来给旅游企业和旅游产业的生态化提供有力的保障，使旅游产业得以真正实现循环发展。

一　普者黑旅游企业清洁生产生态化

普者黑旅游企业生态化的实现是以清洁生产为手段，从旅游景区景点、旅行社、旅游饭店、旅游餐饮、旅游交通以及旅游商品和娱乐六个部门分别进行清洁生产的规划设计，以旅游核心企业和旅游要素企业的吃、住、行、游、购、娱为基础单位来推行清洁生产，达到合理规划、高效利用、低消耗、低污染的目的，实现旅游企业内部的循环发展。

旅游区景点作为核心的旅游企业，其独特性、完整性是吸引旅游者前来的最大动力，但是现今的景区景点生态环境比较脆弱，旅游者的到来破坏了原生系统，也带来了较多的废水、废气和固体废弃物。研究普者黑旅游产业生态化的实现就该从旅游景区、景点入手。普者黑旅游区的构建从景区内部开始全面大力度推行清洁生产，从景区的规划到景区的运营再到景区的生态化管理，每一步相辅相成，景区开发时通过景区的生态化设计、资源合理利用以及绿色旅游产品的开发来延长景区的生命周期，运营阶段不断产生的废水、废气、固体废弃物、噪声污染以及生态干扰通过分类回收、资源化利用、系统管理、控污、减少游客等手段来保证旅游景区的生态化实现，景区生态化管理是在景区运营的基础上投入环保产品、能源与材料的绿色管理来推进景区的良性循环，通过这三个步骤来提高普者黑景区可持续发展的能力。

景观生态设计是将旅游景区作为一个有机整体而为环境进行设计的一种理念，在规划中通过对景观格局和生态过程以及与人类活动的相互作用，建立由基质、斑块、廊道构成的生态系统空间结构，合理的空间布局让信息流、物质流以及能量流畅通，同时实现经济要求与生态要求的平衡发展，构建具有一定美学价值的景观。为环境而设计是来自北美的术语，简称为 DFE，欧洲则称之为 Eco-design。在普者黑景区进行景观生态设计时要充分考虑到保留景观的原生态性、生态系统的完整性，尊重当地的自然和人文资源，以喀斯特山水环境和众多少数民族的独特文化为根基，尊重没有设计师的设计，在此基础上，在原生态系统中进行适当的改变和再生设计，将现代旅游者的需求加入原生态的系统之中以增加景观新的亮点和现代功能。

景观一般由基质、斑块和廊道等要素构成，其中基质是面积最大、连接性最强、控制程度较大的要素。普者黑景观中基质以景区农田为主，其功能是为景区提供部分的田园景观。注意通过构建绿色廊道和缓冲带来减小耕地对景观的不利影响，此外，通过退耕还湖、还湿地来发展旅游循环型农业，增强景观的斑块生态功能。

从旅游资源而言，斑块是指以自然景观为主的地域，如湿地、森林、水体、草地、林地等，这一类的斑块采取缓冲带、退耕还湖、退耕还湿地等手段实现其保护和开发；斑块对旅游景区而言一般是指各种消费场所，包括接待设施用地和居住用地，如景点、宿营地、旅馆等，此类斑块通过限制开发手段来控制对生态造成的压力。普者黑景区主要斑块分布见表6—2。

表 6—2 普者黑景区主要景观斑块布局及功能规划

<table>
<tr><th>斑块类型</th><th>名称</th><th>功能</th><th>主要建设内容</th></tr>
<tr><td rowspan="3">旅游资源型斑块</td><td>大尖山湿地</td><td rowspan="3">对自然资源的保护和培育</td><td>恢复湿地 0.27 平方公里，保护 0.33 平方公里</td></tr>
<tr><td>湖泊南段湿地</td><td>恢复湿地和陆生系统 0.33 平方公里</td></tr>
<tr><td>普者黑湖为主的水面</td><td>保护水体的质量</td></tr>
<tr><td rowspan="4">设施用地型斑块</td><td>入口接待中心</td><td>接待中心、综合服务</td><td>停车场、游客中心、电瓶车车站、餐饮设施、娱乐设施、购物中心、旅游宾馆、垃圾处理站、水体处理站等</td></tr>
<tr><td>蒲草塘接待设施中心</td><td>以旅游住宿为主的设施群</td><td>现有 800 张床</td></tr>
<tr><td>普者黑村接待处</td><td>以体验民俗民居为特色提供住宿</td><td>表演中心、娱乐和购物设施、宗教礼仪设施、污染物处理中心、农家乐</td></tr>
<tr><td>仙人洞村接待处</td><td>以体验民俗民居为特色提供住宿</td><td>表演中心、娱乐和购物设施、宗教礼仪设施、污染物处理中心、农家乐</td></tr>
</table>

廊道在旅游景区主要表现为功能区之间的林道、交通，主要有旅游地与客源地之间的区间廊道、旅游景区内的内部廊道以及连接斑块之间的斑块内廊道三种。以林地为主的绿色隔离带和以湖泊为主的湖泊缓冲带属于生态型廊道，在普者黑景区中规划以乔木林为主的乔木隔离带来进行物理隔离及缓冲环境压力；以交通为主的廊道包括水上线路和陆地线路，以蒲草塘到落水洞为主的线路修建水上游线，从布宜到新沟农场修建陆上游线，并且以步行栈道为主。

根据普者黑旅游区自然资源分布特点、生态系统环境要求、社会发展现状以及民族民俗文化等因素，为了实现集旅游、保护、开发、教育、生产于一体的目标，将普者黑进行功能分区，分为核心区、游览区、休闲区和生活区四大区域。

核心区是一个非常重要的区域，主要是用来对原生动植物进行休养生息以及保持生态系统的完整性的地方，在此区域内严禁任何的砍伐和动物的狩猎活动，杜绝一切生产性行为，是旅游者不能接触到的区域，虽然核心区不能被旅游者接触，但是普者黑核心区把村落景观和山水自然景观结合在一起，达到“显山露水”的奇特效果。

游览区是以为旅游者提供优质的游览为主要目的的区域，游览区与核心区之间有一定的距离，在游览区域内可以远观核心区内的景色，同时给旅游者提供旅游游憩活动，普者黑景区内的湿地生态观光、滨水休闲、水上娱乐、山景田园观光都是给旅游者提供游览游玩的区域，它们对核心区具有缓冲的作用。

休闲区主要是以相应的配套设施为主，主要给旅游者提供餐饮、住宿、露营、停车场、信息询问、医疗诊所等服务设施，在大龙山片区和普者黑彝族民俗文化园之间建立休闲区，构建配套的服务设施，提供旅游区内的餐饮、休憩、住宿等设施。

生活区主要考虑依托社区参与理论，把当地的居民纳入规划的范围之内，结合普者黑当地经济、社会和文化的发展，在该区域内以当地居民为主要劳动力来发展旅游工业、旅游农业和民族旅游产品等，再把“体验”体现在此区域内，开展采摘园、观光园、科普教育基地，并且把农作物转变成具有特色的土特产和手工工艺品。

资源能源的循环利用：景区内从一开始就以清洁生产为发展方向，从资料的获得到加工生产再到废弃物回收都努力做到珍惜资源、节约能源，以废弃物的排放最小化为主要目标，使整个景区的污染达到最小化。在景区里面充分利用新能源和可再生能源，包括太阳能、风能、地热能、生物质能、小水电利用技术等；另一方面尽可能地减少不可再生资源、有毒有害物质、复合材料的使用；除此之外，加强从旅游废弃物再一次回收变成资源的角度来研究如何使景区内产品在生命周期之内减少废弃物，将人们的能源意识、能源效率和节能技术结合起来，在景区内通过各企业的清洁生产、旅游者的绿色消费来实现资源能源的循环利用。把绿色商品的绿色制造技术、绿色建筑技术加入旅游景区之中，如普者黑景区内生态型卫生间的建设，在原材料及设计风格上都以生态型为主，此外，把卫生间产生的废弃物与堆肥一起加上有机物让其发酵腐烂，以肥料的形式变成为景区内植物的养料，生态卫生间的位置建设也很重要，尽量设在人流比较集中的地段如入口处、集散广场地段，取消原来普者黑零星分布的私建简易厕所。生态型的旅游厕所修建的建筑风格要与景区整体环境相协调。普者黑景区降水量较大，年降水量达 1174.2 毫米，可把雨水经过自然处理过滤后，用于景区内的植物灌溉、生产和生活。节水技术的运用是提高资源利用效率的有效方法，要加强水动力设施设备、管道的合理铺设、灌溉系统设备、污水处理设备的使用。

二　旅行社生态化

旅游吃、住、行、游、购、娱各个企业都要以旅行社为龙头来发展，旅行社的规模、经营理念和管理水平对当地的旅游产业的发展具有导向的作用，其中经营理念尤为重要。要实现旅行社企业内部的生态化建设，要从内部着手进行清洁生产，分为四个部分：绿色旅游产品设计、绿色产品组合、旅行社经营以及绿色营销。

普者黑景区绿色旅游产品的设计可以通过旅游线路生态设计、绿色产品设计、个性化设计、教育性普及方面来实现。

（一）绿色旅游产品设计

旅行社根据普者黑景区的特色，以当地景区自然和人文资源为基础，以市场需求为导向，设计生态游、康乐游、探险游、休闲游等以生态、绿色、低碳、环保为主的旅游产品，在发展喀斯特山水观光旅游产品的同时，以产业链条为依据设计开发与其相关的观光农业产品，如辣椒园、葡萄园等农业观光旅游产品。

（二）旅游线路生态设计

关于普者黑区和仙人洞区进行旅游线路的生态化设计，在规划中结合水系布置，以资源为基础，根据当地“依山傍水”的特征，达到“步移景异”的景观效果。根据生态稳定性、通达性、舒适性以及美观性四大目标来规划景观中廊道、斑块、基质的设计。

（三）个性化设计、教育性普及

旅游产业生态化的实现，消费者也是其中的一个重要组成部分，在设计中就消费者、旅游者而言，把宣传生态消费观念、环境保护观念纳入旅游产品的开发中，从宏观上来实现生产者、消费者、分解者三者之间的生态化，使其成为真正的生态化消费者，普者黑旅游景区管理局的统计资料显示，其旅游者在旅游活动中应有价值观、绿色消费观、尊重文化观。在规划旅游产品中突出探险、科考、观光、徒步等深层次的生态旅游产品。

绿色产品组合是从供应链条的角度来考虑如何把产品进行统一规划，而且它也是一个过程控制，首先在众多的供应单位中选择有共同观念的对生态负责任的单位作为供应单位，在合作之前双方协商后定制约束条款并且加强现场验证，发挥旅行社在旅游企业中的龙头作用，对供应单位的活动作相应的绿色评价，并且最终建立起绿色供应链条来达到实现旅游产品组合的目的。

原有的旅行社粗放式的经营模式会产生自身营运废弃物、液体废弃物、噪声污染、水质污染、生态干扰破坏等，在旅游产业生态化旅行社发展规划中对于经营管理者来说要规范其行为，提高服务质量，采用ISO9001国际质量认证标准体系，企业统一管理，并且建立商标识别体系。充分利用技术创新来实现资源的分类回收处理、可回收的废弃物资源化利用、生态厕所构建、污水管理系统的使用、控制治理污染、对环境容量进行监控、减少游客量、推崇绿色消费观念等目标。更重要的是在旅行社内部从管理人员到基层工作人员、从战略到战术上都应该把可持续发展的理念作为长久观念，视保护生态环境的完好性为己任，从自我做起，从点滴做起来实现旅行社内部的生态化。

绿色营销是指旅行社以环境保护为根本指导思想，在生产经营过程中，把绿色文化纳入价值观念之中，将旅行社自身利益、消费者利益和环境保护利益三者统一起来的营销观念、营销方式和营销策略。原有的旅行社由于理念的落后、只追求自身经济利益、政府约束激励机制的不健全以及旅游产品的公共性等原因导致营销路线出现问题，先污染后治理的发展模式导致很多旅游景区发展一段时间就出现瓶颈。普者黑旅游区的营销工作应以“绿色”为主导思想，增强理念的培养，敢于在原有的基础上进行创新和突破，加强公共产品的管理，并以政府指定的生态环境指标作为政绩考核的依据来进行管理。

三　旅游饭店生态化

旅游饭店业曾一度被认为是对环境污染很小的“无烟工业”，可事实却与之相反，据有关调查：一个规模大概为1万平方米的酒店每年的煤使用量可达到1.7万吨左右，一个酒店运营煤消耗量相当于一个大型工厂的用煤量；一个四星级酒店每个游客每天的耗水量可达到0.6—1吨左右；一家商务型酒店的用电量为150千瓦时/每平方米，相当于中小城市居民用电量的十多倍；一家饭店的污水排放量大约为每年10万吨，这些生活污水中含有高油、高磷，对自然水质污染严重。从这些数据可以看出，各大旅游区内酒店不断升级，在给旅游者提供更舒适的服务的同时，大量的废水、废气、废物以及能源耗费量给环境带来了巨大的压力。因此旅游饭店生态化规划必须从建设开始并且要贯穿于日常管理的全过程，具体可分为建筑设计的生态化构建、运营的清洁化生产、资源能源的高效利用以及循环利用意识的培养四个部分。

普者黑旅游区内的饭店应该从规划构建开始就以生态化的理念为指导，从源头入手来设计建筑结构、采用绿色低耗的装修材料，以及选择无污染合成加工的家具等来降低旅游饭店企业的能源消耗和对环境的污染。从规划入手，设计、建设、验收、运行，以至于维修均应本着可持续发展理念来进行。对于普者黑景区内的旅游饭店构建而言，要充分考虑到就近取材，这样不仅能与景区内环境相融合，还减少了材料在运输过程中对环境产生的污染；规划建筑的结构时尽量将通风、采光、选材、地热等列入考虑范围之内；在购买设备设施时要考虑能源的利用率问题，精心采购以及合理安排中央能源管理系统、中水回收利用系统、照明系统、垃圾处理系统等，这种规划中系统的考量会为以后运营期间减少很多不必要的麻烦，并且可以在更大程度上节约资源。除此之外，要注重绿色采购环节，在采购中减少一次性消耗品，取消六小样，尽量以可再生产品和环境友好型产品取代对环境污染较大的产品。

普者黑旅游区内的旅游饭店在运营过程中要全面遵照《清洁生产法》、《循环经济促进法》、《绿色饭店标准》的要求把清洁生产落到实处，《中华人民共和国清洁生产促进法》第二十三条明确指出，要求宾馆、饭店等综合服务性的企业在运营中采取节能、节水以及其他有利于环境保护的设施和技术。2004 年中国饭店协会颁布的有关饭店业《绿色饭店标准》给旅游饭店的生态化指出了发展之路，主要包括客房、多功能厅、厨房餐厅和后勤保障四大部分，每个部分实现生态化后又自成体系进行内部循环。普者黑旅游区内的旅游饭店的客房在运营中应在选材上使用再生材料制作而成的生态家居，减少一次性客房的用品量，取消六小件，打造“无烟客房”、“绿色客房”，洗澡水循环利用到厕所冲水之中等；餐厅厨房在运营过程中杜绝非标准化有污染的食品材料、少用或者禁止使用贵重和稀有的原材料、禁止使用珍稀濒临灭绝的动植物作为食品材料、做好食品安全与检疫工作、饭后用“纸饭盒”打包带走等；多功能厅做好隔音、降噪以及限时工作；后勤保障部门是给各个部门的正常运营提供有力保障的部门，其注意在采购的过程中运用绿色产品、洗涤部门采用容易分解的洗涤剂代替含磷过高的洗涤剂、用布袋或洗衣篮收送衣物等；四个部门作为整体注重污水处理、噪声处理、固体废弃物处理和废物资源化回收工作，最终达到节能环保。饭店整体清洁生产见图6—1所示。

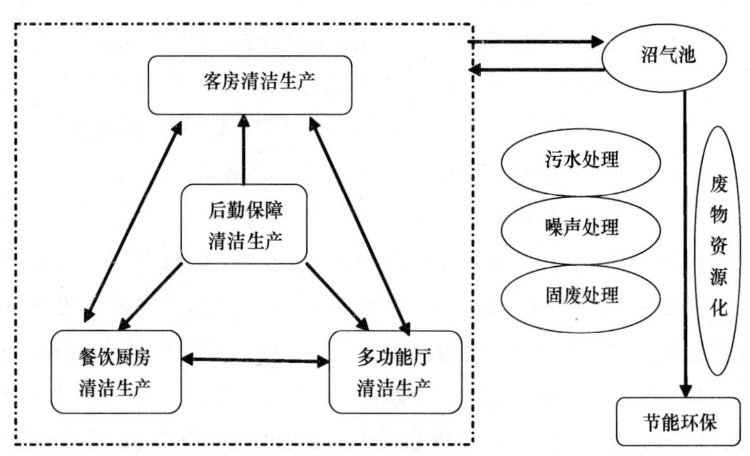

图6—1 普者黑旅游区饭店整体清洁生产示意图

普者黑饭店清洁生产的过程中谨遵“以人为本”与“环境友好”相结合，其客房、多功能厅、厨房餐厅以及后勤保障四大部门的具体生产方案见表6—3所示。

表6—3 普者黑旅游饭店生态化生产方案

部门	主要污染物	处理方案
客房部门	污水	引入中水系统之中
	废地毯、破布	集中处理、焚烧、填埋、再利用
	塑料、废纸等	回收站
餐饮厨房	剩饭剩菜	打包、分类处理，作为饲料
	油烟	安装净化设备、高空排放
	玻璃制品	运送回收站或他用
	塑料制品	回收集中处理
	污水	引入中水系统处理
	废纸	送回收站处理
	洗涤余物	控制用量、清洁原材料、集中处理

续表

部门	主要污染物	处理方案
多功能娱乐部	污水	引入中水系统
	饮品和包装物	分类回收、集中处理
	噪声	限时、降噪、封闭
后勤保障部	洗涤中心污水	引入中水处理系统
	自备锅炉废气、废渣	安装净化装备或取消锅炉，采用“地热中央空调”供热和供冷系统
	废、旧物	回收、节约利用
	物资采购	物尽其用、采用环保材料
	机车废气	节约汽油、尾气净化或者改用电瓶车无铅汽油

普者黑旅游区处于云贵高原上，拥有较好的太阳能、风能以及地热资源，景区内的饭店应该充分利用新生能源和可再生能源，比如：饭店内全部采用太阳能热水器取代天然气热水器，安全，对环境无污染，利用可再生资源，可以大大减少常规能源的消耗。数据表示，1 平方米的太阳能热水器可节电 800 千瓦时；饭店内采用风能发电来供应照明，在设计时用中庭设计理念，加强旅游者对内部的良好适应，根据日照调节照明亮度，同时饭店内部采用感应灯、感应水龙头等来节约电、水资源；采用地热资源，在饭店运营时以地热中央空调的形式来提供饭店的供热和供冷系统；沼气技术的运用，客房部门、餐饮部门排放出来的粪便、剩饭菜等废弃物通过集中处理发酵产生沼气以形成资源再利用。

要想创造饭店优良的绿色氛围，意识的培养很重要。以普者黑景区饭店内部水资源循环利用的意识为例，要遵循《污水综合排放标准》（GB8978—1996）的要求对生活用水进行标准化的处理，采用节能型设施设备来降低水的消耗，要注重水的循环利用，采用先进的技术把中水回用系统充分利用到饭店内水循环利用上。例如来自餐厅、客房以及洗衣房的生产生活污水分为两部分，一部分生活污水由于污染严重可直接进行排放，另一部分可处理的生活污水可通过中水处理系统循环再利用，如可以用来冲厕、绿色灌溉、消防以及冷却。如图 6—2 所示。

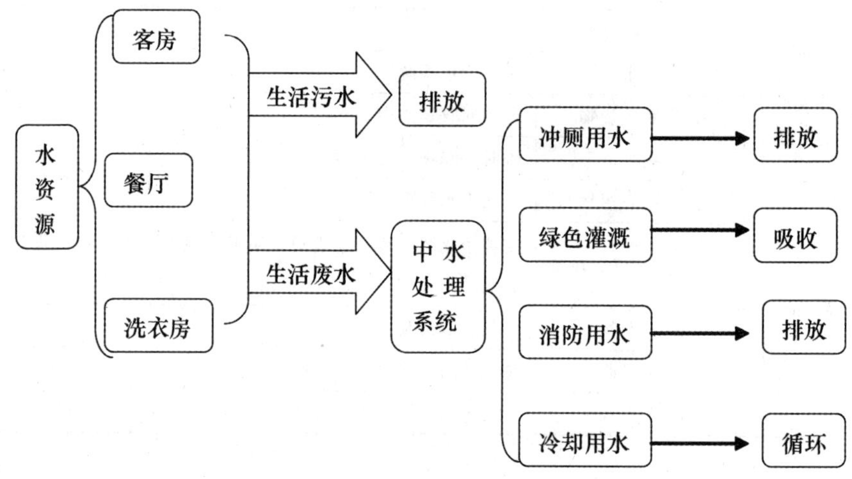

图6—2　普者黑生态化饭店水资源循环利用方案

四　旅游餐饮生态化

要在普者黑旅游景区的餐饮业实行清洁生产，从建筑建设开始到绿色食材的采购与存储、经营过程中的清洁生产、绿色服务以及到最后的废弃物处理各个环节都要实现生态化发展。以节能技术和清洁生产技术为手段来规划建设和经营餐饮企业，不仅可以降低运营成本，而且还可大量减少经营过程中对环境造成的污染，为消费者提供一个干净无污染的消费场所。

绿色建筑要体现资源的高效利用、亲近自然、节能与安全性、选址合理布局、可操作性等特点。普者黑旅游景区餐饮部门修建总体要求要达到绿色饭店的标准：餐厅在独立空间开设无烟区并用显著标志予以提醒；规划建设餐厅之前充分考虑到餐厅通风系统的良好性能；所有食物原材料必须通过质检部门予以质量保证，蔬菜瓜果原材料的进货渠道要保证食品安全；保护野生动物，严格遵守我国动物保护法，严禁以野生保护动物为食材烹调食物；绿色服务要规范统一化且严格执行，使旅游者树立起绿色消费理念，提供绿色食品打包服务、存酒服务；取消一次性餐具和木制筷子、用加热消毒循环利用毛巾取代一次性毛巾、餐厅内设男女分开使用的卫生间、采用节水设施等。餐厅内要有良好的通风换气和采光系统，考虑到光、水资源循环利用、就地取材等多个因素，建设湿地水景餐厅、湿地茶吧。餐饮部门的建筑物内部装潢要采用环保型的装饰材料，注重隔音效果，在建筑过程中就地取材并且尽量使用当地劳动力，实现社区参与共同发展当地经济。

在食品采购上，要把普者黑旅游区周边的农业带入旅游发展之中，野生鱼、野莲藕、有机蔬菜、无公害蔬菜、菌类、野菜等食物可以作为当地餐饮的特色菜肴，不仅能带动周边的农业经济，同时也体现了经营者的生态环保意识。在可携带的当地特色食品的包装设计上采用可循环利用的材质，以减少对环境造成的污染，其中包装可以选择多种形式，如以树叶、树根、秸秆为原料的天然无污染材质、以淀粉为原料的可食用材质、以工业材质为主的可循环利用的材质等；在存储方面取缔氟利昂制冷的冰箱和空调，采用新型环保型的制冷设备，存储菜品的库房要保持通风、防虫，杂物与食物分开处理以及盛菜器皿严格消毒等。

餐饮部门是旅游经营的主要部门，也是耗能的主要部门，普者黑旅游景区餐饮部门本着“生态优先、最小干预”的原则，是利用生物质能的主要部门。餐饮部门有大量的原料可以产生沼气，如变质的蔬菜、剩饭菜、刷锅污水、垃圾、粪便、宰杀动物的内脏等，同时也可以使用由饭店再生产中产生的沼气作为能源，同时积极开发新技术运用到经营中来降低有毒气体和有毒物质的排放，杜绝以野生动植物为原料提供给消费者，且菜品的包装不宜太过奢华。在经营过程中出现的剩饭菜、餐巾废纸、洗涤用水以及其他垃圾可通过垃圾处理设备或者作为动物饲料来降低对环境的污染。

在充分保证为普者黑旅游区的旅游者提供优质和独具特色的餐饮的基础上，在对旅游区餐饮企业进行生态化规划设计的过程中要考虑如何把先进的科学技术运用到餐饮部门，以实现从土地到餐桌全过程的生态化。具体来说可以从以下方面着手：其一，在建筑设计和建造过程中使用绿色材料和绿色技术；其二，在烹饪方面注重取材以及烹饪设备的完善；其三，在冷藏方面注重清洗方法以及冷藏技术；第四，在照明上应该做充分的设计，还要考虑照明设备的选取；通过科学技术的使用达到餐饮企业部门能源利用的最小化。

五　旅游交通生态化

随着私家车数量的增加、机动交通工具的大量使用以及部分旅游走廊的建设，给旅游景区的自然环境和生物的生存环境带来了严重的污染，影响旅游景区的质量和原生态的环境。实现普者黑旅游景区交通的生态化，要充分考虑清洁能源的使用，对丘北以及普者黑景区内的交通路线和交通设施做合理的规划和设计，并且与云南省各州县交通进行规划连接，建立一个与外界沟通紧密并且对环境污染较小的生态化交通体系。

在普者黑旅游区内采用太阳能蓄电池、生物质油、酒精燃料或者沼气发电来代替传统的柴油、汽油味燃料给电瓶车提供持续能源，一般一辆车载客人数在8—12人左右，提倡畜力、人力或者以步当车，虽然每辆车所需要的动力不是很大，但是在前期规划时要考虑在交通沿线建立能源的补充站，或者在电瓶车上准备自备蓄电池。对汽车、火车交通工具提倡加入节能减排技术，循环利用可再生资源来减少对空气的污染。在景区游览线路途中修建太阳能紧急电话亭、太阳能指示标牌、太阳能导向标牌、太阳能监视器、信号灯、交通障碍灯、太阳能路灯、太阳能交通广告牌等，这些设施的修建除了考虑运用太阳能还可以考虑风能发电。除此之外，与外界联通的公路、铁路可以效仿青藏铁路的光伏发电系统进行修建。

旅游景区的交通主要由空中、河道、公路以及人行道构成。如一些空中观光游览索道的建设，不仅对森林生态植被造成了破坏，也在一定程度上破坏了其自然与人文景观。要在实现普者黑旅游区交通生态化的过程中构建绿色旅游大串联工程，在保护原生态旅游线路的基础上，加强普者黑景区中央及周围的绿化工作，以普者黑村为中心向外延伸，以树为隔带，每隔5米种植一排树，树中间以花草来充实，不仅可以起到绿化保持水土流失的作用，还加强了安全保护的作用。同时还要注重噪音的控制，努力建设一条集景观、生态、安全为一体的生态性通道。旅游交通的“绿色化”是旅游产业生态化建设中必不可少的重要环节。

第五节　普者黑旅游产业集群生态化

旅游产业集聚不单单是旅游吃、住、行、游、购、娱核心部门简单的集聚，也不仅仅是与工业、农业、服务业简单联合，而是各相关行业之间以分工和协作为基础的耦合，实现旅游资源在旅游产业和其他产业之间循环利用，形成互补共生，完成旅游产业集群生态化。简单来说，就是把上游生产企业的废料或者副产品利用起来转化为下游企业的原材料，在不同企业之间形成资源共享和副产品互换的产业共生组合，实现物质的闭路循环和能量的多级利用，通过产业生态链在不同企业间的代谢和共生关系，形成旅游产业集群生态化。普者黑旅游园区在规划中要加强资源的循环利用价值，通过耦合增值型、代谢共生型和设施共享型的发展模式，建立以旅游核心企业为中心的联动农业、工业，以及服务行业的“食物链”和“食物网络”，提高旅游农业经济的附加值，把农业生产、工业生产、旅游产业、资源再生和环境保护融合在一起。

一　生态农业循环

普者黑旅游区的农业发展模式是种植业、畜禽养殖和水产业共同发展，种植业以蔬菜、果园为主，品种达十余种，种植业不仅给养殖业提供了饲料供给，也解决了种植过程中产生的废弃物处理问题，同时，畜禽养殖业中鱼、虾、动物的排泄物是种植业的优质肥料。运用共生原理来发展内部循环，畜禽养殖和水产业在各个过程中所产生的粪尿及其他废弃物经过发酵能产生沼气作为旅游业的能源。沼气运用到农业发展中的时间较早、范围较广，在普者黑旅游景区发展生态农业循环过程中加大沼气的运用，形成内部的循环使用。如残枝败叶形成的沼气和果林、腐烂秸秆用于农田、塘泥产生的沼气用于水产品、粪便排泄物用于畜牧养殖，这些农副产品作为原料提供给旅游业中的农家乐，可带动周围的社区参与，在经营过程中产生的食品垃圾集中于沼气池给农家乐的客房发电提供照明，一部分沼气又回到了源头开始新一轮的循环利用。

二　农、工、旅产业集群生态化发展模式

遵循“整体、协调、循环、再生”的方针来实现农业生态化，按“减量化、再利用、再循环”的要求培育工业生态化，遵循 ISO1400 环境标准来进行环境的管理，将清洁生产、耦合共生、循环经济贯穿于旅游企业、旅游企业与工业、农业、林业以及其他产业之间，图 6—3 为普者黑

旅游区旅游产业集群生态化循环图，虚线内部的内容是旅游核心部门包括以吃、住、行、游、购、娱为中心的旅游企业集聚而成的旅游产业生态化集群，实线范围内的内容是把旅游产业链条向上和向下延伸，把农业、工业以及服务行业与核心企业进行相互合作联动，形成以旅游产业为中心的产业生态化集群，其中物质流、信息流和能量流在旅游企业、旅游行业以及其他产业之间进行流通，大循环内部排除的废弃物使用先进技术通过环保部门进行分类处理并再一次返回系统内部作为原料进行新一轮的循环利用。

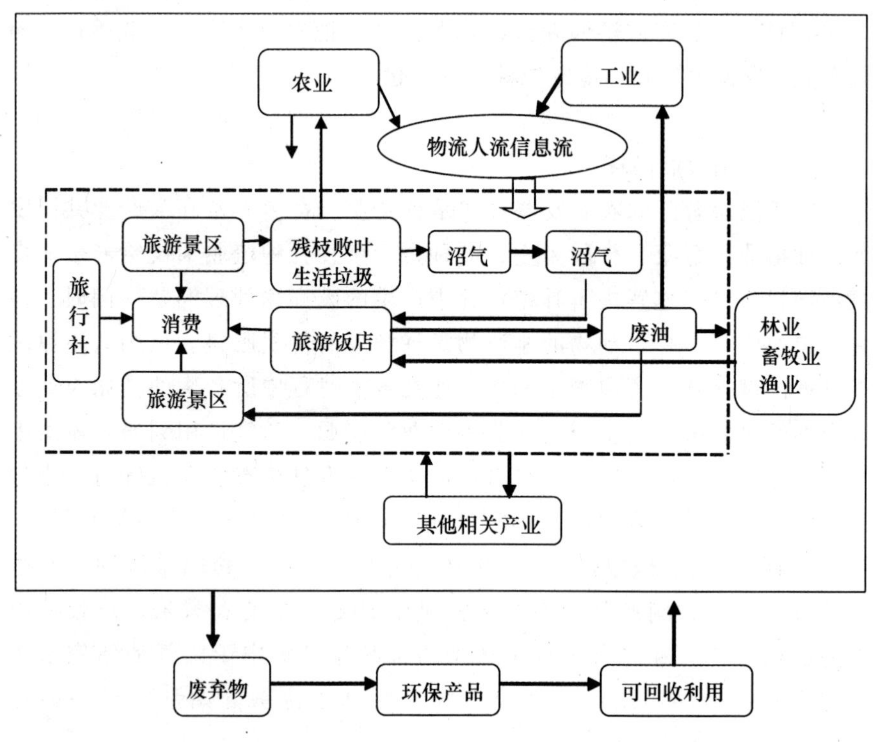

图 6—3　普者黑旅游区旅游产业集群生态化循环

三　旅游产业园发展模式

旅游产业园是一个产业融合的概念，其根本目的是通过对普者黑旅游区内各种资源的优质管理来实现区域内环境优化和经济发展的双赢目标，把普者黑旅游区规划成为一个能源和资源有效利用的优化发展模式。

旅游产业园涉及众多产业，其中不仅包括与旅游息息相关的旅游业，还囊括了文化、经济、通信、体育、地产、出版媒介等众多产业。其中以旅游业为核心，必须结合旅游行业综合性、经济性、服务性、依赖性、带动性、外向性以及季节性等特点进行总体的规划和设计，重点在于以服务业为主体的后工业发展模式取代了以制造业为主的工业发展模式，充分延伸旅游业所涉及的产业链条，包括生产性和生活性两大产业链。把普者黑旅游产业园定位于生态旅游产业园，依托优质的生态环境发展旅游产业，注重市场需求的软性开发，以科学技术为支撑保障，构建一个囊括旅游业、工业、农业等众多产业于一体，并且涉及开发、生产、流通、服务、销售等多方面，最终实现旅游资源的最优化、综合效益最大化的产业园布局。普者黑旅游产业园规划是一个综合性的规划，包括众多规划子项目，如生态环境、旅游产业、产业融合、土地利用、投资融资、基础设施、支持系统、文化、市场营销等众多方面，见图 6—4。

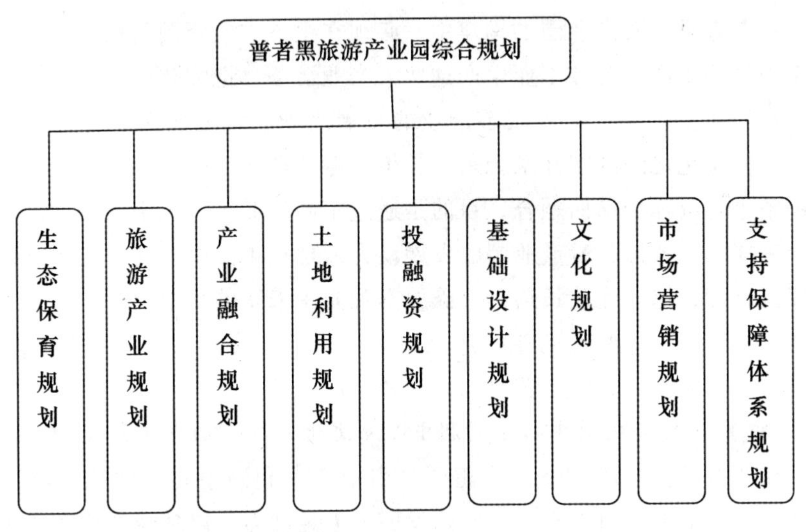

图 6—4　普者黑旅游产业园综合规划

建设过程中要注意下面几点。

（一）软硬兼施

在普者黑旅游区旅游规划开发中不仅要关注“怎样合理布局，如何规划构建，如何展现项目”等硬性的开发因素，还需要注重加入软开发手段，所谓软开发是从旅游者的需求出发，关注市场，以资源最优配置为目的来杜绝盲目开发，减少废弃物，从现有的“开发什么”转变成“怎样开发”的发展模式来保证普者黑旅游产业园的实现，彻底摆脱传统的工业园发展模式。

（二）低碳取材与绿色运作

注重普者黑旅游区内对生态农业、生态旅游业和生态加工业的培养。以优质的自然资源为依托的普者黑旅游区在规划和开发中要秉承低碳取材和就近取材的原则，生态农业包括能给景区带来经济价值的粮食作物和经济作物，可以开发农家乐和采摘园等多种形式，并且把农作物投入到旅游饭店的经营之中；生态旅游业涉及生态避暑度假、深度生态体验游、生态观光度假等多种形式；生态加工制造业是运用农产品、林业产品进行加工制造成为旅游纪念品。将绿色运转的理念贯穿于生态农业、生态旅游业以及生态制造业的过程之中，通过物流、废弃物的循环利用、回收等多种方式实现。

（三）延长生活服务和生产性两大产业链条

在普者黑旅游产业园的构建中，必须在生态农业资源与旅游资源的基础上来延伸生活服务和工业生产这两大产业链条。把文化要素、农业生产要素和工业生产要素融入旅游产业的发展之中，促成旅游农业、旅游工业、旅游文化之间的相互融合来延长生产型的产业链条，延长生产型的产业链条也可以称为横向融合，目的是通过不同产业、古今中外文化之间的融合来提升普者黑旅游产业园的发展动力。延长生活服务产业链也可以称为纵向延伸，把眼光放长远，突破原本观光+采摘的简单模式，在此基础上加入互动性与体验性的旅游产品，如规划一部分园区为DIY旅游农业庄园，将以体验为主的旅游置入设计和生产过程中。

（四）构建“吸引中心+利润中心+文化中心”的发展模式

在普者黑旅游产业园中构建“吸引中心+利润中心+文化中心”的发展模式，其中吸引中心为产业园发展的十足动力，以独特的旅游资源为吸引物，突出普者黑“绿”的特色，以基础设施和市场营销规划来实现利润中心，将文化主题融入资源中创造出独特的吸引物。并且在“吸引中心+利润中心+文化中心”的发展模式中注重社区参与。

第六节　普者黑旅游产业生态化的政策体系

旅游产业生态化具有全局性和长远性的特点，所以在完成其生态化过程中要采取相关手段进行控制，如通过法律、激励、调控、宣传和教育来加强实施过程中的组织领导、建立健全政策、法规、鼓励社区参与、加大科学技术创新与使用来实现旅游产业生态化，逐步完善领导机制、法律机制、激励机制、参与机制与责任机制。政府对于旅游产业的生态化具有提供政策支持的保障作用，应充分发挥政府的宏观调控功能来规范旅游产业生态化的建设。

一　建立领导机制

旅游产业生态化是一项跨越地区、部门与行业的系统工程，其实施需要得到政府给予的组织保障。政府在旅游产业生态化的建设方面发挥着综合协调指导的作用；作为引导旅游产业生态化建设的主要力量，在解决市场失灵的问题上发挥着至关重要作用；另外也对旅游产业的经济效益、社会效益与环境效益的均衡发展起着协调的作用。普者黑旅游区旅游产业生态规划在政府的引导和推动下，要将生态理念逐步渗透到旅游产业的发展与建设中，通过建立领导机制来营造节约资源、减少废弃物排放的适合旅游产业健康发展的氛围，在这项系统工程中需要做好两个方面的建设：其一，加强对普者黑旅游区旅游产业生态化的组织和领导工作，通过政府对园区旅游产业生态化的综合协调作用来避免地方保护、部门职能交叉等原因造成的责任规避、执法不一致等问题，通过建立园区产业生态化领导小组来解决规划建设中可能出现的问题，领导小组通过职能机构下设办公室来对其规划实行日常工作的组织和领导，领导机制的建立是推进普者黑旅游园区旅游产业生态化的有力保证；其二，制定并且实施有关园区旅游产业生态化的推进计划，制定普者黑旅游区的战略目标和总体框架，在此基础上可以通过不同区域的不同特点制定具体目标，随时跟进，逐渐实现园区的旅游产业生态化。

二　建立法律机制

旅游业是一个涉及多方面、多部门、多利益群体的综合性产业，其复杂性的特点要求它的发展不仅需要市场机制、行政机制和文化机制进行调控，还需要法律的健全和法规的制约。首先需要结合景区的实际特点制定出有利于园区资源保护、循环经济的合理利用等方面的地方性法规，制定出的相关法律法规需要通过各级各部门严格执行，做到有法必依、执法必严、违法必究来保证法律的权威性；在加强法律法规执行力度的基础上要进一步通过推进普者黑旅游区内部的民主决策来完善法律制度，加大各方决策的透明化，对普者黑旅游区土地进行合理的开发和利用，并且将相关决策通过布告公示、听证制度来让相关利益群体进行监督。除此之外，在园区内运用最新科学技术使清洁生产、绿色营销、绿色包装、绿色消费等环节规范化，在餐饮、酒店客房、交通等环节中产生的余热、垃圾等废弃物通过技术加工形成资源循环使用。

三 建立激励机制

普者黑旅游区生态化的实现需要通过正负两个方面进行激励：一方面，增强普者黑旅游区内部的正面激励，通过建立相对完善的生态绩效评估体系来促进节能减排、节水、节材的生产实现，通过激励使园区旅游产业生态管理者获得成就感。同时，利用好负面惩治手段来完善旅游产业中出现的只顾眼前利益而忽视长远发展的盲目开发行为，通过采取法律惩罚、行政处罚等手段来打击普者黑旅游区牟取私利的团体和个人。建立起有效的生态环境保护的机制，从根本上杜绝对生态环境的不负责任的行为，建立起相对完善的生态环境规制体系，并促进其有效实施。

四 建立参与机制

社区参与到旅游产业的规划和开发中来是促进旅游产业健康发展的一种新方法，因为在旅游目的地环境的大体系中，当地的社区居民是生态环境和可利用资源的使用者以及潜在保护者，因此，在普者黑旅游区的生态化发展过程中，为了最大限度地避免资源的浪费和在修复环境及文化方面所要付出的巨大代价，把社区居民纳为规划的主要群体，其参与不是个别参与行为，而是一种有组织的全民、全过程的参与行为，把当地的发展空间以及主动权交给社区居民，不仅可以保护当地社区居民的利益，而且还可以提高园区社区居民的参与能力与保护意识，让社区居民参与其中并不是社区居民单方行为，而是要把政府、企业和居民三方力量整合起来。从政府角度而言，制定并颁布法律法规来为社区居民参与其中提供保障，进而调动园区社区居民参与的主动性与积极性；从企业角度来说，旅游产业中的相关企业在规划时要主动听取社区居民的意见，从保护到开发，从居民实际情况出发增强旅游资源的吸引力；从当地居民角度来看，社区居民参与到旅游产业生态化发展过程中来，在增强民主意识的同时，还应积极地参与生态旅游的规划、开发和经营管理，真正使当地居民有当家做主的感觉。

第七章
云南旅游产业生态化建设的对策措施

第一节　云南旅游产业生态化建设的政策措施

政府是产业生态化中最重要的行为主体，它不仅能够制定区域经济发展的政策，而且还占有较多的资金和有效信息等资源。政府设定环境质量标准，通过立法、规定等非市场手段对环境资源利用进行直接干预。近年来，由于中国的特殊国情，我国旅游生态化的实施有一定困难。云南省旅游产业生态化实施最大的障碍是缺乏法律、政策、制度方面的保障，因此，为了更好地推进云南旅游产业生态化的实施，有必要运用法律和政策手段，营造良好的外部制度条件。

一　旅游产业生态化建设宏观政策

在宏观制度安排上，最主要的问题是制定关于旅游生态化建设的“旅游规则”，加强相关的法制和政策建设，尽快出台关于旅游生态化建设的法律、法规和政策，对旅游生态化建设资源利用制定明确的规定。

党的十七届四中全会上对我国生态文明建设路径进一步明确，目前，《全国生态旅游发展纲要（2008—2015）》已于2008年由国家旅游局和环境保护部共同编制完成，《中华人民共和国循环经济促进法》已正式施行，这为云南省建设自己的生态产业经济法治体系奠定了结构框架和发展方向，使旅游企业循环经济的探索道路更加明朗化。随后，云南省和湖北省率先出台生态文明建设指导文件，云南省编制了《七彩云南生态文明建设规划纲要》，湖北省推出了《关于大力加强生态文明建设的意见》，广东省深圳市和山东省聊城市提出建设生态文明市的目标，并制定相应规划，力图通过建设生态文明市，使得城市品位和内涵将得到进一步提升。《云南省旅游产业发展和改革规划纲要（2008—2015）》指出："旅游循环经济改革专项试点，选择文山州丘北县普者黑旅游度假区作为旅游循环经济的专项改革试点单位，主要任务是探索旅游开发与生态环境保护、建设的有机结合，以及旅游资源综合利用和循环利用的新途径。以及按照国家建立'资源节约型、环境友好型社会'的要求，全面实施'七彩云南保护行动计划'等目标。"

已经出台的政策法规取得了一定的成效，但为了实现云南省旅游产业的可持续发展和生态旅游资源的可持续利用，需要进行切实的制度和政策创新，创造良好的旅游体制和政策环境。云南省应根据国家旅游生态化建设的相关指导文件，制定与本省本地区相适应的省级旅游生态化政策，整合资源，建立旅游产业与生态环境保护的互动运行机制，各市州应在省级政策的指导下，进一步编制完善区域旅游生态化总体规划，制定区域旅游产业发展的政策。例如，针对云南省生态环境的特殊性，可以制定《云南省旅游生态化建设改革总体规划》、《云南省旅游循环经济促进法》、《云南省旅游生态环境保护法》、《云南省旅游资源开发与保护法》等，同时要尽快制定能源与资源循环法、清洁生产法、资源综合利用法等产业生态化立法，用制度推进旅游循环经济建设和新型低碳旅游建设，制定有利于生态旅游资源开发的旅游产业政策，通过产业结构的调整，减少旅游资源的破坏、浪费和旅游开发过程中的污染，同时在保证生态旅游开发积极性的同时，要确实保障旅游者的效益。作为一个以旅游业为支柱产业并拥有丰富生态旅游资源的省份，我们有必要在生态旅游的开发中积极借鉴国际上生态旅游开发、管理的成功经验，尽快完善云南省的生态旅游的相关规章制度。

但制定生态旅游法律法规有三点需要注意的地方。首先，法律法规必须具体化，并从传统大众旅游的法律法规中明确分离出来。在旅游企业经营管理全过程中，开发者、管理者、消费者、社区居民等都有义务和责任保护生态旅游资源，制定法规条例落实各主体的责任，这对于生态旅游资源以及规范生态旅游有着非常重大的意义。同时由于生态旅游具有地域上的差异，在法规条例制定时，应避免范围限定得过严，应当支持地区水平甚至是经营单位层次上的法律法规的制定如《昆明市旅游生态保护条例》，《环滇池旅游资源保护规定》等，再如为了规范旅游区管理，玉溪市政府还制定了《抚仙湖保护条例》，编制了《抚仙湖旅游规划与开发设计》等规划，加强了对旅游区的管理。最后，国家或者地区政府应落实相关鼓励政策，例如对实施旅游产业生态化的企业降低税率或者公共土地的租金费用，并保证政府和生态旅游运营者之间关于资源保护和利用的管理工作上要达成共识。

二 旅游产业生态化建设中观政策

目前已有的旅游生态产业政策多以旅游产业优惠政策为主，但其成效有限，因此需要转变传统观念和实施重点，从以优惠政策为主转变为以产业集群政策为主。从目前的旅游生态化产业政策的供给上看，针对单独项目的政策多，针对产业集群的政策少。旅游产业生态集群是在集群的优势上，按照产业生态学原理、循环经济理念、清洁生产的要求组织生产过程，改变传统线性生产模式，模仿自然生态系统，让企业找到各自在产业系统中的“生态位”，建立“生产者—消费者—分解者”的循环路径，实现资源—产品—“废品”—新产品的无限循环模式，充分利用资源，能量多级利用，变废为宝，使集群耦合共生，从而实现变污染负效应到资源正效应。

在云南省旅游生态化的建设过程中，要改变之前单一追求数量，实行简单招商和追求规模经济的错误政策指引，以及政企、企业之间缺少沟通联系等做法和现象。努力消除区域旅游产业集群的制度壁垒，大力扶持区域内关联企业和产业的成长，提高区域旅游生态创新能力。旅游产业集群使诸多单独运营的企业围绕旅游活动的展开集聚在一起，共享资源、信息、人才方面的优势，弥补了企业清洁生产不能解决的资源循环利用问题，实现了企业间的副产品交换。其显著的成果是可以减少企业的废弃物处理成本，实现价值增值，减少运营成本来以增加企业收益，符合经济合理性和稳定共生条件。

所制定的旅游产业集群政策必须是一个系统性的政策体系，且是灵活和可以调节的，具有动态适应性，以防止政策僵化。在不同的环境、目标或者宏观整体环境变化的情况下旅游产业集群政策须得到及时修改和补充，此外，旅游产业集群政策的设计和实施对象不仅应该面向已存在集群，还要为即将出现的集群提供有效的政策基础。旅游企业是产业集群的核心，所以关于企业的相关政策对于推动集群的生态化发展具有决定性的作用。

旅游产业系统涉及社会多方面，总体可以划分为有机的三大块：第一是直接面向旅游者服务并为其提供各种物质产品和服务的行业，包括饭店、餐馆、旅行社、旅游景区经营管理企业、文化娱乐服务企业、航空公司、地面交通运输企业、零售商店、医疗服务等；第二是间接面向旅游者并支持为旅游者提供服务的行业，包括食品供应商、金融业、通信业、出版业、旅游商品和纪念品生产企业，以及环卫服务与洗衣业等；最后还有间接影响旅游者并直接对前两类企业产生影响的行业，包括政府管理机构、规划设计单位、教育培训机构、房地产开发商以及建筑业和制造业等。对于旅游产业系统的三大有机组成部分，如旅行社、旅游景区、酒店等旅游企业应从细微处着手，实现集群内的优化，不断引导企业进行资源循环利用的尝试。当然，这种产业集群不只是旅游产业内的集群耦合，而应是旅游业、农业、工业等多产业的结合的生态循环发展模式。

如云南丽江可发展为旅游小镇循环经济模式，将区内的旅游业和农业进行优化整合，形成丽江地区的生态化旅游资源循环体系。对于昆明地区，可以以循环经济的理念指导产业结构调整和旅游资源的优化配置，大力发展循环经济，打造特色生态旅游基地。将农副业、工业和旅游景区纵向整合，逐步形成了一个以生态旅游业（农家乐型、乡村休闲园型、观光园型）、产品加工业、景区依托型、综合型等为主的第一、二、三产业链，最大限度地减少区内废弃物的排放，增强昆明旅游资源的品牌竞争力，从而促进昆明旅游产业生态化的可持续发展。

在旅游产业集群发展的不同阶段，所实施的集群政策也应有区别。对于高端产业集群，政府应充当服务者的角色，不能给予过多的干预，集群政策主要是在技术创新和交流、专业技术培训、引进高层次人才等方面提供服务，建立企业间的协作网络，并在集群的竞争策略和规划目标上予以指导；对于低端道路集群，政府不能担当旁观者的角色，而应适当地给予干预，集群政策应当适当偏重于提供基础设施、公共物品和服务，提供投资贷款援助，进行广泛的职业培训，提升集群的整体技术水平，制定合理的管理制度，帮助企业参与国际竞争，并引导集群向高端道路集群进行战略转移。而从集群不同的生命周期阶段考虑，集群政策也应有所侧重。在集群的诞生阶段，集群政策往往带有传统产业政策的特征，其重心一般在于为集群提供税收、补贴以及交通、通信、基础设施等优惠条件，降低集群地区的商务成本，吸引外商投资和企业在本地的集聚，促进企业分工和专业化，培育集群发展的各种驱动力；在集群的成长阶段，集群政策往往是产业政策和科技政策的结合体，其一般侧重于为集群提供教育和培训服务，引进新技术或鼓励企业的技术创新，吸引新企业的加入，促进企业间的网络式协作，形成共同的使命感和一致性的发展目标；在集群的成熟阶段，集群政策带有明显的科技政策的特征，其侧重点在于鼓励集群扩大开放性并参与全球价值链及全球营销体系，建立集群科技创新网络和交流平台，制定科学、合理的科技创新和科研成果产业化激励机制，帮助集群寻找新的市场增长点；在集群的衰退阶段，集群政策趋向于地区发展政策，其重心在于制定集群发展的宏观调控措施，规避集群风险，引导集群及其企业进行生产和发展目标的战略转移。

如云南省玉溪市市政府依据《抚仙湖——星云湖生态建设与旅游发展综合改革试验区总体规划》，进行旅游产业结构调整和产业链延伸，促进旅游相关企业网络化经营，加强旅游企业的横向、纵向合作，开始尝试集约化经营方式，这样的措施可以加强环境管理与监督，规范旅游开发行为，抓好旅游环境污染治理工作，对于旅游景区的发展大有裨益。

三　旅游产业生态化建设微观政策

（一）财政税收政策

运用积极的财政政策，支持培育市场主体。坚持政府主导与市场运作相结合，加快推进现有旅游景区所有权、经营权和管理权分离，实现旅游经营公司化、市场化，加大对旅游生态型企业的招商力度；支持旅游企业发展，对省内旅游企业的生态化重点项目予以倾斜，积极帮助符合条件的旅游企业申报项目，争取政府财政专项资金的支持，提高企业自主创新能力。

严格执行统一的税收政策，全面清理规范各项税收政策，避免因税收政策的差异造成云南生态文化旅游圈内的地区之间和旅游行业之间的恶性竞争，创造有利于圈内要素流动的市场环境。在此基础上，加强圈内税收征管协作，以政策统一、征管互动、信息共享、优势互补为目标，实现纳税服务、税收征管、税收稽查的一体化。例如对于生态旅游景区（点）的环保工程或项目给予必要的税收优惠，以及对“三废”综合利用产品和环保类旅游产品的生产给予一定的税收优惠等。通过经济利益的调整，促使旅游生产企业承担相应的责任。

具体到云南地区，如西山自然风景旅游类景点，应在维护西山生态系统平衡的同时，更加注重旅游产品开发对生态环境的影响，要定期制定经济核算机制，政府部门应通过对景区生态环境进行经济补偿、社区居民经济补助、环境友好产品的获取等财政政策来实现；对于民族村人文景观旅游资源注重对现有生态旅游圈的维护，鼓励创新旅游产品，对于景区内的环保建设项目如环保公厕、环保餐厅等生态化建设项目给予政府财政专项资金支持。

（二）旅游循环经济发展激励政策

各级政府及有关部门需要加大贷款规模，制定激励发展旅游循环经济的融资和利用外资措施，采取包括减免税收、价格补贴、低息贷款、信贷担保等经济激励和惩罚手段，推动旅游循环经济的发展。如建立一套绿色保障制度体系：绿色制度环境，包括绿色资源制度、绿色产权制度、绿色市场制度、绿色产业制度、绿色技术制度等；绿色规范制度，包括绿色生产制度、绿色消费制度、绿色贸易制度、绿色包装制度、绿色回收制度等；绿色激励制度，包括绿色财政制度、绿色金融制度、绿色税收制度、绿色投资制度等。

政府对发展旅游循环经济给予政策上的鼓励和扶持，引导构筑景区更大范围其他产业的循环，从而有效调控旅游的发展。如以立法的形式保障景区大型旅游设施报废后，返回设备回收单位加工处理、循环利用（旅游企业不具备单独处理能力）。如扶持创建绿色饭店活动，政府可以对节能技术改革项目给予补贴或贴息贷款，对绿色饭店减免排污费等。

对于已经实行旅游循环经济的景区如云南省文山州丘北县普者黑，丘北县以低碳、环保、节能等旅游循环经济理念为指导，在景区范围内实施的生态修复工程，云南省政府应进行一定的物质和精神嘉奖，为其继续实施旅游循环经济提供经济保障和人才及技术支持。

（三）旅游产业生态化利益分配政策

确立旅游生态建设开发中的利益分配制度是旅游生态化建设中的重要一环。旅游企业的经营大多是以经济利益为驱动力，在生态旅游开发与经营中，牵涉的利益主体很多，国家或集体是生态旅游资源的所有者，可以从门票收费中得到一定的回报和补偿。旅游资源开发者合理经营生态旅游资源，并且保护好生态旅游资源，以创造未来更大的、更长远的经济利益。而旅游者在付出了一定费用之后，能够欣赏到旅游区内的各种生态美，以及体验各种文化。当地社区居民也应该获得一定比例的收益。制定合理的分配政策对旅游中的利益主体进行合理的利益分配，才能在一定程度上调动他们保护旅游资源的积极性，推进生态化环境建设和旅游的可持续发展。各级政府应制定有关利益分配方面的法律法规，以约束各利益主体能够各司其职，共同保护生态旅游资源从而更有效地利用资源、更少地产生污染和废物、最大限度地减少对人体健康的负面影响为目的。

目前，云南省旅游产业中的小企业多、集聚程度低、实力较弱，散、小、弱、差的特点突出，极大地影响了旅游产业竞争力，制约着旅游业的可持续发展。旅游产业的利益分配过程是一个复杂的社会工程，需要各方面的支持和社会公众的参与。社会公众包括广大游客、当地社区、政府管理者、媒体、保护机构、学术界、志愿部门、中介机构等。旅游景区在运作的过程中，利益分配政策和机制的培育与优化需要社会公众的积极参与，相关主体各尽所长、各尽所能、共同协作才能实现。

（四）旅游生态产业扶持政策

按照市场规律和生态功能区划、主体功能区划制定符合云南实际的产业政策，充分利用高新技术和先进适用技术改造传统旅游产业运作方式，优先发展资源节约、环境友好的旅游投资项目，鼓励发展资源消耗低、附加值高的高新技术旅游业。并且定期公布优先发展以及禁止和限制发展的旅游景区、产品、技术。根据旅游生态产品标准，引导社会生产力要素向有利于生态文明建设的方向流动。在省级权限内，研究制定有利于生态型旅游产业发展的财政、税收、金融、投资、技术等政策，大力促进生态经济的发展，把发展生态旅游产业作为旅游业重点扶持领域。

具体而言，如对于丽江玉龙雪山景区日益恶化的生态环境，应鼓励其生态产业的发展，通过制定强制性回收政策、产品可回收成分的最低标准、产品再使用比率要求、产品等级、能源效率标准、处理方法的限制、使用材料的限制和产品限制等政策控制污染现状，同时限制大型污染项目如大索道的工程建设，而鼓励景区进行雪山植被恢复、对景区公厕进行生态型改造等。

（五）投资融资政策

发挥财政资金的引导作用，使旅游投融资主体多元化。一是运用财政资金的引导功能，通过贷款贴息、以奖代补、招商引资等措施，带动金融企业银行信贷资金对旅游生态型产业建设的投入。二是积极利用外资，创造条件，改善投资环境，充分利用国外资金搞好旅游资源、旅游基础设施、旅游接待服务设施及相关项目的生态化开发建设。三是吸引和鼓励省内多种经济成分、社会资本和民间资本，尤其是优势企业投资兴办旅游经济实体，开发旅游生态型项目，发展壮大旅游生态型企业，提高市场竞争力。同时对于发展生态旅游的企业应放宽融资渠道和条件，实行差异化利率制度，鼓励旅游企业投资热情转向"产业建设生态化发展"。

第二节　云南旅游产业生态化建设的经济激励措施

一　建立旅游生态环境补偿机制

云南省旅游生态化建设和产业的发展都离不开补偿机制，利益是企业生存的根本，建立利益驱动激励机制，有利于调动企业发展生态旅游的积极性。首先应从法律上明确生态补偿责任和各生态主体的义务，为生态补偿机制的规范化运作提供法律依据，明确补偿机制在旅游生态化建设中的地位，制定进行生态补偿的模式、操作程序和管理办法。对于旅游企业为避免环境污染和生态破坏等实施的生态绿色措施，按照资源价格、人力成本、机会成本进行丧失利益补偿，加大财政转移支付中的生态补偿的力度。一是建议在中央和省级政府设立生态建设专项资金；二是调整和完善现行税收，将资源税的征收对象扩大到旅游、土地、水利和森林资源，通过税收杠杆把资源开发利用同促进生态环境保护结合起来；三是积极探索市场化生态补偿模式，使旅游资源资本化，逐步推行政府监管下的排污权交易，运用市场机制降低治污成本，提高治污率。引导和鼓励资源开发商、受益者和生态环境保护者三者之间通过自愿协商实现合理的生态补偿。"十一五"期间，河北、福建、辽宁等不少地区开展了生态环境补偿试点，很好地促进了地区生态环境的改善。"十二五"要加快推进各类生态环境补偿机制建设。建议要重点抓好旅游资源开发、财政补贴、部门协调、协商和仲裁、监督制度建设，加快旅游生态环境补偿立法，全面推进云南省各市州的旅游生态补偿机制建设，并且按不同地区生态环境特点、经济发展状况等建立不同类型的生态环境补偿机制。

在旅游开发和旅游活动中，难免会给当地环境资源造成负面影响。因此，在实行生态补偿的过程中应发展生态产品，主要包括：（1）生态建筑，如民族文化生态农村要保持其协调性与原真性，能源利用要用太阳能、风能和生物能等新能源；（2）生态饭店，建立绿色饭店和ISO14000系列标准的认定，大力倡导绿色农产品、绿色农家乐、沼气农家乐生态系统等；（3）生态交通，可选用电能或太阳能为能源的代步工具等；（4）生态能源，结合农村实际，大力倡导风能、沼气和太阳能等清洁能源；（5）生态工程，旅游交通沿线可以植树造林，形成绿化带，美化环境，缓解因开辟道路形成的小气候恶化效应，还可以起到阻隔噪音的作用等；（6）创建生态商店（循环超市），在生态商店专营各种天然食品、饮料、化妆品、纯棉服装、丝织品、手工艺品以及有关生态环保的书籍和小型技术设备，店内可赠送或出售当地的生态旅游体系介绍，宣传生态化旅游的特色和生态化服务体系等。同时实行生态管理，包括对旅游区的资源环境承载力和生态承载力的管理以及对来访游客旅游行为的管理等。在管理的同时提供生态服务，把旅游活动需要的方便舒适的衣、食、住、行、娱乐及购物服务作为一个整体，使其服务生态化，这样使整个旅游过程成为一个“生态旅游包”，达到全过程对环境的无污染和威胁。

二　实行延伸生产者责任和污染者付费原则

随着旅游产业生态化的发展和建设，世界各国都在采取措施致力于减少旅游污染物的排放，生产者责任延伸制得到广泛推崇和应用。生产者责任延伸制即是将生产者的责任延伸到旅游产品的整个生命周期过程中，特别是在实施清洁生产后的旅游产品，以及在消费后的资源的回收处理和再生利用阶段，以便有效减少旅游废弃物的产生。延伸生产者责任作为旅游产业生态化的一种方法，在旅游目的地的旅游资源开发、旅游项目和产品设计、旅游线路开发与设计、旅游产品消费和旅游废弃物回收利用等的不同阶段产生影响。旅游者在消费旅游产品过程中，会产生旅游垃圾和污染行为，旅游废弃物在回收利用过程中同样会对环境产生很大的影响，要求旅游生产企业在旅游产品的开发设计和资源的选择过程中，考虑更多的环境因素，实施清洁生产，降低旅游产品生命周期各个阶段的资源消耗，以及对自然生态环境产生的负面影响，从而达到降低旅游产品对总体资源环境影响的目标，走“预防为主，防治结合”的道路。

污染者付费原则，要求污染者必须承担能够把环境改变到权威机构所认可的“可接受”状态所需要的污染削减措施的成本，污染者付费原则对旅游资源进行重新定价，价格必须反映旅游产品和服务的成本，以寻求对旅游资源的社会最优配置，且这种原则是一种使环境外部性内部化的途径，是解决产业生态化过程中产生的外部性问题的经济有效的理想化途径。

云南省生物旅游景观极为丰富独特，素有"植物王国"、"动物王国"、"花卉王国"之美誉，不少动植物类型观赏价值极高，自然生态系统保存较好，成为全国国家级自然保护区数量最多的省份，西双版纳热带生态系统原始而典型，6个专题园的昆明世博园更是集各国园林精品、奇花异草于一体的科普生态旅游胜地，而位于滇西北的香格里拉生态旅游示范区，充分体现了人与自然和谐相处，成为云南一大生态旅游景观。但在拥有令人艳羡的美景的同时，云南的旅游资源也具有很强的生态脆弱性，在生态旅游开发过程中，如滇西北高山高寒地区，滇西南热带植物景观地区，要关注旅游活动对生态环境所产生的影响，一旦旅游地生态环境遭到不可弥补的损害时，必须让旅游企业承担相应责任，并要求其实施生态恢复措施。

三　对生态型旅游企业给予奖励

发展低碳技术和循环经济日益成为世界经济发展的一个潮流，因此要对采用先进低碳技术和循环经济的旅游企业给予税收优惠等经济奖励，如每年对生态型企业进行评估，为获得优秀评估成绩的企业颁发荣誉证书，并适当给予物质奖励。不断推出相关鼓励政策和举措，激励企业发展新型产业，淘汰落后产业，推动转型升级，走中国特色的低消耗、低排放、高效益的发展道路。同时要以配套经费等措施支持旅游企业开展环保技术创新，并在生产经营各个领域中努力推广应用低碳技术和循环经济产品，带动低碳技术和循环经济企业的快速发展。

推广适合旅游景区的新能源技术应用，根据各景区地理环境和动植物构成，除了现已广泛应用的太阳能，还可以推广其他的新能源技术，如生物质能等，即利用公园景区内各自有机物的生物质如人畜粪便、枯枝落叶、农作物秸秆、旅游生活垃圾等作为生产沼气的原料，进行生产，为景区提供照明等。对于此类能合理利用新能源的景区，政府可以通过减免税收、提供技术人才支持等经济手段激励更多的旅游景区参与到节能减耗中来。政府应实行减税、补贴和信贷政策，鼓励循环经济型企业的发展。目前排污收费制度、排污权交易制度、退耕还林补偿制度是征税与补贴的具体应用。通过这些制度安排来规范企业的行为，做到“谁使用谁补偿，谁破坏谁恢复”，有奖有罚，形成良性激励机制。

具体到云南地区，应针对各类景点景区设立更多的发展生态型旅游产业的专项基金，如已有的国家天然林保护工程资金、滇西北保护和发展研究的专项基金等，还可以根据省内旅游资源设置有针对性的专项资金支持。如保护普者黑高原喀斯特湿地景点的生态保护基金；防治水污染，保护滇池、抚仙湖等河湖资源的水环境保护基金等。实施诸如生态技术创新的专利保护制度，资源回收奖励制度，垃圾收费制度，填埋和焚烧税、可归还的保证金制度等，建立一套包括绿色会计制度、科学收费、排污权交易制度，以及环境损害保险制度、环境保护基金制度等。实现旅游产业生态化，需要在基础设施、区内技术管理方面实现生态化，这必须要有稳定的资金链作为保障，这也是旅游部门实现生态化道路上的一个拦路虎。多渠道资金支持：政府应在年度计划中适度增加对相关旅游地投资安排，引导拓宽资金募集渠道，如采用合资、补偿交易等多种方式引进资金，用于景区环境保护和设施生态化建设上。

四　建立生态旅游认证体系

自 20 世纪 90 年代中期开始，世界各地都相继开展了不同层次的生态旅游认证制度，为规范推动生态旅游的健康发展作出了积极的贡献。目前国外主要的生态旅游认证体系有国际级的“绿色环球 21”认证，它是目前唯一的全球性旅行旅游业可持续发展的标志，其对象是单独的生态旅游产品而非旅游企业，目前我国只有九寨沟自然保护区和四川黄龙国家级风景区通过了“绿色环球 21”认证。对于区域级认证主要为欧洲“蓝旗”可持续旅游，其标准主要覆盖水体质量、环境教育和信息、环境管理、安全服务与设施四大领域。除此之外还有澳大利亚的 NEAP 国家级认证和加拉帕格斯群岛 Smart Voyager 的地方级认证项目，澳大利亚是最早实行全国性生态旅游认证的国家。

因此，为发挥云南生态旅游资源的优势，维护云南生态旅游的健康、持续发展，省政府相关部门有必要借鉴国际经验，结合云南实际，组成云南省生态旅游认证委员会进行官方认证，加强生态旅游开发的约束力。生态旅游发展必须要有科学的、严格的标准。如韩国通过建立可持续生态旅游的规范标准，来帮助生态旅游经营者和消费者更好地了解和比较生态旅游的内容和质量；斯里兰卡为了发展生态旅游，政府和旅游部门对所有环境保护、民族风俗活动、导游讲解内容、游客通道和设施都制定标准并定期进行监控、检查和评估，以保证生态旅游的可持续发展。实施旅游生态企业认证，政府应把旅游生态化产业经济与生态型社会的构建紧密结合起来，在旅游景区（点）和旅游企业中推行实施环境管理体系认证和“绿色企业”认证。例如在旅游饭店业中推行实施“绿色饭店”认证，在旅行社实施“绿色营销”，推行旅游“绿色交通”等的旅游行业资格认证制度等。引导公众优先采用经过生态设计或通过环境标志认证的产品，培养广大群众健康的生态价值观和生态消费观。

旅游生态化认证制度需要政府的引导和鼓励，政府应制定与生态旅游认证制度相关的鼓励政策和资金支持。例如可通过加大征收旅游税作为旅游发展基金，并提供更多的融资机会，如增发生态旅游债券，通过制定财政、金融、税务、工商等政策，大力引进外资和国内私人资本对生态旅游项目的投入等。同时政府应帮助获得旅游生态化认证的企业和机构进行市场宣传和推广，如将认证企业列入城市旅游宣传册优先旅游目的地推荐名单，并利用旅游官方网站等方式进行认证公示和奖励。

五　加快出台和实施专门面向环境保护的环境税税种

政府部门在对现有税制进行“绿化”改造的同时，应争取开征环境税税种，在税制中树立生态环境保护的标志性税种。对于旅游企业生态环境税税种的征收，应包括污染排放税、污染产品税、土地资源税、生态保护税、高碳税等税目。分别是对旅游经营污水排放量征税，对开发的污染性旅游产品征税，对森林资源的破坏和自然保护区开发与使用征税，对高碳产品的使用征税。这一系列的生态环境税改革过程要坚持适度原则，对排污量进行梯度征税制，以经济利益引导旅游企业向生态化产业发展。

云南在实施旅游产业生态化过程中，由于旅游企业的负外部性，对于旅游企业的税费征收是限制旅游企业非生态化的重要途径，而对于旅游企业的税费征收，主要是环境污染税：一是污染物排放税，即对旅游活动过程中排放的“三废”（废气、废水、废渣）和垃圾实行课税。税种有二氧化碳税、二氧化硫税、水污染税以及垃圾税等；二是耗能材料使用税，主要税种有燃料税、交通税和一次性商品税。燃料税是对汽油、重油、液化气、煤、天然气、石油、焦炭等主要燃料征税。交通税是对过往停靠旅游景区的各类车辆征税。一次性商品税即对旅游活动中使用的一次性容器、塑料包装物和宾馆用品等征税。

第三节　云南旅游产业生态化建设的其他措施

一　推广新能源技术

科技进步是旅游企业实现生态化发展的重要手段。目前，云南省旅游景点、景区内使用的新能源多为太阳能，为了更好地实现旅游产业生态化的建设，政府应鼓励旅游企业或部门加大现代环保技术在旅游资源规划和开发经营中的应用力度，推广使用其他新能源技术。旅游景区应使用环保材料、环境定期监测、污染物生物防治技术，充分利用太阳能、地热能、生物质能、风能等可再生资源，避免环境污染；旅游饭店采用技能技术，提高能源利用效率；旅游交通广泛使用太阳能蓄电池代替汽油、柴油作为电动车的能源，同时实施旅游节能节水减排工程。支持宾馆饭店、景区景点、乡村旅游经营户和其他旅游经营单位积极利用新能源新材料，广泛运用节能节水减排技术，实行合同能源管理，实施高效照明改造，减少温室气体排放，积极发展循环经济，创建绿色环保企业，调控部分星级饭店、A级景区过度用水用电现象，加强水资源保护和水土保持，倡导低碳旅游方式。

旅游业作为第三产业中的支柱产业，必然在其发展进程中实行清洁生产，旅游业清洁生产是指从旅游产品与设施的设计与开发，到整个旅游过程，都要减少和消除旅游者、旅游企业对环境的直接与间接的负面影响，从而实现旅游业的可持续发展。其目标是保护旅游目的地空气、水和土壤、维护生物的多样性和完整性，坚持文化区域性的一体化的设计、经营和管理，将旅游对旅游目的地的负面影响降低到最小，以达到人类和自然在健康、可支撑、多样性和可持续的条件下共存，保证自然系统和人类共生的权利。实际实施中，可在旅游企业大力推广常规能源（如煤、石油等）的清洁利用。充分利用可再生能源（如太阳能、水能、风能等）和开发清洁能源，节约原材料和能源、少用昂贵和稀缺原料，多用一次资源（即由废物转化来的资源），产品在使用过程中以及报废丢弃后不会危害环境和人体健康，易于回收、复用和再生，简化商品包装和确定合理的使用寿命，易在环境中自然降解。提供绿色客房、减少酒店布草的洗换次数，设施设备的维护利用自然资源，采用节能降耗技术，通过节能意识培养，在工作生活等方面提倡节能，养成自觉节能的良好习惯，以及普及节能灯、安装各种节能设施来实现，如推广 LED 新型节能电光源、安装电器待机开关、温控开关等，尤其在夜景工程、路灯、宾馆、商厦、写字楼等照明节能潜力大的地方。各种新建宾馆等建筑物的节能设计，包括太阳能与建筑一体化技术、地热能利用技术、温控技术和产品、节能墙体材料、节能门窗等的推广使用。通过各种可再生能源的利用来实现节能，如太阳能、生物质能的利用，安装太阳能路灯；建造太阳能电瓶车和太阳能宣传廊。同时，对建筑住房等设施进行改造，推广使用新型建筑节能材料，从各方面推进节能工作。对于生产生活垃圾的处理，一是强化垃圾分类机制，实施垃圾源头分类。同时结合开展有机垃圾微生物处理机安装使用的宣传，采用新标准的垃圾分类投放箱对旅游主干道垃圾箱进行补充和更新，组织社区义务志愿者上街督导。同时，不断推进示范点建设，以点带面，全面普及。二是遵循“减量化”的原则，减少废弃物的产生，对有机生活垃圾实行就地处理，减少垃圾运出量；在居民社区、清洁楼、农贸市场和宾馆酒店等垃圾较为集中的地方，安装生活有机垃圾微生物处理机，对生活有机垃圾进行减量化、无害化处理，并进行废物利用，处理后的残余物还可作为优质的有机肥料。

这些环保产品和技术的开发和使用都离不开技术的支撑，尤其是废弃物无害化处理对技术提出更高的要求。大部分旅游企业出于对自身利益的考虑，对新能源技术的引进和应用却心有余而力不足，对于这样的情况，云南省政府及相关部门应该出资聘请专家和技术人员对有意向进行新能源改造的企业进行指导，并提供资金支持，推广新型技术，引导旅游企业进行技术改革和生态建设。

二　进行合理的功能分区和容量控制

科学合理确立旅游景区的旅游环境容量，对生态脆弱的重要旅游景区（点）实行游客容量控制和环境监测制度，最大限度地减少和消除对生物多样性的威胁，考虑旅游地的生态环境容量，实行景区休眠，各景区要严格控制游人数量，一切以环境、资源可修复，环境、资源的承载力为限。对生态旅游景观进行生态功能分区，通过生态功能分区对游客进行分流，避免旅游活动对保护对象造成破坏，从而使旅游资源得到合理配置和优化利用。在自然保护区，可将其划分为核心区、游憩缓冲区、密集旅游区和服务社区。核心区是受严格保护的区域，严禁各种资源的开发活动，只允许科学研究人员和保护区工作人员所用；缓冲游憩区，作为少数游客的游览对象，区域内只允许步行或独木舟一类的简单、环保交通工具进入，内部禁止永久性建筑存在；密集区是游客集中活动的区域，内部要以控制污染性工业，美化工程为目标，并对旅游产生的污染进行严格的控制和管理；服务区作为游客休息的集中场所，要求各类交通工具都可以顺利通达，但在空间位置上应位于保护区的边缘或外部的比邻区域。

如云南丽江玉龙雪山景区，玉龙雪山有藻类植物约 31 科 72 属 196 种，国家重点保护的珍稀濒危动物 25 种，其生物多样性脆弱，众多的濒危物种对这种特色生态环境依赖性很强，一旦遭到破坏就很难恢复。因此在景区开发的过程中应充分考虑合理的功能分区，分区保护雪山景区内景观尺度上的自然栖息地和生物多样性，在不危害敏感的栖息地和生物的同时还要注重从景观结构和功能上对生态旅游区进行景观的生态规划，包括：对生态旅游产品市场需求及特征的分析；对生态旅游景区自然、社会等要素基础资料和相关资料的调查、研究和整理；对景观分类和景观结构功能及动态进行实时诊断；通过不同类型的结构规划，构建具有不同功能、内涵和视觉效果的功能单元。以景区整体协调为目标，确定不同类别景观的组合方式和利用方式，促使旅游资源开发利用在环境承载力、资源承载力允许的前提下，保证环境和资源具有生息和修复的能力。同时限制进入玉龙雪山景区的游客人数，并选择在适当的时候关闭景区让其进行生态自我修复。

三　强化人才培训，为旅游业生态化建设提供智力支持

云南省从事旅游业的人才呈现出数量大、技术水平低、专业型人才少的特点，但在旅游业生态化的过程中，人才是旅游生态化建设的关键因素，针对省内旅游企业生态型建设人才严重缺乏的问题，主要从以下几方面入手：（1）当地政府应制定各种优惠和吸引力的政策，吸引云南省内外的旅游科研专家和技术人员加盟旅游景区的生态化建设中来；（2）对旅游企业在岗人员进行培训，一方面，做好旅游从业人员上岗和在岗培训，通过定期开办培训课程，如市场营销、生态旅游、旅游环境管理、景

区服务等课程培训，提高其管理和技术水平，培育生态理念，提高环保意识和环境保护的能动性，以创建绿色企业为目标。另一方面组织景区管理人员到国内外旅游生态化发展取得成效的景区或企业进行参观、访问和学习，全面提高管理人员的从业素质。

四　加强宣传教育，建构生态环境伦理

宣传教育具有信息传递、舆论导向以及监督、规范公共行为和普及知识的功能，是实现公众参与的前提。只有通过加强教育和社会文化建设，树立生态旅游经济理念，才能使政府、企业和社区公众对旅游生态规划有更好的理解力和接受力，并将有关规定落到实处。如利用现代化的宣传媒介和手段在全社会广泛宣传、普及旅游生态化理念，提高民众的资源和环境意识，大力提倡生态旅游、绿色消费，使社会各阶层人群了解并认可旅游生态经济和低碳旅游，引导消费者自觉选择有利于节约资源、保护环境的生活方式和消费方式，把节能、节水、节材、垃圾分类回收、减少一次性产品使用等与发展循环经济和低碳旅游相关的活动逐步变为公众的自觉行动。在生活中优先使用和采购再生利用产品、环境标志产品和绿色产品，为这些产品培养稳定的市场。在旅游区建立各种标识系统和通过各种媒体手段等，教育引导游客进行生态旅游和绿色消费。

道德是维护人类社会有序运行和健康发展的动力和潜在法力，对人们的行为具有一定的约束作用。因此，在生态化建设的过程中，构建大众生态伦理观有利于旅游生态化的发展。环境与人类生命生存息息相关，倡导维护生态系统的平衡和正常运行正是为了维护人类的自身生存和根本利益的道德观念。关爱环境、节约资源本身就是关爱自己、关爱他人、关爱后代、关爱全人类，它体现了现代人的基本责任，每个人都拥有自身生存和发展的权利，但同时也负有维护和促进他人生存和发展的义务。对人类共有的生态环境造成危害，侵犯他人和后代的生存与发展权利，不论是过度地消费资源，还是随意地污染环境，都是违背伦理的。

因此，云南在旅游产业生态化的过程中，应积极发挥高校、科研院所、环保机构、宣传部门的作用，加强环境保护、生态意识与绿色消费的宣传，普及生态环境教育，通过各种教育形式和宣传渠道使公众特别是领导决策层和旅游从业人员的观念转变过来，树立人、社会及自然之间关系和谐的生态价值观。在社会文化体该系中加强环境伦理的建设，尽快建立

保护环境的责任体系，让公共自觉遵守生态环境道德伦理，促进旅游产业的生态化发展。

五　鼓励社区参与，发挥群体力量

旅游产业生态化建设发展不可忽视的一支重要力量就是当地社区和当地居民，旅游区生态化建设是一项综合性的系统工程，需要群体的力量，社区居民就是这样一个群体。政府管理部门是旅游生态化建设的主导力量，应该利用其广泛的号召力和动员能力，引导社区居民组成非政府组织或团体，并赋予一定的权威性和物质补助。这些非政府组织要不定期地将民间需要和意见反馈给政府，提高政府决策质量，同时鼓励居民对旅游景区的公共卫生、经营污染等的非生态化现象进行跟踪和监督，一方面可以降低政府生态环境管理成本，另一方面还可以更有效地促进旅游社区生态化。

如云南抚仙湖景区，环湖周围社区居民是旅游发展的受益者，同时也是环境非生态化代价的最终买单者，当地居民从住宿业、饭店业、湖上游乐项目等旅游经济活动中获得收益，但同时也是抚仙湖环境污染的最终受害者。旅游社区居民的良好的生态意识和环保观念会对游客及企业员工等起到很好的示范作用。这需要当地政府部门根据社区参与的成熟程度，不断努力提高社区参与旅游生态化建设的能力与水平，如通过免费培训、技术和经济援助和专家讲座指导等。

六　加强旅游产业信息沟通

建立旅游企业信息交换平台，保障信息畅通。一方面通过公开旅游企业的资源利用、污染排放和政府的管理行为，加强公众对旅游企业资源利用效率、污染物排放和治理情况以及造成环境损失情况的了解、监督和评价，对政府管理行为进行有效监督，从而促进旅游企业提高资源利用效率和效力，改善决策，公正执法，促进公众参与；另一方面，通过专门管理机构，发布有关信息，使旅游产业生态化建设的各种信息，在企业间、社会间得到合理集中、配置和交换，从而使不同的产业和企业间的物质链和生态链保持灵活性和有效性，实现资源技术交流，起到强制手段和经济手段所无法起到的作用。对于云南昆明地区，可以建立如滇池温泉花园大酒店、云南民族村景区、滇池等一个旅游片区内旅游企业的信息共享网络，通过专门的机构，发布各企业的资源利用率、污染物排放量及治理恢复措施等信息，并定期进行生态化建设成效监督、评比，向公众公布评比结果，以保证各企业的信息沟通及合作。

七　推进旅游产业生态型基础设施建设

基础设施是为社会生产和居民生活提供公共服务的物质工程设施，建立和完善旅游基础设施是旅游产业生态化建设的基础和必备条件。云南省旅游基础服务设施建设滞后，成为制约云南生态旅游业腾飞的瓶颈。各级政府应采取直接投资、利用优惠政策鼓励国内外投资等手段，刺激政府、企业及其他投资主体的投资积极性，全面加强云南省旅游基础设施建设，构建资金、技术、信息、人才等旅游基础网络，为云南省旅游产业的进一步发展，尤其是生态旅游的开展奠定坚实的基础设施平台。

例如可以在各大旅游区旅游景点内设立环境教育的基础设施，包括生态环境景观旁设立科学解说牌，提醒旅客注意环境卫生的指示牌，与环境协调的废物收集箱等；为使游客接受多渠道的环保教育，旅游院校应开设生态旅游、旅游环境保护等方面的课程，增强学生的环保知识与意识；充分发挥各种媒体、学会、协会和群众团体的作用，成立各类志愿者协会，让志愿者走进社区景区，为游客讲解生态环保知识和旅游生态常识。

外文参考文献

[1] Kenneth E. Boulding, H. Jarrett, *The Economics of the Coming Spaceship Earth: Environment Quality in a Growing Economy*, Balti-more: Johns Hopkins Press, 1966.

[2] Eugene P. Odum, "The strategy of ecosystem development", *Science*, Vol. 164, No. 3877, 1969, pp. 262 –270.

[3] R. Ayres, H. E. Slavonic (Eds), "Industrial metabolism. In: J. H. Ausubel", *Technology and environment*, Washington, DC: National A-cademy Press, 1989.

[4] R. A. Frosch and N. Gallopoulos, "Strategies for Manu-facturing", *Scientific American*, Vol. 261, No. 3, 1989, pp. 94 –102.

[5] T. E. Gradel, B. R. Allenby and P. B. Linhart, "Imple-menting industrial ecology", *IEEE Tethnology and Society Magazine*, spring 1993, pp. 18 –26.

[6] R. U. Ayres and A. V. Kneese, "Production, consumption, and externalities", *American Economic Review*, No. 59, 1969, pp. 282 –297.

[7] P. B. and Durst C. D. Ingram, "Nature-oriented tourism promotion by developing countries", *Tourism Management*, Vol. 9, No. 1, 1988, pp. 39 –43.

[8] H. R. Dirk, "Spennemann, Extreme cultural tourism from Antarctica to the Moon", *Annals of Tourism Research*, Vol. 34, No. 4, 2007, pp. 898 –918.

[9] C. J. Walters, *Adaptive Management of Renewable Resources*, New York: McGraw Hill, 1986.

[10] A. Bruggink, "A Fine Chemical Industry for Life Science Products: Green Solutions to Chemical Challenges", *Chemical Sciences*, July 2003, pp. 69 – 113.

中文参考文献

［1］朱红伟：《论产业生态化理论面临的困境及其目标的实现》，《现代财经》2008年第9期，第20—25页。

［2］［瑞士］苏伦·埃尔克曼：《工业生态学》，徐兴元译，经济日报出版社1999年版。

［3］张琼霓：《循环经济：旅游业可持续发展的必然选择》，《中国财政》2005年第11期，第62—63页。

［4］杨美霞：《略论旅游循环经济体系的构筑》，《经济论坛》2006年第3期，第56—58页。

［5］舒小林、明庆忠、李庆雷：《旅游循环经济发展战略初探》，《经济问题探索》2006年第10期，第108—113页。

［6］李庆雷、廖春花、明庆忠：《基于循环经济理念的旅游区管理体系的构建——以丽江古城旅游区为例》，《生态经济》2006年第5期，第194—197页。

［7］吴季松：《新循环经济学》，清华大学出版社2005年版，第94—96页。

［8］谢朝武：《旅游业循环经济：发展观、伦理观与产业范式》，《人文地理》2009年第5期，第116—121页。

［9］王淑华、张春：《国内旅游循环经济研究综述》，《江苏商论》2012年第3期，第101—104页。

［10］王华：《我国旅游循环经济发展模式研究》，《经济纵横》2006年第12期，第15—17页。

［11］王迎涛：《乡村旅游循环经济运行模式探讨》，《广西社会科学》2011年第3期，第54—57页。

[12] 张晴：《洞庭湖湿地循环旅游经济发展模式研究》，《中国商贸》2011 年第 19 期，第 66—67 页。

[13] 张瑾：《旅游循环经济发展新模式——产业组合模式》，《中国商贸》2011 年第 34 期，第 184—185 页。

[14] 郑燕：《滨湖旅游区生态旅游循环经济发展模式探析——基于云南省抚仙湖禄充景区的个案研究》，《安徽农业科学》2011 年第 19 期，第 11632—11634 页。

[15] 陈殊：《产业生态化指标体系构建及综合评价研究》，硕士学位论文，重庆大学，2008 年，第 23 页。

[16] 钟真宜、罗建中、陈敏：《推进产业生态化，实施可持续发展》，《中国环保产业》2008 年第 5 期，第 28—30 页。

[17] 张宏武、童辉：《我国可持续发展的环境政策与产业生态化》，《生态经济》2008 年第 2 期，第 245—248 页。

[18] 虞震：《我国产业生态化路径研究》，硕士学位论文，上海社会科学院，2007 年，第 5 页。

[19] 张天柱：《循环经济建设重在产业生态化》，《浙江经济》2004 年第 19 期，第 20—21 页。

[20] 王婧、鲍雁辛：《论循环经济和产业生态化及其内在关系》，《商业时代》2009 年第 14 期，第 109—110 页。

[21] 陈祖海：《西部循环经济战略：产业生态化重组与政策选择》，《中南民族大学学报》（人文社会科学版）2006 年第 4 期，第 144—147 页。

[22] 明庆忠、李庆雷：《旅游循环经济学》，南开大学出版社 2007 年版，第 5 页。

[23] 李庆雷、明庆忠：《旅游产业生态学发凡》，《学术探索》2008 年第 4 期，第 74—78 页。

[24] 徐辉、蔡蓉：《对旅游产业生态过程的研究》，《旅游学刊》2002 年第 2 版，第 73—80 页。

[25] 高大帅、明庆忠、李庆雷：《旅游产业生态化研究》，《资源开发与市场》2009 年第 9 期，第 848—850 页。

[26] 吴必虎：《旅游生态学与旅游目的地可持续发展》，《生态学杂志》1996 年第 2 期，第 78—81 页。

[27] 钟泓等：《产业态学背景下的旅游产业生态系统管理研究进展》，《旅游论坛》2010 年第 4 期，第 46—58 页。

[28] 王文瑞：《我国自然保护区旅游产业生态模式》，《干旱区资源与环境》2003 年第 5 期，第 109—112 页。

[29] 祁新华、董观志、陈烈：《基于生态位理论的旅游可持续发展策略》，《生态经济》2006 年第 5 期，第 92—98 页。

[30] 贾秀梅：《旅游产业生态系统模型构建研究》，《辽宁师范大学学报》2005 年第 4 期，第 495—498 页。

[31] 吕逸新、黄细嘉：《旅游生态化与生态旅游建设》，《南昌大学学报》2005 年第 3 期，第 57 页。

[32] 李春明：《推进产业生态化发展循环经济》，《大庆社会科学》2006 年第 3 期，第 10 页。

[33] 胡芬：《可持续旅游产业生态化发展论》，中国环境科学出版社 2009 年版，第 12 页。

[34] 高大帅、明庆忠、李庆雷：《旅游产业生态化研究》，《资源开发与市场》2009 年第 9 期，第 848—850 页。

[35] 邓伟根、王贵明：《产业生态学导论》，中国社会科学出版社 2006 年第 2 版，第 15 页。

[36] 蒋寒迪：《产业生态化的内涵及其时代价值》，《辽宁行政学院学报》2012 年第 4 期，第 8—9 页。

[37] 杨娟娟：《旅游产业生态化研究——以广西为例》，硕士学位论文，广西师范大学，2012 年，第 5 页。

[38] 苏洁：《旅游产业生态化：旅游业可持续发展的战略选择》，《经营管理者》2012 年第 24 期，第 160 页。

[39] 袁花、明庆忠、吕利军：《循环经济视角下的旅游产业生态化研究》，《环境科学与管理》2009 年第 11 期，第 161—163 页。

[40] 胡芬：《可持续旅游产业生态化发展论》，中国环境科学出版社 2009 年版，第 12 页。

[41] 王寿兵、吴峰等：《产业生态学》，化学工业出版社 2006 年版，第 265 页。

[42] 亚当·斯密：《国民财富的性质和原因的研究》，商务印书馆 1984 年版。

[43] 王万茂、李俊梅：《规划持续性的生态足迹分析法》，《国土经济》2001 年第 6 期，第 16—19 页。

[44] 习世超：《云南旅游产业生态化转型研究》，硕士学位论文，云南师范大学，2011 年。

[45] 赵静：《云南旅游资源不合理开发对生态环境的影响及其法律对策》，2005 年中国法学会环境资源法学研究会论文集，2005 年。

[46] 邹雅卉、赵俊臣等主编：《云南森林旅游开发研究》，《云南省林业生态保护机制与替代产业研究》，云南科技出版社 2001 年版，第 251 页。

[47] 鲁芬：《“三江并流”区旅游资源保护的政策法规研究》，硕士学位论文，云南师范大学，2006 年。

[48] 明庆忠、管宁生：《云南旅游业可持续发展障碍及对策》，《热带地理》1998 年第 18 期，第 350—354 页。

[49] 刘丽华：《旅游产业的非生态化研究》，《旅游纵览》（行业版）2012 年第 3 期，第 79 页。

[50] 沈霄戎：《云南省产业生态化系统演化水平测评研究》，《经济研究导刊》2012 年第 8 期，第 77—80 页。

[51] 高大帅、明庆忠、李庆雷：《旅游产业生态化研究》，《资源开发与市场》2009 年第 9 期，第 848—850 页。

[52] 沈霄戎：《云南省产业生态化系统演化水平测评研究》，《经济研究导刊》2012 年第 8 期，第 77—80 页。

[53] 明庆忠、陈英、李庆雷：《旅游产业生态化与生态文明建设研究》，《中国地理学会（The Geographical Society of China）：中国地理学会百年庆典学术论文摘要集》，中国地理学会（The Geographical Society of China），2009 年。

[54] 明庆忠、陈英：《旅游产业可持续发展行动：旅游循环经济与产业生态化》，《旅游研究》2009 年第 1 期，第 32—38 页。

[55] 蒋文静、韩新明：《区域旅游产业生态文明建设的现状及对策》，《决策与信息》2010 年第 11 期，第 121—122 页。

[56] 闫红霞：《旅游景区的生态化建设研究》，《特区经济》2007 年第 4 期，第 191—192 页。

[57] 屠凤娜：《产业生态化：生态文明建设的战略举措》，《理论前沿》

2008 年第 18 期，第 36—37 页。

[58] 金振洲：《云南有高原湿地植物的分类与地理生态特征汇编》，科学出版社 2009 年版。

[59] 陈勇、安科、张辉：《云南生物多样性的现状及发展前景》，《山东林业科技》2010 年第 2 期，第 100—103 页。

[60] 贾楼仁：《云南省森林生物多样性及其环境价值评估》，《林业调查规划》2003 年第 9 期，第 84—90 页。

[61] 贾秀海：《大连休闲旅游发展模式分析》，《辽宁行政学院学报》2007 年第 11 期，第 88—89 页。

[62] 安应民：《论旅游产业生态管理系统的构建》，《旅游科学》2006 年第 1 期，第 1—7 页。

[63] 李庆雷、明庆忠：《旅游产业生态集群及其实现方式》，《北京第二外国语学院学报》2008 年第 9 版，第 11—17 页。

[64] 明庆忠、李庆雷等：《旅游产业生态学研究》，《社会科学研究》2008 年第 6 期，第 123—128 页。

[65] 明庆忠、陈英、李庆雷等：《低碳旅游：旅游产业生态化的战略选择》，《人文地理》2010 年第 5 期，第 22—26 页。

[66] 王如松、周涛、陈亮等：《产业生态学基础》，新华出版社 2006 年版。

[67] 苏章全、熊剑锋、黄超力等：《区域旅游产业生态化系统及演化水平测评方法研究》，《旅游论坛》2011 年第 5 期，第 37—42 页。

[68] 李玉新：《乡村旅游生态化程度评价体系的构建与应用》，《西南民族大学学报》（人文社会科学版）2010 年第 7 期，第 219—222 页。

[69] 徐南荣、仲伟俊：《现代决策理论与方法》，东南大学出版社 2001 年版。

[70] 陆子宏：《休闲度假旅游：云南旅游产业转型升级与生态化的业态选择》，硕士学位论文，云南师范大学，2011 年。

[71] 余谋昌：《环境意识与可持续发展》，《世界环境》1995 年第 4 期，第 13—16 页。

[72] 庄小丽、康传德：《旅游产业机构分析与优化实证研究》，《华中师范大学学报》2006 年第 4 期，第 629—632 页。

[73] 梁虞、吴小平：《浅谈我国生态旅游法律制度》，《法制与经济》

（中旬）2012 年第 2 期，第 53—54 页。

[74] 何树红、吴肖芳、刘玉清：《云南省发展生态旅游的对策研究》，《经济问题探索》2011 年第 3 期，第 116—119 页。

[75] 廖姣、明庆忠：《旅游产业生态化系统初步研究》，《乐山师范学院学报》2012 年第 3 期，第 74—77 页。

[76] 王丹彤：《云南旅游产业生态化建设模式研究》，硕士学位论文，云南师范大学，2011 年。

[77] 高大帅、明庆忠、李庆雷：《旅游产业生态化研究》，《资源开发与市场》2009 年第 9 期，第 848—850 页。

[78] 赵晓惠、陈慧泉：《昆明团结乡生态旅游开发及其可持续发展》，《西南林学院学报》2001 年第 21 期，第 20—30 页。

[79] 杨敏、骆静珊：《昆明市团结乡乡村生态旅游调查研究》，《旅游学刊》2006 年第 21 期，第 51—55 页。

[80] 王小会：《乡村旅游的社区参与模式与机制研究》，硕士学位论文，云南财经大学，2009 年。

[81] 明庆忠、陈述云、白延斌：《资源型旅游目的地产业布局研究》，《经济地理》1997 年第 17 期，第 45—47 页。

[82] 刘静霞：《湖泊型旅游生态社区建设》，硕士学位论文，云南财经大学，2009 年。

[83] 赵浩兴、章明卓：《浙江省自然旅游资源可持续利用的思考》，《浙江师范大学学报》（自然科学版）2002 年第 25 期，第 69—72 页。

[84] 保继刚、孙九霞：《雨崩村社区旅游：社区参与方式及其增权意识》，《旅游论坛》2008 年第 1 期，第 58—65 页。

[85] 沈丽君、杨桂华：《梅里雪山雨崩村生态旅游商品开发研究》，《云南地理环境研究》2010 年第 22 期，第 57—62 页。

[86] 刘建立、陈世清、唐志蕴：《我国开展生态旅游规范化建设初探》，《林业科学》2006 年第 4 期，第 102 页。

[87] 刘建立、陈世清、唐志蕴：《我国开展生态旅游规范化建设初探》，《林业科学》2006 年第 4 期，第 104 页。

[88] 陈祖海：《循环经济：理论与政策选择》，《科技管理研究》2005 年第 7 期，第 124—126 页。

[89] 吴松强：《产业集群生态化发展策略：基于循环经济的视角》，《科

技管理研究》2009 年第 7 期，第 402 页。
[90] 甄翌：《国外生态旅游认证体系对我国的启示》，《郑州航空工业管理学院学报》（社会科学版）2006 年第 4 期，第 185—187 页。
[91] 耿鹏旭：《生态旅游与自然保护区建设——以河南省石人山自然保护区为例》，《地域研究与开发》2001 年第 3 期，第 84—86 页。